本書出版得到國家古籍整理出版專項經費資助

新編諸子集成續編

人物志校箋

〔魏〕劉劭撰
〔西涼〕劉昞注
許逸民校箋

中華書局

圖書在版編目(CIP)數據

人物志校箋/(魏)劉劭撰;(西凉)劉昞注;許逸民校箋. —北京:中華書局,2025. 7.—(新編諸子集成續編).—ISBN 978-7-101-17058-0

Ⅰ. C96-092

中國國家版本館 CIP 數據核字第 2025AK0283 號

責任編輯:許 桁 任超逸
封面設計:周 玉
責任印製:陳麗娜

新編諸子集成續編
人物志校箋
〔魏〕劉 劭 撰
〔西凉〕劉 昞 注
許逸民 校箋
*
中華書局出版發行
(北京市豐臺區太平橋西里 38 號 100073)
http://www.zhbc.com.cn
E-mail:zhbc@zhbc.com.cn
三河市宏盛印務有限公司印刷
*
850×1168 毫米 1/32 · 11⅞印張 · 2 插頁 · 274 千字
2025 年 7 月第 1 版 2025 年 7 月第 1 次印刷
印數:1-2000 册 定價:68.00 元

ISBN 978-7-101-17058-0

新編諸子集成續編出版緣起

新編諸子集成叢書，自一九八二年正式啟動以來，在學術界特别是新老作者的大力支持下，已形成規模，成爲學術研究必備的基礎圖書。叢書原擬分兩輯出版，第一輯擬目三十多種，後經過調整，確定爲四十種，今年將全部出齊。第二輯原來只有一個比較籠統的規劃，受各種因素限制，在實施過程中不斷發生變化，有的項目已經列入第一輯出版，因此我們後來不再使用第一輯的提法，而是統名之爲新編諸子集成。

隨着新編諸子集成這個持續了二十多年的叢書劃上圓滿的句號，作爲其延續的新編諸子集成續編，現在正式啟動。它的立意、定位與宗旨同新編諸子集成一脈相承，力圖吸收和反映近幾十年來國學研究與古籍整理領域的新成果，爲學術界和普通讀者提供更多的子書品種和哲學史、思想史資料。

續編堅持穩步推進的原則，積少成多，不設擬目。希望本套書繼續得到海内外學者的支持。

中華書局編輯部

二〇〇九年五月

目録

前言

人物志三卷，三國魏劉劭撰。

提到人物志的撰者，歷史上「劉劭」「劉邵」「劉卲」三種寫法並行。三國志魏書劉劭傳及郡齋讀書志、直齋書録解題、玉海藝文等宋代私家書目作「劉劭」，而隋書經籍志、舊唐書經籍志、新唐書藝文志、宋史藝文志等史志目録作「劉邵」。對此，北宋人宋庠曾專有一番考證，他説：「據今官書，魏志作勉劭之『劭』，從力，他本或從邑者，晉邑之名。案字書，此二訓外，無他釋，然俱不協『孔才』之意。説文則爲『卲』，音同上，但召旁從卩耳，訓高也，李舟切韻訓美也，高、美又與『孔才』義符。揚子法言曰『周公之才之卲』是也，今俗寫法言亦作邑旁『邵』。蓋力、卩文近易訛，讀者又昧偏傍之别，今定從『卲』云。」〔一〕整理者認爲，人名當從正史，且「劭」亦有高、美好之義，與「孔才」正合，故本書定作劉劭。

劉劭字孔才，廣平邯鄲（今屬河北）人。漢建安中，爲太子舍人、秘書郎。入魏，累遷散騎侍郎。三國志本傳評其「該覽學籍，文質周洽」〔二〕，今略舉二事，以論其學識與品性。

其一，作皇覽。三國志本傳云：「黄初中，爲尚書郎、散騎侍郎。受詔集五經群書，以類相從，作皇覽。」〔三〕皇覽是中國古代類書之濫觴，隋書經籍志著録爲一百二十卷，由繆襲、王象、劉劭、桓範等共同編纂。皇覽早已散佚，今存者吉光片羽而已，但編纂類書之風氣由此開啓，歷代續有纂集，成績斐然，爲後世輯録、校勘古籍立下奇功。其二，定科令。本傳云「（魏明帝即位）徵拜騎都尉，與議郎庾嶷、荀詵等定科令，作新律十八篇，著律略論」，「景初中，受詔作都官考課……七十二條，又作説略一篇」〔四〕。這表明，劉劭不僅學識淵博，而且具有一定的法律實踐經驗和較强的人才識鑒能力。他的爲政舉措和人物志的核心思想相輔相成，正如湯用彤先生在讀人物志一文中所説：「劉邵主都官考課之議，作七十二條及説略一篇，則人物志之輔翼也。」〔五〕

人物志一書又有劉昞爲之作注。劉昞字延明，敦煌（今屬甘肅）人。他歷仕三朝，西涼李暠以爲儒林祭酒，北涼沮渠蒙遜以爲秘書郎，沮渠牧犍尊爲國師，魏太武帝又拜樂平王從事中郎。其著述有略記八十四卷、涼書十卷、敦煌實録二十卷、方言三卷、靖恭堂銘一卷，又注周易、韓子、人物志、黄石公三略，並行於世。其人物志注成書，已在劭書問世後二百年。考慮到他生活在戰亂年代，又僻居西北，斯時而能有斯注，已屬難能可貴，得風氣之先。四庫總目説：「昞注不涉訓詁，惟疏通大意，而文詞簡古，猶有魏晉之遺。」〔六〕

舊唐書經籍志著録「人物志三卷，劉邵撰。又三卷，劉邵撰，劉炳注」〔七〕，又新唐書藝文志著録「劉邵人物志三卷，劉炳注人物志三卷」〔八〕。此「劉炳」即前述之劉昞。這説明到唐代，人物志不含注本與含注本並行於世。而到明清兩代，各版本無一不附劉昞注，注文遂成爲人物志不可分割之一部分。

人物志作爲中國古代第一部人才學專書，其思想内容，我們可以從歷代書目對它的歸類中窺見一二。清以前書目多著録於子部名家類。隋書經籍志子部名家類小序云：「名者，所以正百物，叙尊卑，列貴賤，各控名而責實，無相僭濫者也。」〔九〕以此，人物志與鄧析子、尹文子、士操三書並列於名家。而清代四庫全書總目始移入子部雜家類雜學之屬，且辨之云：「其書主於論辨人才，以外見之符，驗内藏之器，分别流品，研析疑似，故隋志以下，皆著録於名家。然所言究析物情，而精覈近理，視尹文之説兼陳黄、老、申、韓，公孫龍之説惟析堅白同異者，迥乎不同。蓋其學雖近乎名家，其理則弗乖於儒者也。」〔一〇〕四庫總目之所以如此措置，正如湯一介先生在郭象與魏晉玄學中所説：「到漢魏之際由於儒家思想統治地位的削弱，因而出現了儒、道、名、法合流的趨勢。劉劭的思想正反映了這種發展的趨勢。」〔一一〕

四庫總目説人物志「其理則弗乖於儒者也」，可見其思想亦有儒家淵源。湯用彤先生讀人物志一文有如下論斷：「劉邵叙列人物首爲聖人，有中庸至德。次爲兼材，以德爲目。次爲偏至之材自名。此乃三度，謂出於仲尼之三等也。此外則抗者過之，拘者不逮，謂出於孔子所言之狂狷。至若亂德之人，一至一違，稱爲依似，則是孔子所斥悾悾無信之人。劉邵分別品目，大較不出於此，均自謂本於儒教也。」〔一二〕

湯一介先生在郭象與魏晉玄學中還指出了劉劭由名學趨於玄學的思想傾向，並結合魏晉玄學的四大議題，即才性問題、有無問題、一多問題、聖人問題，逐一列舉人物志重要論點，深入剖析劉劭的思想觀念與魏晉玄學之同異，充分肯定了劉劭思想的時代價值。他說：「劉劭不是一個純粹意義上的哲學家，而是具有哲學思想的政治理論家，是當時所謂的『名理家』。在他的政治理論中雖然接觸到上述四個方面的問題，但卻没有提高到哲學理論上給以解釋，這當然是由於時代所限。不過隨着時間的發展，必然會有哲學家出現來從哲學上討論這些問題，並給以時代思潮所需要的回答，於是魏晉玄學産生了。」〔一三〕據此而論，人物志既非玄學專著，劉劭亦非玄學的主將，不過當玄學大潮肇興之初，人物志無疑堪稱大波之微瀾，而劉劭似也可視爲玄學之先聲。

人物志在古代被著録於子部，而到現代則多劃入哲學研究範疇。近年來人才需求旺盛，人才學研究應時而盛，人物志亦漸有轉向教育學研究範疇之勢。如卷上體別說：「夫學，所以成材也。」至於「九徵」「八觀」之說，也多涉及教育的社會作用、教育心理學等諸多問題，只是目前對此留意者尚少。

人物志成書後，最早見於三國志本傳的記載，嗣後陸續見於隋書經籍志、舊唐書經籍志、新唐書藝文志等史志目録和郡齋讀書志、直齋書録解題等私家書目，誠可謂流傳有緒，聲名早著。據卷首北宋阮逸序，人物志最早刻版印刷應在北宋中期。明刻本中最早的是正德本，稍晚則有嘉靖八年刻本、隆慶六年梁夢龍刻本、萬曆十二年刻本、萬曆間程榮刻漢魏叢書本。

正德刻本見於陸心源皕宋樓藏書志、傅增湘藏園群書經眼録，傅增湘認爲「是書以此本爲最善」[一四]。藏園群書題記亦云：「此本半葉八行，行十六字，白口，四周單闌。惟前後序跋爲肆估撤去，並以蘖染紙，藉充宋刻，以致授梓時代渺無稽考。然審其字體方勁，雕工明整，猶是嘉、萬以前風氣，疑即皕宋樓著録之正德本也。」[一五]嘉靖本多有墨丁，難稱善本。隆慶本行款與正德本同，當是出於正德本。藏園群書題記云：「後有歸德府知府鄭旻跋，略言中丞真定梁公持節中州，爰覓善本加訂正，刻之宋郡，用以傳之人人云。疑其所謂善本即正德所刊，故行格一仍其舊也。」[一六]商務印書館收入四部叢刊初編時，號稱所據即正德本，然藏園訂補郘亭知見傳本書目對此已有考證：「明隆慶六年梁夢龍刊本，八行十六字，白口，四周雙闌，版匡視正德本爲大……余藏。此本已印入四部叢刊初編，誤訂爲正德本。」〔一七〕此事雖屬商務印書館自擺烏龍，卻也同時證明了四部叢刊影印本是目前所見人物志的較佳版本，本次整理即將其作爲底本。萬曆十二年刻本承自隆慶本，而清文淵閣四庫全書本又承自萬曆十二年刻本。四庫總目明言：「此本爲萬曆甲申河間劉用霖所刊，蓋用隆慶壬申鄭旻舊版而修之。」〔一八〕萬曆間漢魏叢書本，卷帙完整，行款亦與明代其他版本有別（半葉九行，行二十字）。

鑒於此前人物志已有數種譯注本出版，或以注釋見長，或以講解爲要，特色鮮明，各有千秋。此次另起爐灶，勢不能盡踵前轍，亦步亦趨。故本次整理，在標點與校勘的基礎上，尤其注重「箋」。本書使用現代漢語詮釋詞義句義，並引古人用例。箋注側重不易通解之處，尤於人物掌故、政情典制處用力。此外，多引用近現代著名學者錢穆、湯用彤、陳寅恪、錢鍾書諸先生研究成果，以資讀者參考。本書的出版，若能爲閱讀與研究人物志提供些許助力，則幸甚。

關於本書的出版，還有幾句感謝的話要說。我所學的專業是古典文獻，工作後先是駐足文學，後來嘗試史學，二者似皆未能入流。平日流覽所及，則偏好子部雜家雜說、雜考之書，此前也曾爲徐陵集、金樓子、酉陽雜俎、歲時廣記等書做過校箋之事，雖屬博涉而難稱專攻也。人物志一書迹近玄學，哲思充盈，文字簡古，辨析非易，至今憶及受託之際，中華書局歷史編輯室胡珂主任的信任猶令人感動。後來在書稿審讀出版過程中，歷史編輯室許桁、任超逸二位作爲責任編輯，覆核底本，核查引文，逐篇逐字，反覆推定，提出過不少修改意見，其責任心與職業素養，頗值得稱贊。書稿能以現今面貌示人，二位責編與有力焉，謹此一併致以誠摯謝忱。

許逸民

二〇一九年五月初稿

二〇二四年十一月改定

注釋

〔一〕見四部叢刊初編影印隆慶六年刻本人物志卷末宋庠題記。此本引説文、揚子法言及宋庠所定之字原皆作「邵」。然説文卷六下「邵，晉邑也」，卷九上「卲，高也」，可知所引二書及宋庠所定之字當作「卲」。爲使文意明晰，今改「邵」爲「卲」。

〔二〕三國志卷二一魏書王衛二劉傅傳，中華書局一九八二年點校本，第六二九頁。

〔三〕三國志卷二一魏書劉劭傳，第六一八頁。

〔四〕三國志卷二一魏書劉劭傳，第六一八至六一九頁。
〔五〕湯用彤讀人物志，湯用彤學術論文集，中華書局二〇一六年版，第一九八頁。
〔六〕四庫全書總目卷一一七子部雜家類一，中華書局一九六五年版，第一〇〇九頁。
〔七〕舊唐書卷四七經籍志下，中華書局一九七五年點校本，第二〇三一至二〇三二頁。
〔八〕新唐書卷五九藝文志三，中華書局一九七五年點校本，第一五三二頁。
〔九〕隋書卷三四經籍志三，中華書局一九七三年點校本，第一〇〇四頁。
〔一〇〕四庫全書總目卷一一七子部雜家類一，第一〇〇九頁。
〔一一〕湯一介郭象與魏晉玄學，中國人民大學出版社二〇一六年版，第一九頁。
〔一二〕湯用彤讀人物志，第二〇八頁。
〔一三〕湯一介郭象與魏晉玄學，第七六頁。
〔一四〕傅增湘藏園群書經眼録卷八子部二雜家類一，中華書局二〇〇九年版，第五六〇頁。
〔一五〕傅增湘藏園群書題記卷七明本人物志跋，上海古籍出版社一九八九年版，第三四五頁。
〔一六〕傅增湘藏園群書題記卷七明隆慶本人物志跋，第三四六頁。
〔一七〕清莫友芝撰，傅增湘訂補，傅熹年整理藏園訂補郘亭知見傳本書目卷一〇上子部十上雜家類上，中華書局二〇〇九年版，第六六八至六六九頁。
〔一八〕四庫全書總目卷一一七子部雜家類一，第一〇〇九頁。

凡例

一、人物志今存最早的版本皆爲明刻本，其中影響最大、流播至廣的版本有二，一是明隆慶六年梁夢龍刻本（八行十六字，有鄭旻重刻跋），二是明萬曆十二年刻本（九行十七字）。前者於民國年間爲商務印書館影印編入四部叢刊初編，後者爲清乾隆年間文淵閣四庫全書所據之本。四庫提要明言：「此本爲萬曆甲申河間劉用霖所刊，蓋用隆慶壬申鄭旻舊版而修之。」可見萬曆本實出自隆慶本。且考慮到隆慶本版面狀況較好，故此次整理，即選定四部叢刊初編影印隆慶六年刻本爲底本。

二、本書既以四部叢刊初編影印隆慶六年刻本爲底本，又以文淵閣四庫全書本爲通校本。又明萬曆間程榮刻漢魏叢書本（九行二十字），以其卷帙完整，行款有別，亦作爲通校本。此外，長短經以及唐宋類書如太平御覽等，多直接引用人物志文字，用作他校。

三、古籍校勘之真諦，在於讎校文字異同是非，匡謬正誤，以達致正本清源之目的。凡義可兩通者，應出校，但不宜改易原文，以免誤讀。凡底本有誤，且有信實版本可覆按者，則宜改字後出校，以便後來者稱引。當然，改字出校最重實證，除有版本爲憑藉外，還應有充足理據。以上兩點是古籍校勘之通則，本書敬慎遵行不悖，毋須舉例以明之。此處擬提出討論者，乃是「校勘四法」中的「理校法」，在何種情況下方可在實際中運用？例如，本書卷上流業有「八業」之說，其歷史人物則分別舉晏嬰、管仲、商鞅等爲例，結語云：「凡此八業，皆以三材爲本。故雖波流分別，皆爲輕事之材也。」「輕事」二字，古籍中罕見用例，用於此處，義殊未安，劉昞注謂「群材雖異，成務一致」，顯然稱其事業皆有所成。若再就文字形音言之，「輕事」與「經世」近似易混，「經世之材」或更接近文義。初擬嘗試運用理校法，在無版本依據下改字出校。後憶起陳垣老校勘學釋例稱此法「最高妙」亦「最危險」之語，謂「此法須通識爲之，否則鹵莽滅裂，以不誤爲誤，而糾紛愈甚矣」，愚自愧非通識之才，遂決定不再冒險，乃擬校記如下：「頗難通解。作爲成詞，『輕事』無非率意而行、剛愎自用之義，然前列清節家、法家、術家、三材皆備者，並屬理政有方、事業有成之人，名之爲『輕事』之材難符其實。僅就句義而言，『輕事』疑爲『經世』之誤，惜無版本可稽，姑存舊文，以俟再考。」全書中此類問題尚多，凡無版本據依者，今一律悉仍其舊，但不知改字出校與不改出校，何者更有益於古籍整理學之完善與發展。

四、古籍校箋體例，或重在校，或重在箋，本書特重在箋。所謂箋注，多是在舊注基礎上另作新注，故本書視劉昞注與劉劭書爲不可分割之整體，一如劉義慶世說新語之有劉孝標注也。今爲劭書、昞注一併作疏解。

五、概略而言，本書箋注有兩大訴求。首先，注釋不僅用現代漢語詮釋詞義，而且引古人用例，甚至附有後人對用例的解釋，其目的就是力求準確而完備。例如，卷上九徵「中和之質，必平淡無味」句，箋注：「老子第三十五章：『道之出口，淡乎其無味，視之不足見，聽之不足聞，用之不足既。』河上公注：『道出入於口淡淡，非如五味有酸鹹苦甘辛也。』」其次，箋注中多次引録近現代著名學者錢穆、湯用彤、陳寅恪、錢鍾書諸先生研究成果，如卷上九徵「是故觀人察質」句，引錢穆略述劉邵人物志云：「然劉邵仍將『德行』置於才智之上。他的意見，德行應由内發，而仍必兼有才智。謂其本原乃出於人之天性，因此主張要『觀人察質』。他意謂要觀察一個人，必注重觀察其性格。此處察質之『質』字，其涵義猶不止是『性質』義，且兼有『體質』義。直至今日論人，猶有相骨、相面之説，此即觀人之體質也。其人或厚重、或輕薄、或謹慎、或粗疏，皆從其人之體質與性質來。此種意見，實亦流傳迄今，仍爲一般人所信奉。」直接引前輩語入注，此種做法，固然是釋義解題之所需，同時也兼有以前輩治學風範激勵當世後學之意焉。

六、書後附有書目著録情況、諸家序跋、傳記資料、歷代評論，以資參考。

人物志序

魏散騎常侍劉劭撰〔一〕
涼儒林祭酒劉昞注

夫聖賢之所美，莫美乎聰明〔二〕。天以三光著其象〔三〕，人以聰明邵其度〔四〕。聰明之所貴，莫貴乎知人〔五〕。聰於書計者〔六〕，六藝之一術〔七〕。明於人物者，官材之總司〔八〕。知人誠智〔九〕，則衆材得其序〔一〇〕，而庶績之業興矣〔一一〕。是以聖人著爻象〔一二〕，則立君子小人之辭〔一三〕；君子者，小人之師。小人者，君子之資。師資相成〔一四〕，其來尚矣。叙詩志〔一五〕，則別風俗雅正之業〔一六〕；九土殊風〔一七〕，五方異俗。是以聖人立其教〔一八〕，不易其方；制其政，不改其俗。制禮樂，則考六藝祗庸之德〔一九〕；雖不易其方，常以詩禮爲首；雖不改其俗，常以孝友爲本。躬南面〔二〇〕，則援俊逸輔相之材〔二一〕。皆所以達衆善而成天功也〔二二〕。繼天成物〔二三〕，其任至重。故求賢舉善，常若不及〔二四〕。

〔一〕劉劭：原作「劉邵」，今據三國志卷二一魏書二一劉劭傳改。參見前言考證。

〔二〕聰明：聰察，聞見明辨。書堯典：「昔在帝堯，聰明文思，光宅天下。」孔穎達疏：「言昔日在於帝號堯之時也。此堯身智無不知，聰也；神無不見，明也。」又文選班孟堅述高紀：「皇矣漢祖，纂堯之緒，寔天生德，聰明神武。」李善注：「項岱曰：『聽於無聞曰聰，照臨四方曰明。』」

〔三〕三光：史記天官書：「衡，太微，三光之廷。」索隱：「宋均曰：『太微，天帝南宮也。三光，日、月、五星也。』」又白虎通封公侯：「天道莫不成於三：天有三光，日、月、星。」

〔四〕邵：四庫本作「昭」。「邵」，通「劭」，使美好。孔叢子居衛：「（孔）伋徒患德之不邵，不病毛鬢之不茂也。」又揚子法言修身：「公儀子、董仲舒之才之邵也。」李軌注：「公儀子爲魯相，婦織於室，遣去之，園有葵，拔弃之，不與民争利也。董仲舒爲江都相，下帷三年，不窺園。此二子才德高美。」

〔五〕知人：知人之賢愚善惡。書皋陶謨：「皋陶曰：『都！在知人，在安民。』禹曰：『吁！咸若時，惟帝其難之。知人則哲，能官人。安民則惠，黎民懷之。能哲而惠，何憂乎驩兜，何遷乎有苗，何畏乎巧言令色孔壬？』」僞孔傳「歎修身親親之道在知人，所信任在能安民」，「言帝堯亦以知人安民爲難，故曰吁」。又大戴禮記衛將軍文子：「文子曰：『吾子學焉，何謂不知也？』子貢對曰：『賢人無妄，知賢則難。故君子曰智莫難於知人，此以難也。』」孔廣森補注：「賢人，稱人之賢也。無妄，言不苟譽。」

〔六〕書計：書藝（文字書寫）與算術（九數）。禮内則：「十年，出就外傅，居宿於外，學書記。」阮元校勘記：「『學書記』，毛本同，嘉靖本同。閩監本『記』作『計』，惠棟校宋本同，石經同，岳本同，衛氏集説同，考文引古本、足利本同。『記』字誤也。」又漢書食貨志上：「八歲入小學，學六甲五方書計之事。」顏師古注：「蘇林曰：『五方之異書，如今祕書學外國書也。』臣瓚曰：『辨五方之名及書藝也。』師古曰：『瓚説是也。』」日知録卷二七漢書注：「六甲者，四時、六十甲子之類。五方者，九州岳瀆列國之名。書者，六書。計者，九數。瓚説未盡。」

〔七〕六藝：周禮地官保氏：「保氏掌諫王惡，而養國子以道。乃教之六藝：一曰五禮，二曰六樂，三曰五射，四曰五馭，五曰六書，六曰九數。」鄭玄注：「五禮，吉、凶、賓、軍、嘉也。六樂，雲門、大咸、大韶、大夏、大濩、大武也。鄭司農云：五射，白矢、參連、剡注、襄尺、井儀也。五馭，鳴和鸞、逐水曲、過君表、舞交衢、逐禽左。六書，象形、會意、轉注、處事、假借、諧聲也。九數，方田、粟米、差分、少廣、商功、均輸、方程、贏不足、旁要。」

〔八〕官材：論材授官之狀據。禮記王制：「司馬辨論官材，論進士之賢者，以告於王，而定其論。論定，然後官之。」鄭玄注：「辨其論，官其材，觀其所長。」孔穎達疏：「司馬辨論官材，大樂正論造士之秀者，以告於王。王必以樂正所論之狀授與司馬，司馬得此所論之狀，乃更論辨之，觀其材能高下，知其堪任何官。是準擬其官以其材，故云官材也。」

〔九〕知人誠智：果真有知人之明。「誠」，果真，確實。又「誠」，長短經卷一知人作「識」，亦似可通。「識智」亦作「識知」。論衡別通：「天地之性，人爲貴，貴其識知也。」

〔一〇〕序：位次，指官爵品位。左傳昭公二十九年：「夫晉國將守唐叔之所受法度，以經緯其民，卿大夫以序守之，民是以能尊其貴，貴是以能守其業。貴賤不愆，所謂度也。」杜預注：「序，位次也。」

〔一一〕庶績：謂百官事功。書堯典：「允釐百工，庶績咸熙。」僞孔傳：「績，功；咸，皆；熙，廣也。」言定四時，成歲曆，以告時授事，則能信治百官，衆功皆廣。」

〔一二〕聖人著爻象：猶言聖人作易。易中有爻辭和象辭，故以「爻象」代指易之經傳。易繫辭上：「聖人有以見天下之賾，而擬諸其形容，象其物宜，是故謂之象。聖人有以見天下之動，而觀其會通，以行其典禮，繫辭焉以斷其吉凶，是故謂之爻。」

〔一三〕立君子小人之辭：易泰卦：「彖曰：『泰，小往大來，吉，亨。』則是天地交而萬物通也，上下交而其志同也。内陽而外陰，内健而外順，内君子而外小人，君子道長，小人道消也。」孔穎達疏：「内君子而外小人，君子道長，小人道消者，更就人事之中釋『小往大來吉亨』也。」又否卦：「彖曰：『否之匪人，不利君子貞。大往小來。』則是天地不交而萬物不通也，上下不交而天下無邦也。内陰而外陽，内柔而外剛，内小人而外君子，小人道長，君子道消也。」

〔一四〕相成：互爲依存。老子第二章：「天下皆知美之爲美，斯惡已；皆知善之爲善，斯不善已。故有無相生，難易相成，長短相較，高下相傾，音聲相和，前後相隨。」王弼注：「此六者，皆陳自然不可偏舉之明數也。」

〔一五〕叙詩志：闡述詩之意旨。詩大序：「詩者，志之所之也。在心爲志，發言爲詩。」孔穎達疏：「詩者，人志意之所之適也。雖有所適，猶未發口，蘊藏在心，謂之爲志。發見於言，乃名爲詩。言作詩者所以舒心志憤懣，而卒成於歌詠，故虞書謂之『詩言志』也。」

〔一六〕風俗雅正：民情，政教。詩大序「故正得失，動天地，感鬼神，莫近於詩。先王以是經夫婦，成孝敬，厚人倫，美教化，移風俗。故詩有六義焉：一曰風，二曰賦，三曰比，四曰興，五曰雅，六曰頌。上以風化下，下以風刺上，主文而譎諫，言之者無罪，聞之者足以戒，故曰風。至于王道衰，禮義廢，政教失，國異政，家殊俗，而變風變雅作矣」，「雅者，正也，言王政之所由廢興也。政有小大，故有小雅焉，有大雅焉」。又漢書地理志下：「凡民函五常之性，而其剛柔緩急，音聲不同，繫水土之風氣，故謂之風。好惡取舍，動静亡常，隨君上之情欲，故謂之俗。」

〔一七〕九土：九州，指天下。文選左太沖蜀都賦：「九土星分，萬國錯跱。」李周翰注：「錯，雜；跱，立也。九土，九州也。各在星之分野，而萬國雜列其中。」

〔一八〕聖人立其教：禮記王制：「凡居民材，必因天地寒煖燥濕，廣谷大川異制，民生其間者異俗，剛柔輕重，遲速異齊，五味異和，器械異制，衣服異宜。脩其教，不易其俗；齊其政，不易其宜。」鄭玄注：「教謂禮義，政謂刑禁。」

〔一九〕祗庸：心懷恭敬，持之以恒。周禮春官大司樂：「以樂德教國子，中和，祗庸，孝友。」鄭玄注：「祗，敬；庸，有常也。」

〔二〇〕躬南面：「躬」，親身。詩小雅節南山：「弗躬弗親，庶民弗信。弗問弗仕，勿罔君子。」「南面」，古以坐北面南爲尊位，帝王面南而坐。易説卦：「聖人南面而聽天下，嚮明而治。」

〔二一〕援俊逸輔相之材：「援」，援引，引進。「輔相」，輔佐，輔助。易泰卦：「輔相天地之宜，以左右民。」孔穎達疏：「相，助也，當輔助天地所生之宜。」

〔三二〕天功：猶大功。書舜典：「帝曰：『咨，汝二十有二人，欽哉，惟時亮天功。』」僞孔傳：「各敬其職，惟是乃能信，立天下之功。」又漢書高惠高后文功臣表：「自古帝王之興，曷嘗不建輔弼之臣所與共成天功者乎！」顔師古注：「天功，天下之功業也。」

〔三三〕繼天成物：君王代上天治理萬物。春秋穀梁傳宣公十五年：「爲天下主者，天也。繼天者，君也。君之所存者，命也。」

〔三四〕常若不及：論語季氏：「孔子曰：『見善如不及，見不善如探湯。』」邢昺疏：「言爲善常汲汲也。」

天功既成，則並受名譽〔一〕。忠臣竭力而效能〔二〕，明君得賢而高枕，上下忠愛，謗毁何從生哉？是以堯以克明俊德爲稱〔三〕，舜以登庸二八爲功〔四〕，湯以拔有莘之賢爲名〔五〕，文王以舉渭濱之叟爲貴〔六〕。由此論之，聖人興德〔七〕，孰不勞聰明於求人〔八〕，獲安逸於任使者哉！采士飯牛，秦穆所以霸西戎〔九〕。一則仲父，齊桓所以成九合〔一〇〕。

〔一〕名譽：墨子脩身：「名不徒生，而譽不自長。功成名遂，名譽不可虛假反之身者也。務言而緩行，雖辯必不聽；多力而伐功，雖勞必不圖。慧者心辯而不繁説，多力而不伐功，此以名譽揚天下。」

〔二〕竭力而效能：禮記燕義：「禮無不答，明君上之禮也。臣下竭力盡能以立功於國，君必報之以爵禄。故臣下皆務竭力盡能以立功，是以國安而君寧。」

〔三〕堯以克明俊德爲稱：書堯典：「曰若稽古帝堯，曰放勳。欽明文思安安，允恭克讓。光被四表，格于上下。克明俊德，以親九族。九族既睦，平章百姓。百姓昭明，協和萬邦。黎民於變時雍。」僞孔傳：「能明俊德之士，任用之，以睦高祖玄孫之親。」孔穎達疏：「言堯之爲君也，能尊明俊德之士，使之助己施化。」

〔四〕舜以登庸二八爲功：「登庸二八」，謂任用「八愷」「八元」。左傳文公十八年：「昔高陽氏有才子八人，蒼舒、隤敳、檮戭、大臨、尨降、庭堅、仲容、叔達，齊聖廣淵，明允篤誠，天下之民謂之八愷。高辛氏有才子八人，伯奮、仲堪、叔獻、季仲、伯虎、仲熊、叔豹、季貍，忠肅共懿，宣慈惠和，天下之民謂之八元。此十六族也，世濟其美，不隕其名。以至於堯，堯不能舉。舜臣堯，舉八愷，使主后土，以揆百事，莫不時序，地平天成；舉八元，使布五教于四方，父義、母慈、兄友、弟共、子孝，內平外成。」孔穎達疏「愷，和也。言其和於物也」，「元，善也。言其善於事也」。

〔五〕湯以拔有莘之賢爲名：「有莘之賢」指伊尹（亦稱伊摯）。墨子尚賢中：「伊摯，有莘氏女之私臣，親爲庖人，湯得之，舉以爲己相，與接天下之政，治天下之民。」又史記殷本紀：「伊尹名阿衡。阿衡欲奸湯而無由，乃爲有莘氏媵臣，負鼎俎，以滋味説湯，至于王道。」

〔六〕文王以舉渭濱之叟爲貴：「貴」，初學記卷一七引人物志作「治」。「渭濱之叟」指呂尚（姜太公）。史記齊太公世家：「呂尚蓋嘗窮困，年老矣，以漁釣奸周西伯。西伯將出獵，卜之，曰『所獲非龍非彲，非虎非羆，所獲霸王之輔』。於是周西伯獵，果遇太公於渭之陽，與語大説，曰：『自吾先君太公曰「當有聖人適周，周以興」，子真是邪？吾太公望子久矣。』故號之曰『太公望』，載與俱歸，立爲師。」

〔七〕聖人興德：「興德」，初學記卷一七引人物志作「之爲治」。此謂聖德之人能興王位。易乾卦：「九五，飛龍在天，利見大人。」王弼注：「夫位以德興，德以位叙，以至德而處盛位，萬物之覩，不亦宜乎？」孔穎達疏：「夫位以德興者，位謂王位，以聖德之人能興王位也。德以位叙者，謂有聖德之人得居王位，乃能叙其聖德。」

〔八〕勞聰明於求人：選賢授能。荀子君道：「故明主急得其人，而闇主急得其埶。急得其人，則身佚而國治，功大而名美，上可以王，下可以霸。不急得其人，而急得其埶，則身勞而國亂，功廢而名辱，社稷必危。故君人者，勞於索之，而休於使之。書曰：『惟文王敬忌，一人以擇。』此之謂也。」湯用彤讀人物志：「劉邵以爲平治天下必須聖人，聖人明智之極，故知人善任。知人善任則垂拱而治，故能勞聰明於求人，獲安逸於任使。此人君無爲而治之一解也。」（湯用彤學術論文集，第二一一頁。）

〔九〕秦穆所以霸西戎：此言穆公用百里奚事。史記秦本紀：「百里傒亡秦走宛，楚鄙人執之。繆公聞百里傒賢，欲重贖之，恐楚人不與，乃使人謂楚曰：『吾媵臣百里傒在焉，請以五羖羊皮贖之。』楚人遂許與之。當是時，百里傒年已七十餘。繆公釋其囚，與語國事。謝曰：『臣亡國之臣，何足問！』繆公曰：『虞君不用子，故亡，非子罪也。』固問，語三日，繆公大説，授之國政，號曰五羖大夫。」又韓詩外傳卷八：「夫百里奚，齊之乞者也，逐於齊西，無以進，自賣五羊皮，爲一軛車。見秦繆公，立爲相，遂霸西戎。」

〔一〇〕一則仲父齊桓所以成九合：此言齊桓公用管仲事。論語憲問：「子曰：『桓公九合諸侯，不以兵車，管仲之力也。如其仁，如其仁。』」又史記齊太公世家：「桓公之立，發兵攻魯，心欲殺管仲。鮑叔牙曰：『臣幸得從君，君竟以立。君之尊，臣無以增君。君將治齊，即高傒與叔牙足也。君且欲霸王，非管夷吾不可。夷吾所居國國重，不可失也。』於是桓公從之。乃詳爲召管仲欲甘心，實欲用之。管仲知之，故請往。鮑叔牙迎受管仲，及堂阜而脱桎梏，齋祓而見桓公。桓公厚禮以爲大夫，任政。」

是故仲尼不試〔一〕，無所援升〔二〕。猶序門人以爲四科〔三〕，泛論衆材以辨三等〔四〕。舉德行爲四科之首，叙生知爲三等之上。明德行者，道義之門〔五〕；質志氣者，材智之根也。又歎中庸〔六〕，以殊聖人之德；中庸之德，其至矣乎！人鮮久矣〔七〕，唯聖人能之也〔八〕。尚德〔九〕，以勸庶幾之論〔一〇〕；顏氏之子，其殆庶幾乎？三月不違仁〔一一〕，乃窺德行之門。若非志士仁人〔一二〕，希邁之性〔一三〕，日月至焉者，豈能終之？訓六蔽〔一四〕，以戒偏材之失〔一五〕；仁者愛物，蔽在無斷〔一六〕；信者露誠，蔽在無隱〔一七〕。此偏材之常失也。思狂狷〔一八〕，以通拘抗之材〔一九〕。或進趨於道義，或潔己而無爲，在上者兩順其所能，則拘抗並用。疾悾悾而無信〔二〇〕，以明爲似之難保〔二一〕。厚貌深情〔二二〕，聖人難之。聽其言而觀其所爲〔二三〕，則似託不得逃矣〔二四〕。又曰「察其所安」「觀其所由」[二五]，以知居止之行[二六]。言必契始以要終[二七]，行必覩初以求卒，則中外之情粗可觀矣。

〔一〕仲尼不試：「不試」，不被任用。論語子罕：「牢曰：『子云：吾不試，故藝。』」邢昺疏：「牢，弟子琴牢也。試，用也。言孔子自云我不見用於時，故多能技藝。」

〔二〕援升：此前未見用例，以單字串講，當是援引，提拔。「援」，薦舉。禮記儒行：「儒有內稱不辟親，外舉不辟怨，程功積事，推賢而進達之，不望其報，君得其志，苟利國家，不求富貴。其舉賢援能有如此者。」

〔三〕四科：謂孔門四科：德行、言語、政事、文學。論語先進：「德行：顔淵，閔子騫，冉伯牛，仲弓。言語：宰我，子貢。政事：冉有，季路。文學：子游，子夏。」

〔四〕三等：論語季氏：「孔子曰：『生而知之者，上也。學而知之者，次也。困而學之，又其次也。困而不學，民斯爲下矣。』」邢昺疏：「此章勸人學也。『生而知之者上也』者，謂聖人也。『學而知之者次也』者，言由學而知道，次於聖人，謂賢人也。『困而學之又其次也』者，人本不好學，因其行事有所困，禮不通，發憤而學之者，復次於賢人也。『困而不學民斯爲下矣』者，謂知困而不能學，此爲下愚之民也。」

〔五〕道義之門：易繫辭上：「夫易，聖人所以崇德而廣業也。知崇，禮卑。崇效天，卑法地。天地設位，而易行乎其中矣。成性存存，道義之門。」韓康伯注：「物之存成，由乎道義也。」孔穎達疏：

「此明易道既在天地之中，能成其萬物之性，使物生不失其性，存其萬物之存，使物得其存成也。性謂稟其始也，存謂保其終也，道謂開通也，義謂得其宜也。既能成性存存，則物之開通，物之得宜，從此易而來，故云道義之門，謂易與道義爲門户也。」

〔六〕歎中庸：「歎」，讚歎，讚美。禮記郊特牲：「賓入大門而奏肆夏，示易以敬也。卒爵而樂闋。孔子屢歎之。」鄭玄注：「美此禮也。」「中庸」，謂中和常行之德，無過，無不及。禮記中庸：「仲尼曰：『君子中庸，小人反中庸。君子之中庸也，君子而時中。小人之中庸也，小人而無忌憚也。』」鄭玄注：「庸，常也，用中爲常道也。反中庸者，所行非中庸，然亦自以爲中庸也。君子而時中者，其容貌君子，而又時節其中也。小人而無忌憚，其容貌小人，又以無畏難爲常行，是其反中庸也。」

〔七〕中庸之德其至矣乎人鮮久矣：論語雍也：「子曰：『中庸之爲德也，其至矣乎！民鮮久矣。』」何晏集解：「庸，常也。中和可常行之德。世亂，先王之道廢，民鮮能行此道久矣，非適今。」邢昺疏：「此章言世亂，人不能行中庸之德也。中，謂中和；庸，常也；鮮，罕也。言中和可常行之德也，其至極矣乎！以世亂，先王之道廢，故民罕能行此道久多時矣，非適而今也。」

〔八〕唯聖人能之：禮記中庸：「君子依乎中庸，遯世不見知而不悔，唯聖者能之。」鄭玄注：「言隱者當如此也，唯舜爲能如此。」

〔九〕尚德：崇尚德行。論語憲問：「南宮适問於孔子曰：『羿善射，奡盪舟，俱不得其死然。禹、稷躬稼而有天下。』夫子不答。南宮适出，子曰：『君子哉若人！尚德哉若人！』」邢昺疏：「此章賤不義而貴有德也……子曰『君子哉若人！尚德哉若人』者，以其賤奡、羿之不義，貴禹、稷之有德，故美之曰君子哉若此人也，尚德哉若此人也。」

〔一〇〕以勸庶幾之論：「勸」，激勵。「庶幾」，差不多，用以稱贊好學而可成材者。易繫辭下：「子曰：『顏氏之子，其殆庶幾乎？有不善未嘗不知，知之未嘗復行也。』」孔穎達疏：「此節論賢人唯庶於幾，雖未能知幾，故引顏氏之子以明之也。『其殆庶幾乎』者，言聖人知幾，顏子亞聖，未能知幾，但殆近庶慕而已，故云『其殆庶幾乎』。」又論語先進：「柴也愚，參也魯，師也辟，由也喭。子曰：『回也其庶乎，屢空。賜不受命，而貨殖焉，億則屢中。』」邢昺疏：「此章孔子歷評六弟子之德行中失也……子曰『回也其庶乎，屢空。賜不受命，而貨殖焉，億則屢中』者，此蓋孔子美顏回，所以勵賜也。其說有二：一曰屢，數也；空，匱也；億，度也。言回庶幾聖道，雖數空匱貧窶，而樂在其中，是美回也。賜不受命，唯貨財是殖，若億度是非則數中，言此所以勉勵賜也。一曰屢猶每也，空猶虛中也。言孔子以聖人之善道，教數子之庶幾，猶不至於知道者，各內有此害故也。其於庶幾，每能虛中者，唯有顏回懷道深遠，若不虛心，不能知道也。子貢雖無數子之病，然亦不知道者，雖不窮理而幸中，雖非天命而偶富，有此二累，亦所以不虛心也。」

〔一一〕三月不違仁：論語雍也：「子曰：『回也，其心三月不違仁，其餘則日月至焉而已矣。』」邢昺疏：「此章稱顏回之仁。三月爲一時，天氣一變。人心行善，亦多隨時移變。惟回也，其心雖經一時復時，而不變移違去仁道也。其餘則蹔有至仁時，或一日或一月而已矣。」

〔一二〕志士仁人：論語衛靈公：「子曰：『志士仁人，無求生以害仁，有殺身以成仁。』」邢昺疏：「此章言志善之士，仁愛之人，無求生而害仁。若身死而後成仁，則志士仁人不愛其身，有殺其身以成其仁者也，若伯夷、叔齊、比干是也。」

〔一三〕希邁：此前未見用例，依單字串講，當是罕有，超邁。「希」，稀少。老子第七十章：「知我者希，則我者貴。」河上公注：「希，少也。」

〔一四〕六蔽：論語陽貨：「子曰：『由也！女聞六言六蔽矣乎？』對曰：『未也。』『居，吾語女。好仁不好學，其蔽也愚。好知不好學，其蔽也蕩。好信不好學，其蔽也賊。好直不好學，其蔽也絞。好勇不好學，其蔽也亂。好剛不好學，其蔽也狂。』」邢昺疏：「好仁不好學，其蔽也愚者，此下歷說六言六蔽之事也。學者，覺也，所以覺寤未知也。仁之爲行，學則不固，是以愛物。好與曰仁，若但好仁，不知所以裁之，所施不當，則如愚人也。好知不好學，其蔽也蕩者，明照於事曰知，若不學以裁之，則其蔽在於蕩逸，無所適守也。好信不好學，其蔽也賊者，人言不欺爲信，則當信義，若但好信而不學以裁之，其蔽在於賊害父子，不知相爲隱之輩也。好直不好學，其蔽也絞者，絞，切也。正人之曲曰直，若好直不好學，則失於譏刺太切。好勇不好學，其蔽也亂者，勇謂果敢，當學以知義，若好勇而不好學，則是有勇而無義，則爲賊亂。好剛不好學，其蔽也狂者，狂猶妄也。剛者無欲，不爲曲求，若好恃其剛，不學以制之，則其蔽也妄抵觸人。」

〔一五〕偏材：本書論偏材之處甚多，茲舉卷上二例：（一）九徵：「一至謂之偏材。偏材，小雅之質也。」

劉昞注：「徒仁而無義，徒義而無仁，未能兼濟，各守一行，是以名不及大雅也。」（二）體別：「偏材之性不可轉移矣。雖教之以學，材成而隨之以失。雖訓之以恕，推情各從其心。信者逆信，詐者逆詐。故學不入道，恕不周物，此偏材之益失也。」劉昞注：「材不能兼，教之愈失。是以宰物者用人之仁去其貪，用人之智取其詐。然後群材畢御，而道周萬物也矣。」

〔一六〕無斷：優柔寡斷。本書卷上體別：「柔順安恕，每在寬容，失在少決。」

〔一七〕無隱：猶言無城府。本書卷上體別：「樸露徑盡，質在中誠，失在不微。」

〔一八〕狂狷：勇於進取與守節不爲兩類人。論語子路：「子曰：『不得中行而與之，必也狂狷乎！狂者進取，狷者有所不爲也。』」邢昺疏：「此章孔子疾時人不純一也。子曰『不得中行而與之，必也狂狷乎』者，中行，行能得其中者也。言既不得中行之人而與之同處，必也得狂狷之人可也。『狂者進取，狷者有所不爲』者，此說狂狷之行也。狂者進取於善道，知進而不知退，狷者守節無爲，應進而退也。二者俱不得中，而性恒一。欲得此二人者，以時多進退，取其恒一也。」

〔一九〕拘抗之材：拘守無爲與抗奮進趨兩類人。本書卷上體別：「是以抗者過之，而拘者不逮。」劉昞注：「勵然抗奮於進趨之塗。屯然無爲於拘抗之外。」

〔二〇〕悾悾而無信：貌似忠厚而不講信用。「悾悾」，誠懇貌。論語泰伯：「子曰：『狂而不直，侗而不愿，悾悾而不信，吾不知之矣。』」邢昺疏：「此章孔子疾小人之性與常度反也。狂者進取宜直，而乃不直。侗，未成器之人，宜謹愿，而乃不愿。悾悾，慤也，謹慤之人宜信，而乃不信。此等之人，皆與常度反，我不知之也。」

〔二一〕爲似之難保：「爲似」，情似恭謹而心懷叵測。「爲」，同「僞」，全上古三代秦漢三國六朝文引「宋本」人物志序作「僞」。然本書多見「依似」，未見有「爲似」「僞似」之説，疑此處亦當是「依似」之誤。本書卷上九徵：「一徵謂之依似。依似，論德之類也。」又本書卷中八觀：「偏之與依，志同質違，所謂似是而非也。」「難保」，難於治理。書康誥：「王曰：『嗚呼！小子封。恫瘝乃身，敬哉！天畏棐忱，民情大可見。小人難保，往盡乃心，無康好逸豫，乃其乂民。』」僞孔傳「天德可畏，以其輔誠。人情大可見，以小人難安」，「往當盡汝心爲政，無自安好逸豫，寬身其乃治民」。孔穎達疏：「以民情大率可見，所以可見者，以小人難保也。安之既難，其往治之，當盡汝心爲政，無自安好逸豫，而寬縱乃其可以治民。』」

〔二二〕厚貌深情：人之内心與外貌並非一致。莊子列禦寇：「孔子曰：『凡人心險於山川，難於知天。天猶有春秋冬夏旦暮之期，人者厚貌深情。故有貌愿而益，有長若不肖，有順懁而達，有堅而縵，有緩而釬。故其就義若渴者，其去義若熱。故君子遠使之而觀其忠，近使之而觀其敬，煩使之而觀其能，卒然問焉而觀其知，急與之期而觀其信，委之以財而觀其仁，告之以危而觀其節，醉之以酒而觀其側，雜之以處而觀其色。九徵至，不肖人得矣。』」

〔二三〕聽其言而觀其所爲：論語公冶長：「宰予晝寢。子曰：『朽木不可雕也，糞土之牆不可杇也。於予與何誅？』子曰：『始吾於人也，聽其言而信其行。今吾於人也，聽其言而觀其行。於予與改是。』」邢昺疏：「此章勉人學也……以宰予嘗謂夫子言己勤學，今乃晝寢，是言與行違。故孔子責之曰：始前吾於人也，聽其所言，即信其行，以爲人皆言行相副。今後吾於人也，雖聽其言，更觀其行，待其相副，然後信之。因發於宰予晝寢，言行相違，改是聽言信行，更察言觀行也。」又説苑尊賢：「（孔子曰）夫取人之術也，觀其言而察其行。夫言者所以抒其匈而發其情者也。能行之士，必能言之，是故先觀其言而揆其行。夫以言揆其行，雖有姦軌之人，無以逃其情矣。」

〔二四〕似託：此前未見用例，依單字串講，當是似是而非，似真實假。「託」，假託。晏子春秋内篇問上：「爲君，厚藉斂而託之爲民，進讒諛而託之用賢，遠公正而託之不順，君行此三者則危。」

〔二五〕察其所安觀其所由：論語爲政：「子曰：『視其所以，觀其所由，察其所安，人焉廋哉？人焉廋哉？』」邢昺疏：「此章言知人之法也。視其所以者，以，用也，言視其所以行用。觀其所由者，由，經也，言觀其所經從。察其所安者，言察其所安處也。人焉廋哉人焉廋哉者，廋，匿也。焉，安也。言知人之法，但觀察其終始，則人安所隱匿其情哉！再言之者，深明情不可隱也。」

〔二六〕居止：猶言起居舉止。文選向子期思舊賦序：「余與嵇康、呂安居止接近，其人並有不羈之才。」

〔二七〕契始以要終：銘記其始，考察其終。「契」，刻記。「要」，求索。易繫辭下：「易之爲書也，原始要終以爲質也。」孔穎達疏：「原始要終以爲質者，質，體也。言易之爲書，原窮其事之初始，乾『初九，潛龍勿用』是原始也；又要會其事之終末，若『上九，亢龍有悔』是要終也。」

人物之察也，如此其詳〔一〕。不詳察，則官材失其序，而庶政之業荒矣。是以敢依聖訓，志序人物〔二〕，庶以補綴遺忘，惟博識君子，裁覽其義焉〔三〕。

〔一〕如此其詳：「詳」，詳悉、審慎。書蔡仲之命：「詳乃視聽，罔以側言改厥度。」僞孔傳：「詳審汝視聽，非禮義勿視聽，無以邪巧之言易其常度。」

〔二〕志序：依次記述。「志」，通「誌」。莊子逍遥遊：「齊諧者，志怪者也。」郭慶藩集釋：「志，記也。」

〔三〕裁覽：猶裁鑒，冀予品評、裁斷。南齊書王融傳：「夫君道含弘，臣術無隱，翁歸乃居中自是，充國曰『莫若老臣』。竊景前脩，敢蹈輕節。以冒不媒之鄙，式罄奉公之誠。抑又唐堯在上，不參二八，管夷吾恥之，臣亦恥之。願陛下裁覽。」

人物志校箋　卷上

九徵第一〔一〕人物情性志氣不同，徵神見貌，形驗有九〔二〕。

蓋人物之本〔三〕，出乎情性〔四〕。性質稟之自然，情變由於染習。是以觀人察物，當尋其性質也。情性之理〔五〕，其徵而玄〔六〕，非聖人之察，其孰能究之哉？知無形狀，故常人不能覩，惟聖人目擊而照之〔七〕。凡有血氣者〔八〕，莫不含元一以爲質〔九〕，質不至，則不能涉寒暑，歷四時。稟陰陽以立性〔一〇〕，性資於陰陽〔一一〕，故剛柔之意別矣。體五行而著形〔一二〕。骨勁筋柔，皆稟精於金木。苟有形質〔一三〕，猶可即而求之。由氣色外著，故相者得其情素也〔一四〕。

〔一〕九徵：「徵」當讀如「證」，玉海卷五七藝文稱人物志篇名徑作「九證」是也。「徵」即效應。淮南子脩務訓：「夫歌者，樂之徵也；哭者，悲之效也。」高誘注：「徵，應也；效，驗也。」

〔二〕形驗有九：即下文所謂「性之所盡，九質之徵也」，指神（平陂之質）、精（明暗之實）、筋（勇怯之勢）、骨（彊弱之植）、氣（躁静之決）、色（慘懌之情）、儀（衰正之形）、容（態度之動）、言（緩急之狀）。

〔三〕人物之本：錢穆略述劉邵人物志：「人物志主要在討論人物。物是品類之義。將人分成許多品類，遂稱之爲『人物』。西方人常依職業或知識來分人物，如宗教家、醫生、律師或某類專門學者，這些都從外面職業知識分。中國人卻重在從人之内面品性道德分。此一態度，顯然與西方不同。中國人向來看重人的道德、性情，如論語中講『仁、孝』，講『聖、賢』，講『君子、小人』，此等皆是道德上字眼。漢人最講求道德，及漢代中央政府崩潰後，曹操卻提出了新鮮口號，他説：『治天下，平時尚德行，有事尚功能。』他把才幹看重在德行之上。若論曹孟德自己，就其道德論，實在太差了；然其人甚能幹，正是亂世之奸雄。在此一風氣下，更激起有思想者之鄭重注意，於是方有劉邵人物志之出現。」（中國學術思想史論叢（三），第五四頁。）

〔四〕情性：即人之性格與情感。荀子正名篇：「生之所以然者，謂之性。性之和所生，精合感應，不事而自然謂之性。性之好、惡、喜、怒、哀、樂，謂之情。」楊倞注：「人性感物之後，分爲此六者，謂之情。」又白虎通卷八性情：「性情者，何謂也？性者陽之施，情者陰之化也。人稟陰陽氣而生，故内懷五性六情。情者，静也。性者，生也。此人所稟六氣以生者也。故鉤命決曰：『情生于陰，欲以時念也。性生于陽，以就理也。陽氣者仁，陰氣者貪，故情有利欲，性有仁也。』」

〔五〕情性之理：史記律書：「喜則愛心生，怒則毒螫加，情性之理也。」

〔六〕其微而玄：言其精深玄奥。荀子解蔽：「處一危之，其榮滿側；養一之微，榮矣而未知。」楊倞注：「微，精妙也。」又説文玄部：「玄，幽遠也。」段玉裁注：「老子曰：『玄之又玄，衆妙之門。』

高注淮南子曰：『天也。』聖經不言『玄妙』，至僞尚書乃有『玄德升聞』之語。」

〔七〕目擊而照之：目擊則明。莊子田子方：「仲尼見之而不言。子路曰：『吾子欲見温伯雪子久矣，見之而不言，何邪？』仲尼曰：『若夫人者，目擊而道存矣，亦不可以容聲矣。』」郭慶藩集釋：「司馬云：見其目動而神實已著也。擊，動也。郭云：目裁往，意已達。」

〔八〕有血氣者：此指人。禮記中庸：「凡有血氣者，莫不尊親。」

〔九〕元一：即太極元氣，萬物之本源。抱朴子内篇暢玄：「胞胎元一，範鑄兩儀。吐納大始，鼓冶億類。」又後漢書郅惲傳：「臣聞天地重其人，惜其物，故運機衡，垂日月，含元包一，甄陶品類，顯表紀世，圖録豫設。」李賢注：「前書志曰：『太極元氣，含三爲一。』謂三才未分，包而爲一也。甄者，陶人旋轉之輪也。言天地造化品物，如陶匠之成衆品者也。」

〔一〇〕陰陽：天地間化生萬物之二氣。易繫辭上：「一陰一陽之謂道。」韓康伯注：「道者何？無之稱也。無不通也，無不由也，況之曰道。」又黃帝内經素問卷二陰陽應象大論：「陰陽者，天地之道也。（道者，陰陽之理也。太極静而生陰，動而生陽，天生於動，地生於静，故陰陽爲天地之道。）」又論衡本性：「董仲舒覽孫、孟之書，作情性之説曰：『天之大經，一陰一陽。人之大經，一情一性。性生於陽，情生於陰。陰氣鄙，陽氣仁。曰性善者，是見其陽也。謂惡者，是見其陰也。』若仲舒之言，謂孟子見其陽，孫卿見其陰也。處二家各有見，可也。不處人情性，情性有善有惡，未也。夫人情性同生於陰陽，其生於陰陽，有渥有泊。玉生於石，有純有駁。情性生於陰陽，安能純善？

仲舒之言，未能得實。」

〔一一〕性資於陰陽：易說卦：「昔者，聖人之作易也，將以順性命之理，是以立天之道曰陰與陽，立地之道曰柔與剛，立人之道曰仁與義。兼三才而兩之，故易六畫而成卦。分陰分陽，迭用柔剛，故易六位而成章。」孔穎達疏：「其天地生成萬物之理，須在陰陽必備，是以造化闢設之時，其立天之道有二種之氣，曰成物之陰與施生之陽也。其立地之道有二種之形，曰順承之柔與持載之剛也。」

〔一二〕體五行：「體」，區分。周禮天官冢宰：「惟王建國，辨方正位，體國經野。」鄭玄注：「體猶分也。」「五行」，構成萬物之五種基本物質。國語鄭語：「故先王以土與金木水火雜，以成百物。」韋昭注：「雜，合也。成百物，謂若鑄冶煎烹之屬。」又白虎通卷四五行：「五行者，何謂也？謂金木水火土也……尚書曰：『一曰水，二曰火，三曰木，四曰金，五曰土。』水位在北方。北方者陰氣，在黄泉之下，任養萬物。水之爲言准也，養物平均，有准則也。木在東方。東方者，陽氣始動，萬物始生。木之爲言觸也，陽氣動躍觸地而出也。火在南方。南方者，陽在上，萬物垂枝。火之爲言委隨也，言萬物布施。火之爲言化也，陽氣用事，萬物變化也。金在西方。西方者，陰始起，萬物禁止。金之爲言禁也。土在中央。中央者土，土主吐含萬物，土之爲言吐也。」

〔一三〕形質：形貌氣質。晉書劉曜載記：「自以形質異衆，恐不容于世，隱迹管涔山，以琴書爲事。」本書卷下七繆：「夫清雅之美，著乎形質，察之寡失。」

〔一四〕情素：本性，本心。漢書鄒陽傳：「披心腹，見情素。」顏師古注：「見，顯示之也。素謂心所向也。」

凡人之質量，中和最貴矣〔一〕。質白受采〔二〕，味甘受和。中和者，百行之根本〔三〕，人情之良田也〔四〕。中和之質，必平淡無味〔五〕。惟淡也，故五味得和焉〔六〕。若苦，則不能甘矣。若酸也，則不能鹹矣。故能調成五材〔七〕，變化應節〔八〕。平淡無偏，群材必御。致用有宜，通變無滯〔九〕。是故觀人察質〔一〇〕，必先察其平淡〔一一〕，而後求其聰明〔一二〕。譬之驥騄〔一三〕，雖超逸絶群，若氣性不和，必有毁衡碎首決胸之禍也〔一四〕。聰明者，陰陽之精〔一五〕。離目坎耳〔一六〕，視聽之所由也。陰陽清和，則中叡外明〔一七〕。聖人淳耀〔一八〕，能兼二美，知微知章〔一九〕。耳目兼察，通幽達微。官材授方〔二〇〕，舉無遺失。自非聖人，莫能兩遂。雖得之於目，或失之於耳。故明白之士，達動之機〔二一〕，而暗於玄慮〔二二〕。達於進趨，而暗於止静。以之進趨，則欲速而成疾〔二三〕；以之深慮，則抗奪而不入也〔二四〕。玄慮之人，識静之原，而困於速捷。性安沉默，而智乏應機。以之閑静，則玄微之道構；以之濟世，則勁捷而無成。猶火日外照〔二五〕，不能内見〔二六〕；金水内暎，不能外光。人各有能，物各有性。是以聖人任明白以進趨，委守成於玄慮，然後動止得節，出處應宜矣。二者之義，蓋陰陽之别也。陽動陰静，乃天地之定性〔二七〕，况人物乎！

〔一〕中和：即中庸之道。禮記中庸：「喜怒哀樂之未發，謂之中。發而皆中節，謂之和。中也者，天下之大本也。和也者，天下之達道也。」孔穎達疏：「『喜怒哀樂之未發謂之中』者，言喜怒哀樂緣事而生，未發之時，澹然虚静，心無所慮而當於理，故謂之中。『發而皆中節謂之和』者，不能寂静而有喜怒哀樂之情，雖復動發，皆中節限，猶如鹽梅相得，性行和諧，故云謂之和。『中也者天下之大本也』者，言情慾未發是人性初本，故曰天下之大本也。『和也者天下之達道也』者，言情慾雖發，而能和合道理，可通達流行，故曰天下之達道也。」

〔二〕質白受采：禮記禮器：「君子曰：『甘受和，白受采。忠信之人，可以學禮。苟無忠信之人，則禮不虛道。是以得其人之爲貴也。』」孔穎達疏：「『甘受和，白受采』者，記者舉此二物喻忠信之人可得學禮。甘爲衆味之本，不偏主一味，故得受五味之和。白是五色之本，不偏主一色，故得受五色之采。以其質素，故能匀受衆味及衆采也。」

〔三〕百行：謂各種品行。三國志魏書王昶傳：「夫孝敬仁義，百行之首，行之而立，身之本也。」

〔四〕人情之良田：禮記禮運：「故聖王脩義之柄、禮之序，以治人情。故人情者，聖王之田也，脩禮以耕之，陳義以種之，講學以耨之，本仁以聚之，播樂以安之。」

〔五〕平淡無味：老子第三十五章：「道之出口，淡乎其無味，視之不足見，聽之不足聞，用之不足既。」河上公注：「道出入於口淡淡，非如五味有酸鹹苦甘辛也。」

〔六〕惟淡也故五味得和焉：管子水地：「淡也者，五味之中也。」尹知章注：「無味謂之淡。水雖無味，五味不得不平也，故爲五味中也。」

〔七〕五材：此指人之勇、智、仁、信、忠五性。六韜論將：「太公曰：『將有五材十過。』武王問：『敢問其目。』太公曰：『所謂五材者，勇、智、仁、信、忠也。』」

〔八〕變化：易乾卦：「乾道變化，各正性命。」孔穎達疏：「變謂後來改前，以漸移改，謂之變也。化謂一有一無，忽然而改，謂之爲化。言乾之爲道，使物漸變者，使物卒化者，各能正定物之性命。」

〔九〕通變：事物變化。易繫辭上：「一闔一闢謂之變，往來不窮謂之通。」

〔一〇〕觀人察質：錢穆略述劉邵人物志：「然劉邵仍將『德行』置於才智之上。他的意見，德行應由内發，而仍必兼有才智。謂其本原乃出於人之天性，因此主張要『觀人察質』。他意謂要觀察一個人，必注重觀察其性格。此處察質之『質』字，其涵義猶不止是『性質』義，且兼有『體質』義。直至今日論人，猶有相骨、相面之説，此即觀人之體質也。其人或厚重、或輕薄、或謹慎、或粗疏，皆從其人之體質與性質來。此種意見，實亦流傳迄今，仍爲一般人所信奉。」（中國學術思想史論叢（三），第五七頁。）

〔一一〕必先察其平淡：錢穆略述劉邵人物志：「所謂『平淡』，應可有兩種講法：一指其人之内心講，即其人之所好、所願望。如人都喜歡在某一方面有所表現，此人即是不平淡。以其不平淡，因而亦只能依其所好、所想望而成一偏至之材。又如人好走偏鋒，急功近利，愛出鋒頭，此等皆是不平淡。必大聖如孔子，始是一真平淡者。惟其平淡，故可大受，而當大任。如孔子之『毋意、毋必、毋固、毋我』及其『無可、無不可』，此即孔子之平淡也。劉邵説『中庸之德，其質無名』，此即或人批評孔子所謂博學而無所成名也。亦可説平淡即是不好名，不求人知。劉邵此番理論，正是針對東漢人風氣，亦可謂其乃來自道家。」（中國學術思想史論叢（三），第五八頁。）

〔一二〕聰明：能明察事理。書舜典：「虞舜側微，堯聞之聰明，將使嗣位，歷試諸難。」又文選班孟堅述高紀：「皇矣漢祖，纂堯之緒，寔天生德，聰明神武。」李善注：「項岱曰：『聽於無聞曰聰，照臨四方曰明。』」

〔一三〕驥騄：良馬。文選魏文帝典論論文：「今之文人，魯國孔融文舉、廣陵陳琳孔璋、山陽王粲仲宣、北海徐幹偉長、陳留阮瑀元瑜、汝南應瑒德璉、東平劉楨公幹，斯七子者，於學無所遺，於辭無所假，咸以自騁驥騄於千里，仰齊足而並馳，以此相服，亦良難矣。」劉良注：「驥騄，良馬也。以比賢才之俊逸也。」

〔一四〕毁衡碎首決胸之禍：莊子人間世：「夫愛馬者，以筐盛矢，以蜄盛溺。適有蚉䖟僕緣，而拊之不時，則缺銜毁首碎胸。意有所至而愛有所亡，可不慎邪！」郭慶藩集釋：「亡，猶失也。意之所至，在乎愛馬，既以毁損，即失其所愛。人間涉物，其義亦然，機感參差，即遭禍害。拊馬之喻，深宜慎之也。」

〔一五〕陰陽之精：大戴禮記曾子天圓：「陽之精氣曰神，陰之精氣曰靈。神靈者，品物之本也。」盧辯注：「神爲魂，靈爲魄，魂魄，陰陽之精，有生之本也。」

〔一六〕離目坎耳：易説卦：「乾爲首，坤爲腹，震爲足，巽爲股，坎爲耳，離爲目，艮爲手，兑爲口。」孔穎達疏「此一節説八卦人身之象，略明近取諸身也」，「坎爲耳，坎北方之卦，主聽，故爲耳也。離爲目，南方之卦，主視，故爲目也」。

〔一七〕中叡外明：「叡」，同「睿」。書洪範：「視曰明，聽曰聰，思曰睿。」僞孔傳「必清審」，「必微諦」，

「必通於微」。

〔一八〕淳耀：國語鄭語：「夫黎爲高辛氏火正，以淳燿敦大，天明地德，光照四海，故命之曰『祝融』，其功大矣。」韋昭注：「淳，大也。燿，明也。敦，厚也。言黎爲火正，能理其職，以大明厚大，天明地德，故命之爲『祝融』。」

〔一九〕知微知章：「章」，通「彰」。易繫辭下：「君子知微知彰，知柔知剛，萬夫之望。」孔穎達疏：「君子知微知彰者，初見是幾，是知其微。既見其幾，逆知事之禍福，是知其彰著也。」

〔二〇〕官材授方：用人有方。左傳閔公二年：「衛文公大布之衣，大帛之冠，務材訓農，通商惠工，敬教勸學，授方任能。」杜預注：「方，百事之宜也。」楊伯峻春秋左傳注：「方即成十八年及襄九年傳『官不易方』、昭二十九年傳『官修其方』之方。授方者，授之以百官之常法也；任能者，任用其材能之人也。不授以方，則無治法；不任其能，則無治人。」

〔二一〕達動之機：知曉事情發生之原由。「機」，禮記大學：「一家仁，一國興仁；一家讓，一國興讓；一人貪戾，一國作亂。其機如此。」鄭玄注：「機，發動所由也。」「機」或作「幾」。易繫辭下：「幾者，動之微，吉之先見者也。」孔穎達疏：「幾，微也。是已動之微，動謂心動、事動。初動之時，其理未著，唯纖微而已。若其已著之後，則心事顯露，不得爲幾。若未動之前，又寂然頓無，兼亦不得稱幾也。」

〔二二〕暗於玄慮：不能深思熟慮。「暗」，通「闇」，昏昧。文選嵇叔夜與山巨源絶交書：「不識人情，闇於機宜。」「玄慮」，深思熟慮。後漢書張衡傳贊：「不有玄慮，孰能昭晰？」李賢注：「玄猶深也。晰音制。」

〔二三〕欲速而成疾：「疾」，禍害。左傳哀公元年：「臣聞之：『樹德莫如滋，去疾莫如盡。』」楊伯峻春秋左傳注：「戰國策秦策三引書『樹德莫如滋，除害莫如盡』，今在僞古文泰誓中。」

〔二四〕抗奪：後漢書黃瓊傳：「初，瓊隨父在臺閣，習見故事。及後居職，達練官曹，争議朝堂，莫能抗奪。」資治通鑑卷五一漢紀四三孝順皇帝上：「（黃瓊）争議朝堂，莫能抗奪。」胡三省注：「莫能抗言以奪其議也。」

〔二五〕火日外照：大戴禮記曾子天圓：「參嘗聞之夫子曰：天道曰圓，地道曰方，方曰幽而圓曰明。明者，吐氣者也，是故外景。幽者，含氣者也，是故内景。故火日外景，而金水内景。吐氣者施，而含氣者化，是以陽施而陰化也。」王聘珍解詁：「説文云：『景，光也。』外景者，光在外。内景者，光在内。離爲火，爲日，以二陽而周乎一陰之外，故光在外。兑爲金，以二陽而説於一陰之内，坎爲水，以一陽而陷於二陰之中，故光在内。」

〔二六〕不能内見：「見」，表現，出現。論語泰伯：「天下有道則見，無道則隱。」

〔二七〕陽動陰静乃天地之定性：易繫辭上：「天尊地卑，乾坤定矣。卑高以陳，貴賤位矣。動静有常，剛柔斷矣。」孔穎達疏：「天陽爲動，地陰爲静，各有常度，則剛柔斷定矣。動而有常則成剛，静而有常則成柔，所以剛柔可斷定矣。」

若量其材質〔一〕，稽諸五物〔二〕，五物之徵，亦各著於厥體矣。筋勇色青，血勇色赤，中動外形，豈可匿也。其在體也，木骨，金筋，火氣，土肌，水血，五物之象也。五性者，成形之具。五物爲母，故氣色從之而具。五物之實，各有所濟〔三〕。五性不同，各有所稟。稟性多者，則偏性生也。是故骨植而柔者〔四〕，謂之弘毅〔五〕。弘毅也者，仁之質也〔六〕。木則垂蔭，爲仁之質。質不弘毅，不能成仁。氣清而朗者，謂之文理〔七〕。文理也者，禮之本也。火則照察，爲禮之本。本無文理，不能成禮。體端而實者，謂之貞固〔八〕。貞固也者，信之基也。土必吐生〔九〕，爲信之基也。基不貞固，不能成信。筋勁而精者，謂之勇敢〔一〇〕。勇敢也者，義之決也。金能斷割，爲義之決。決不勇敢，不能成義。色平而暢者，謂之通微〔一一〕。通微也者，智之原也。水流疏達〔一二〕，爲智之原〔一三〕。原不通微，不能成智。五質恒性，故謂之五常矣〔一四〕。五物，天地之常氣。五德〔一五〕，人物之常行。

〔一〕材質：謂先天資質和後天材能。

〔二〕五物：猶五行，即下文所言木、金、火、土、水五種物質。孔子家語五帝：「天有五行，水、火、金、木、土，分時化育，以成萬物。」

〔三〕各有所濟：謂各有所用，各有所成。爾雅釋言：「濟，成也。」本書卷中英雄：「是故英以其聰謀始，以其明見機，待雄之膽行之；雄以其力服衆，以其勇排難，待英之智成之。然後乃能各濟其所長也。」

〔四〕骨植而柔：按「植」乃關門用直立之木，故亦用稱直。説文木部：「植，户植也。」段玉裁注：「淮南云：『縣聯房植。』高曰：『植，户植也。』植當爲直立之木，徐鍇以爲横鍵，非也。」

〔五〕弘毅：堅强而有毅力。論語泰伯：「曾子曰：『士不可以不弘毅，任重而道遠。仁以爲己任，不亦重乎？死而後已，不亦遠乎？』」邢昺疏：「弘，大也。毅，强而能斷也。言士能弘毅，然後能負重任致遠路也。」

〔六〕仁之質：「仁」，儒家提倡之道德標準。孟子離婁下：「孟子曰：『君子所以異於人者，以其存心也。君子以仁存心，以禮存心。仁者愛人，有禮者敬人。愛人者，人常愛之；敬人者，人常敬之。』」

〔七〕文理：此謂禮儀。荀子禮論：「禮者，以財物爲用，以貴賤爲文，以多少爲異，以隆殺爲要。文理繁，情用省，是禮之隆也。文理省，情用繁，是禮之殺也。文理、情用，相爲内外表裏，並行而雜，是禮之中流也。」楊倞注：「文理謂威儀，情用謂忠誠。」

〔八〕貞固：固守正道。易乾卦：「元亨利貞……文言曰：元者善之長也，亨者嘉之會也，利者義之和也，貞者事之幹也。君子體仁足以長人，嘉會足以合禮，利物足以和義，貞固足以幹事。」孔穎達疏：「莊氏云：『……貞者事之幹者，言天能以中正之氣成就萬物，使物皆得幹濟。』莊氏之意，以此四句明天之德也……施於王事言之，元則仁也，亨則禮也，利則義也，貞則信也。」

〔九〕土必吐生：説文土部：「土，地之吐生萬物者也。」段玉裁注：「吐土疊韻，釋名曰：『土，吐也，吐萬物也。』」

〔一〇〕勇敢：勇於立義。禮記聘義：「有行之謂有義，有義之謂勇敢，故所貴於勇敢者，貴其能以立義也。所貴於立義者，貴其有行也。所貴於有行者，貴其行禮也。故所貴於勇敢者，貴其敢行禮義也。故勇敢强有力者，天下無事，則用之於禮義；天下有事，則用之於戰勝。用之於戰勝則無敵，用之於禮義則順治。外無敵、内順治，此之謂盛德。故聖王之貴勇敢强有力如此也。」

〔一一〕通微：「微」，幽深，精妙。書洪範：「思曰睿。」僞孔傳：「必通於微。」孔穎達疏：「王肅云：『睿，通也。』思慮苦其不深，故必深思，使通於微也。」

〔一二〕疏達：明暢通達。漢書楚元王傳附劉向傳：「（向上疏）陛下慈仁篤美甚厚，聰明疏達蓋世，宜弘漢家之德，崇劉氏之美。」

〔一三〕爲智之原：韓詩外傳卷三：「問者曰：『夫智者何以樂於水也？』曰：『夫水者，緣理而行，不遺小間，似有智者；動而下之，似有禮者；蹈深不疑，似有勇者；障防而清，似知命者；歷險致遠，卒成不毁，似有德者。』」

〔一四〕五常：亦稱「五性」，即上文所説金、木、水、火、土五種物質，於人則指仁、禮、信、義、智五種品德。白虎通卷八：「五性者何謂？仁、義、禮、智、信也。仁者，不忍也，施生愛人也。義者，宜也，斷決得中也。禮者，履也，履道成文也。智者，知也，獨見前聞，不惑於事，見微知著也。信者，誠也，專一不移也。故人生而應八卦之體，得五氣以爲常，仁、義、禮、智、信也。」

〔一五〕 五德：下文「五常之别，列爲五德」：木之德，金之德，水之德，土之德，火之德。

五常之别，列爲五德。是故温直而擾毅〔一〕，木之德也；温而不直則懦，擾而不毅則剉〔二〕。剛塞而弘毅〔三〕，金之德也；剛而不塞則決，弘而不毅則缺。愿恭而理敬〔四〕，水之德也；愿而不恭則悖〔五〕，理而不敬則亂。寬栗而柔立〔六〕，土之德也；寬而不栗則慢，柔而不立則散。簡暢而明砭〔七〕，火之德也。簡而不暢則滯，明而不砭則翳〔八〕。雖體變無窮，猶依乎五質〔九〕。人情萬化，不可勝極，尋常竟源，常在於五。故其剛柔、明暢、貞固之徵，著乎形容〔一〇〕，見乎聲色〔一一〕，發乎情味，各如其象。自然之理，神動形色，誠發於中，德輝外耀〔一二〕。故心質亮直〔一三〕，其儀勁固〔一四〕；心質休決〔一五〕，其儀進猛；心質平理〔一六〕，其儀安閑。夫儀動成容，各有態度〔一七〕。直容之動〔一八〕，矯矯行行〔一九〕；休容之動〔二〇〕，業業蹌蹌〔二一〕；德容之動〔二二〕，顒顒卬卬〔二三〕。

〔一〕 温直而擾毅：人品正直而温和、柔順而堅毅。書舜典：「帝曰：『夔，命汝典樂，教胄子，直而温，寬而栗，剛而無虐，簡而無傲。』」僞孔傳：「正直而温和。」同上書皋陶謨：「皋陶曰：『都！亦行有九德，亦言其人有德，乃言曰載采采。』禹曰：『何？』皋陶曰：『寬而栗，柔而立，愿而恭，亂而敬，擾而毅，直而温，簡而廉，剛而塞，彊而義。』」僞孔傳：「行正直而氣温和。」又僞孔傳：「擾，順也。致果爲毅。」孔穎達疏：「和順者失於不斷，故順而能決乃爲德也。」

〔二〕剉：通「挫」。説文刀部：「剉，折傷也。」段玉裁注：「剉與手部挫音同義近。考工記：『揉牙内不挫。』注：『挫，折也。』是二字通用也。」

〔三〕剛塞而弘毅：剛正而充實，雄健而果毅。書皋陶謨：「剛而塞。」僞孔傳：「剛斷而實塞。」孔穎達疏：「塞訓實也。剛而能斷，失於空疎，必性剛正而内充實，乃爲德也。」「弘毅」，見本篇前注。

〔四〕愿恭而理敬：誠慤而善良，才高而恭謹。「愿恭」，書皋陶謨：「愿而恭。」僞孔傳：「慤愿而恭恪。」孔穎達疏：「愿者，慤謹良善之名。謹愿者失於遲鈍，貌或不恭，故慤願而能恭恪乃爲德。」「理敬」，書皋陶謨：「亂而敬。」僞孔傳：「亂，治也。有治而能謹敬。」孔穎達疏：「有能治者，謂才高於人也，堪撥煩理劇者也。負才輕物，人之常性，故有治而能謹敬乃爲德也。愿言恭，治云敬者，恭在貌，敬在心。愿者遲鈍，外失於儀，故言恭以表貌。治者輕物，内失於心，故稱敬以顯情。恭與敬，其事亦通，願其貌恭而心敬也。」

〔五〕悖：同「誖」。説文言部「誖，亂也」，「悖，誖或从心」。

〔六〕寬栗而柔立：謂寬厚而莊重，柔和而能成事。書皋陶謨：「寬而栗，柔而立。」僞孔傳「性寬弘而能莊栗」，「和柔而能立事」。

〔七〕簡暢而明砭：謂胸懷弘大而是非分明。「簡」，書皋陶謨：「簡而廉。」僞孔傳：「性簡大而有廉隅。」孔穎達疏：「簡者，寬大率略之名。志遠者遺近，務大者輕細，弘大者失于不謹，細行者不修廉隅，故簡大而有廉隅乃爲德也。」「砭」，説文石部：「砭，以石刺病也。」段玉裁注：「以石刺病曰砭，因之名其石曰砭石……砭石，謂以石爲鍼。」宋文寬夫人物志跋：「邵之叙五行曰：『簡暢而明砭，火之德也。』偏檢書傳，無『明砭』之證。案字書，砭者以石刺病，此外更無他訓。然自魏晉以後，轉相傳寫，豕亥之變，莫能究知。不爾，則邵當別有異聞，今則亡矣。愚謂『明砭』都無意義，自東晉諸公草書『啓』字爲然，疑爲『簡暢而明啓』耳。」又清徐文靖管城碩記卷一九引文寬夫之説並加按語駁云：「人物志體別篇『砭清激濁』，利害篇『其道廉而且砭』，接識篇『故能識訶砭之明』，是豈盡爲『啓』字之訛乎？延明注『明而不砭則翳』，又『砭去纖芥』，則『砭』爲借用之事無疑。」

〔八〕翳：亦作「瞖」，白翳，俗稱白內障。一切經音義卷二〇：「瞖目，韻集作瞖，同。於計反。目病也。説文：『目病生翳也。』」

〔九〕五質：猶「五行」「五物」「五德」，見前注。

〔一〇〕形容：此指容貌。韓非子姦劫弑臣：「豫讓乃自黔劓，敗其形容。」

〔一一〕聲色：聲調與臉色。禮記中庸：「詩曰：『予懷明德，不大聲以色。』子曰：『聲色之於以化民，末也。』」孔穎達疏：「化民之法，當以德爲本，不用聲色以化民也。若用聲色化民，是其末事。」

〔一二〕德輝：亦作「德煇」，和順貌。禮記樂記：「故樂也者，動於内者也；禮也者，動於外者也。樂極和，禮極順，内和而外順，則民瞻其顏色而弗與争也，望其容貌而民不生易慢焉。故德煇動於内，而民莫不承聽；理發諸外，而民莫不承順。」鄭玄注：「德煇，顏色潤澤也。理，容貌之進止也。」

孔穎達疏：「由內心和順，故和順之德煇然發見於顏色，是德煇由動於內而來也。」

〔一三〕亮直：誠實正直。後漢書劉矩傳：「矩性亮直，不能諂附貴執。」

〔一四〕儀：儀容，風度。詩大雅烝民：「仲山甫之德，柔嘉維則。令儀令色，小心翼翼。」孔穎達疏：「言此仲山甫之德如何乎，柔和而美善，維可以爲法則，又能善其動止之威儀，善其容貌之顏色，又能慎小其心，翼翼然恭敬。」

〔一五〕休決：此前未見用例，依單字串講，當是盛壯而行爲快捷。詩周頌載見：「休有烈光。」鄭箋：「休者，休然盛壯。」孔穎達疏：「休與烈光連文，故爲盛壯。」又莊子逍遥遊：「我決起而飛。」郭慶藩集釋：「決，卒疾之貌。」

〔一六〕平理：有條不紊。南齊書武帝紀：「（史臣曰）外表無塵，內朝多豫，機事平理，職貢有恒，府藏內充，民鮮勞役。」

〔一七〕態度：舉止神情。列子説符：「人有亡鈇者，意其鄰之子。視其行步，竊鈇也；顏色，竊鈇也；言語，竊鈇也；動作態度，無爲而不竊鈇也。俄而抇其谷而得其鈇，他日復見其鄰人之子，動作態度無似竊鈇者。」

〔一八〕直容：剛直貌。論語衛靈公：「直哉史魚！邦有道，如矢；邦無道，如矢。」孔穎達疏：「直哉史魚者，美史魚之行正直也。邦有道如矢、邦無道如矢者，此其直之行也。」

〔一九〕矯矯行行：負勇直前。「矯矯」，勇武貌。詩魯頌泮水：「矯矯虎臣，在泮獻馘。」鄭箋：「矯矯，武貌。」孔穎達疏：「僖公既伐淮夷，有功而反，矯矯然，有威武如虎之臣，使之在泮宮之內，獻其截耳之馘。」「行行」，剛直貌。論語先進：「閔子侍側，誾誾如也。子路，行行如也。冉有、子貢，侃侃如也。子樂：『若由也，不得其死然。』」邢昺疏「行行，剛强之皃」，「言子路以剛，必不得其以壽終焉」。

〔一〇〕休容：美善貌。三國志蜀書楊戲傳：「贊時休美，和我業世。」

〔一一〕業業蹌蹌：謂謹小慎微。「業業」，危懼貌。書皋陶謨：「兢兢業業，一日二日萬幾。」僞孔傳：「兢兢，戒慎；業業，危懼；幾，微也。言當戒懼萬事之微。」「蹌蹌」，敬謹貌。禮記曲禮下：「天子穆穆，諸侯皇皇，大夫濟濟，士蹌蹌，庶人僬僬。」鄭玄注：「皆行容止之貌也。」孔穎達疏：「凡行容，尊者體盤，卑者體蹙，尊者體盤穆穆皇皇，卑者體蹙蹌蹌僬僬是也。」

〔一二〕德容：温良貌。

〔一三〕顒顒卬卬：謂温順高潔。詩大雅卷阿：「顒顒卬卬，如圭如璋，令聞令望。豈弟君子，四方爲綱。」毛傳：「顒顒，温貌。卬卬，盛貌。」鄭箋：「令，善也。王有賢臣，與之以禮義相切瑳，體貌則顒顒然敬順，志氣則卬卬然高朗，如玉之圭璋也。人聞之則有善聲譽，人望之則有善威儀，德行相副。」

夫容之動作，發乎心氣〔一〕。心氣於內，容見於外。心氣之徵，則聲變是也〔二〕。心不繫一，聲和乃變。夫氣合成聲，聲應律呂〔三〕。清而亮者律，和而平者呂。有和平之聲〔四〕，有清暢之聲，有回衍之聲〔五〕。心氣不同，故聲發亦異也。夫聲暢於氣，則實存貌色。非氣無以成聲，聲成則貌應。故誠仁，必有溫柔之色〔六〕；誠勇，必有矜奮之色〔七〕；誠智，必有明達之色〔八〕。聲既殊管，故色亦異狀。夫色見於貌，所謂徵神。貌色徐疾，爲神之徵驗。徵神見貌〔九〕，則情發於目〔一〇〕。目爲心候〔一一〕，故應心而發。故仁，目之精，慤然以端〔一二〕；心不傾倚，則視不回邪。勇，膽之精，曄然以彊〔一三〕。志不怯懦，則視不衰悴。然皆偏至之材〔一四〕，以勝體爲質者也〔一五〕。未能不厲而威〔一六〕，不怒而嚴。故勝質不精，則其事不遂。能勇而不能怯〔一七〕，動必悔吝隨之〔一八〕。是故直而不柔則木〔一九〕，木彊激訐，失其正直。勁而不精則力〔二〇〕，負鼎絕臏〔二一〕，失其正勁。固而不端則愚，專己自是，陷於愚戇。氣而不清則越〔二二〕，辭不清順，發越無成。暢而不平則蕩〔二三〕。好智無涯〔二四〕，蕩然失紀〔二五〕。

〔一〕心氣：思想情感。大戴禮記文王官人：「心氣華誕者，其聲流散；心氣順信者，其聲順節；心氣鄙戾者，其聲斯醜；心氣寬柔者，其聲溫好。」王聘珍解詁：「春秋繁露云：『心，氣之君也。』」

〔二〕聲變：人之聲音應心感而變。禮記樂記：「凡音之起，由人心生也。人心之動，物使之然也。感於物而動，故形於聲。聲相應，故生變……樂者，音之所由生也。其本在人心之感於物也，是故其哀心感者，其聲噍以殺；其樂心感者，其聲嘽以緩；其喜心感者，其聲發以散；其怒心感者，其聲粗以厲；其敬心感者，其聲直以廉；其愛心感者，其聲和以柔。六者非性也，感於物而后動。」

〔三〕律呂：即樂律，古樂有陽律六曰律，陰律六曰呂。漢書律曆志上：「五聲之本，生於黄鐘之律。九寸爲宫，或損或益，以定商、角、徵、羽。九六相生，陰陽之應也。律十有二，陽六爲律，陰六爲呂。律以統氣類物，一曰黄鐘，二曰太族，三曰姑洗，四曰蕤賓，五曰夷則，六曰亡射。呂以旅陽宣氣，一曰林鐘，二曰南呂，三曰應鐘，四曰大呂，五曰夾鐘，六曰中呂。有三統之義焉。其傳曰，黄帝之所作也。」

〔四〕和平之聲：國語周語下：「夫有和平之聲，則有蕃殖之財。於是乎道之以中德，詠之以中音。德音不愆，以合神人。神是以寧，民是以聽。」韋昭注：「中德，中庸之德也。中音，中和之音也。」

〔五〕回衍：此前未見用例，依單字串講，當是迴旋曼衍。漢書揚雄傳上：「（甘泉賦）駢交錯而曼衍兮，峻嶵隗虖其相嬰。」顏師古注：「言宫室臺觀相連不絕也。」

〔六〕温柔之色：温潤和柔貌。禮記經解：「孔子曰：『入其國，其教可知也。其爲人也，温柔敦厚，詩教也。』」孔穎達疏：「温謂顏色温潤，柔謂情性和柔。詩依違諷諫，不指切事情，故云温柔敦厚是詩教也。」

〔七〕矜奮之色：武勇自勵貌。管子形勢解：「明主之舉事也，任聖人之慮，用衆人之力，而不自與焉，故事成而福生。亂主自智也，而不因聖人之慮，矜奮自功，而不因衆人之力，專用己，而不聽正諫，故事敗而禍生。故曰：『伐矜好專，舉事之禍也。』」本書卷下釋爭：「矜奮侵陵者，毀塞之險途也。」

〔八〕明達之色：聰敏通達貌。大戴禮記哀公問五義：「孔子對曰：『所謂君子者，躬行忠信，其心不買；仁義在己，而不害不志；聞志廣博而色不伐，思慮明達而辭不爭。君子猶然如將可及也，而不可及也。如此可謂君子矣。』」

〔九〕徵神見貌：內在精神呈現於色貌。大戴禮記曾子立事：「故目者心之浮也，言者行之指也，作於中則播於外也。故曰以其見者，占其隱者。」王聘珍解詁：「作，動也。播，揚也。占，視也。盧（辯）注云：『見隱，謂心目也。』」

〔一〇〕情發於目：孟子離婁上：「孟子曰：『存乎人者，莫良於眸子，眸子不能掩其惡。胸中正，則眸子瞭焉；胸中不正，則眸子眊焉。聽其言也，觀其眸子，人焉廋哉？』」

〔一一〕目爲心候：「候」，占驗，徵兆。列子周穆王：「覺有八徵，夢有六候。」張湛注：「徵，驗也。候，占也。六夢之占，義見周官。」錢鍾書管錐編：「劉邵人物志九徵：『徵神見貌，則情發於目。』劉昞注：『目爲心候。』蓋目乃心靈流露之官，人遂謂是精神匯注之處，認果作因，以跡爲本。」（第七一四頁）

〔一二〕慤然以端：恭謹而端正。荀子非十二子：「士君子之容……其冠進，其衣逢，其容慤，儉然，恀然，輔然，端然，訾然，洞然，綴綴然，瞀瞀然，是子弟之容也。」楊倞注：「（慤）謹敬……端然，不傾倚之貌。」又淮南子主術訓：「其民樸重端慤，不忿爭而財足。」高誘注：「端，直也。慤，誠也。」

〔一三〕曄然以彊：强悍而自勵。文選馬季長長笛賦：「奄忽滅没，曄然復揚。」李善注：「曄，盛貌。」

〔一四〕偏至之材：本書亦稱「偏材」，與「兼材」「兼德」對言，指智勇、德才不能兼備者。本書卷中英雄：「是故聰明秀出謂之英，膽力過人謂之雄……夫聰明者，英之分也，不得雄之膽，則説不行。膽力者，雄之分也，不得英之智，則事不立……然皆偏至之材，人臣之任也。故英可以爲相，雄可以爲將。若一人之身兼有英雄，則能長世，高祖、項羽是也。」

〔一五〕以勝體爲質者也：指偏材重色貌而輕品德。「勝」，美好，優良。文選殷仲文南州桓公九井作：「广筵散泛愛，逸爵紆勝引。」李善注：「勝引，勝友也。引猶進也。良友所以進己，故通呼曰勝引。」

〔一六〕不厲而威：禮記表記：「君子隱而顯，不矜而莊，不厲而威，不言而信。」鄭玄注：「矜，謂自尊大也。厲，謂嚴顏色。」

〔一七〕能勇而不能怯：列子仲尼：「子夏問孔子曰：『顏回之爲人奚若？』子曰：『回之仁，賢於丘也。』曰：『子貢之爲人奚若？』子曰：『賜之辯，賢於丘也。』曰：『子路之爲人奚若？』子曰：『由之勇，賢於丘也。』曰：『子張之爲人奚若？』子曰：『師之莊，賢於丘也。』子夏避席而問曰：『然則四子者，何爲事夫子？』曰：『居，吾語汝。夫回能仁而不能反，賜能辯而不能訥，由能勇而不能怯，師能莊而不能同。兼四子之有以易吾，吾弗許也。』」張湛注：「四子各是一行之極，設使兼而有之，求變易吾之道，非所許。」

〔一八〕悔吝：後悔。易繫辭上：「悔吝者，憂虞之象也。」孔穎達疏：「經稱悔吝者，是得失微小，初時憂念虞度之形象也。以憂虞不已，未是大凶，終致悔吝。悔者，其事已過，意有追悔之也。吝者，當事之時，可輕鄙恥，故云吝也。」

〔一九〕直而不柔則木：「木」，質樸，木訥。論語子路：「子曰：『剛、毅、木、訥近仁。』」何晏集解：「剛，無欲；毅，果敢；木，質樸；訥，遲鈍。有斯四者，近於仁。」

〔二〇〕勁而不精則力：「力」，指「力人」（有蠻力而無勇謀者）。左傳宣公十五年：「魏顆敗秦師于輔氏，獲杜回，秦之力人也。」本書卷中英雄：「若力能過人，而勇不能行，可以爲力人，未可以爲先登。」

〔二一〕負鼎絶臏：史記秦本紀：「武王有力好戲，力士任鄙、烏獲、孟説皆至大官。王與孟説舉鼎，絶臏。八月，武王死，族孟説。」正義：「臏音頻忍反。絶，斷也。臏，脛骨也。」

〔二二〕氣而不清則越：「越」，飄散。淮南子主術訓：「精神勞則越，耳目淫則竭。」高誘注：「越，散。」

〔二三〕暢而不平則蕩：「蕩」，放蕩不羈。論語陽貨：「好知不好學，其蔽也蕩。」何晏集解：「孔曰：『蕩，無所適守。』」

〔二四〕好智無涯：莊子養生主：「吾生也有涯，而知也無涯，以有涯隨無涯，殆已。」郭慶藩集釋：「夫生也有限，知也無涯，是以用有限之生逐無涯之知，故形勞神弊而危殆者也。」

〔二五〕蕩然失紀：「紀」，原作「絶」，今據四庫本改。「紀」，要領，法則。吕氏春秋卷八論威：「義也者，萬事之紀也，君臣上下親疏之所由起也，治亂安危過勝之所在也。」高誘注：「得紀則治而安，失紀則亂而危也。過猶服也。勝，有所勝也。」

是故中庸之質〔一〕，異於此類。勇而能怯〔二〕，仁而能決，其體兩兼，故爲衆材之主〔三〕。五常既備，包以澹味〔四〕。既體鹹酸之量，而以無味爲御。五質內充，五精外章，五質澹凝〔五〕，淳耀外麗〔六〕。是以目彩五暉之光也。心清目朗，粲然自耀。故曰物生有形〔七〕，形有神精。不問賢愚，皆受氣質之稟性陰陽，但智有精粗，形有淺深耳。尋其精色，視其儀象〔八〕，下至皂隸牧圉〔九〕，皆可想而得之也。能知精神，則窮理盡性〔一〇〕。聖人有以見天下之動而擬諸形容〔一一〕，故能窮理盡性以至於命。

〔一〕中庸之質：即中和之質，見本篇前注。本篇上文：「凡人之質量，中和最貴矣。」

〔二〕勇而能怯：荀子宥坐：「子路曰：『敢問持滿有道乎？』孔子曰：『聰明聖知，守之以愚；功被天下，守之以讓；勇力撫世，守之以怯；富有四海，守之以謙。此所謂挹而損之之道也。』」

〔三〕其體兩兼故爲衆材之主：下文：「是故兼德而至，謂之中庸。中庸也者，聖人之目也。」

〔四〕包以澹味：「澹」，同「淡」，「澹味」即無味。此言中庸者，與上述「偏至之材」有别，雖然五常兼備，猶能淡然處之，「其爲人也，質素平澹」。老子第三十五章：「道之出口，淡乎其無味，視之不足見，聽之不足聞，用之不足既。」河上公注：「道出入於口淡淡，非如五味有酸鹹苦甘辛也。」

〔五〕澹凝：充盈而專固。「澹」，通「贍」，富足。漢書司馬遷傳：「道家使人精神專一，動合無形，澹足萬物。」顔師古注：「澹，古贍字。」

〔六〕淳耀：亦作「淳燿」。國語鄭語：「夫黎爲高辛氏火正，以淳燿敦大，天明地德，光照四海，故命之曰祝融，其功大矣。」韋昭注：「淳，大也。燿，明也。」

〔七〕物生有形：莊子知北遊：「夫昭昭生於冥冥，有倫生於無形，精神生於道，形本生於精，而萬物以形相生。」郭慶藩集釋：「倫，理也。夫昭明顯著之物，生於窅冥之中。人倫有爲之事，生於無形之內。精智神識之心，生於重玄之道。有形質氣之類，根本生於精微。」

〔八〕儀象：堪爲儀範之形象。韓詩外傳第二十八章：「上之人所遇，容色爲先，聲音次之，事行爲後。故望而知宜爲人君者容也，近而可信者色也，發而安中者言也，久而可觀者行也。故君子容色，天下儀象而望之，不假言而知宜爲人君也。」

〔九〕皂隸牧圉：古之賤役，泛指下層民衆。「皂隸」，左傳隱公五年：「若夫山林川澤之實，器用之資，皂隸之事，官司之守，非君所及也。」杜預注：「士臣皂，皂臣輿，輿臣隸。言取此雜猥之物，以資器備，是小臣有司之職，非諸侯之所親也。」「牧圉」，左傳僖公二十八年：「不有行者，誰扞牧圉？」杜預注：「牛曰牧，馬曰圉。」

〔一〇〕窮理盡性：深入探究萬物事理，乃至人之本性。易説卦：「昔者聖人之作易也，幽贊於神明而生著，參天兩地而倚數，觀變於陰陽而立卦，發揮於剛柔而生爻，和順於道德而理於義。窮理盡性，以至於命。」韓康伯注：「命者生之極，窮理則盡其極也。」孔穎達疏：「蓍數既生，爻卦又立，易道周備，無理不盡。聖人用之，上以和協順成聖人之道德，下以治理斷人倫之正義，又能窮極萬物深妙之理，究盡生靈所稟之性。物理既窮，生性又盡，至於一期所賦之命，莫不窮其短長，定其吉凶，故曰『和順於道德而理於義，窮理盡性，以至於命』也。」

〔一一〕擬諸形容：易繫辭上：「聖人有以見天下之賾，而擬諸其形容，象其物宜。」韓康伯注：「乾剛坤柔，各有其體，故曰擬諸形容。」

性之所盡，九質之徵也〔一〕。陰陽相生，數不過九〔二〕。故性情之變，質亦同之。然則平陂之質在於神〔三〕，神者，質之主也。故神平則質平，神陂則質陂。明暗之實在於精〔四〕，精者，實之本。故精惠則實明，精濁則實暗。勇怯之勢在於筋〔五〕，筋者，勢之用。故筋勁則勢勇，筋弱則勢怯。彊弱之植在於骨〔六〕，骨者，植之基。故骨剛則植彊〔七〕，骨柔則植弱〔八〕。躁靜之決在於氣，氣者，決之地也。氣盛決於躁，氣沖決於靜矣〔九〕。慘懌之情在於色，色者，情之候也。故色悴由情慘，色悦由情懌。衰正之形在於儀，儀者，形之表也。故儀衰由形殆，儀正由形肅。態度之動在於容〔一〇〕，容者，動之符也。故衺動則容態〔一一〕，正動則容度〔一二〕。緩急之狀在於言。言者，心之狀也。故心恕則言緩，心褊則言急〔一三〕。其爲人也，若質素平澹〔一四〕，中叡外朗，筋勁植固，聲清色懌，儀正容直〔一五〕，則九徵皆至，則純粹之德也〔一六〕。非至德大人〔一七〕，其孰能與於此。九徵有違，違爲乖戾也。則偏雜之材也。或聲清色懌，而質不平淡；或筋勁植固，而儀不崇直。

〔一〕九質：即下文所說「平陂」「明暗」「勇怯」「彊弱」「躁静」「慘懌」「衰正」「態度」「緩急」九種氣質。

〔二〕數不過九：其數至九爲止。説文九部：「九，易之變也。象其屈曲究盡之形。」段玉裁注：「列子、春秋繁露、白虎通、廣雅皆云：『九，究也。』」

〔三〕平陂：以地之平傾，擬人之正邪。「陂」，山坡。易泰卦：「無平不陂，無往不復。」方言卷六：「陂、偏頗。傜，逍遥。衺也。」戴震疏證：「樂記：『商亂則陂。』鄭注云：『陂，傾也。』」

〔四〕明暗：謂明識與愚昧。漢書楚元王傳附劉向傳：「是故德彌厚者葬彌薄，知愈深者葬愈微。無德寡知，其葬愈厚，丘隴彌高，宫廟甚麗，發掘必速。由是觀之，明暗之效，葬之吉凶，昭然可見矣。」

〔五〕勇怯之勢在於筋：釋名釋形體：「筋，靳也，肉中之力，氣之元也。」王先謙注：「後漢崔寔傳：『悔不小靳。』注：『靳，固惜之也。』是靳有固義。固惜猶言堅，不肯堅固，義亦同也。素問五藏生成論注：『筋，氣之堅結者。』堅結即靳固意，靳固蓋漢世恒言。人身骨大則生筋，所以結束百骸，故云靳固於身形也。」

〔六〕彊弱之植：「植」，立柱，支柱。墨子備城門：「城上百步一樓，樓四植，植皆爲通舃。」孫詒讓閒詁：「蘇云：『四植即四柱。舃同磶，柱下石也。』」

〔七〕骨剛則植彊：「剛」，長短經卷一知人引人物志作「麤」。

〔八〕骨柔則植弱：「柔」，長短經卷一知人引人物志作「細」。

〔九〕氣沖：氣虚。「沖」與「盈」對言，通「盅」。老子第四章：「道沖而用之或不盈，淵兮似萬物之宗。」説文皿部：「盅，器虚也。」

〔一〇〕態度之動在於容：本篇上文：「儀動成容，各有態度。」義同。

〔一一〕衺動則容態：「衺」，同「邪」。説文衣部：「衺，㝮也。」段玉裁注：「今字作邪。」「態」，佞媚貌。荀子臣道：「人臣之論，有態臣者，有篡臣者，有功臣者，有聖臣者。內不足使一民，外不足使距難，百姓不親，諸侯不信，然而巧敏佞説，善取寵乎上，是態臣者也。」楊倞注：「以佞媚爲容態。」

〔一二〕正動則容度：孝經聖治：「容止可觀，進退可度。」唐玄宗注：「容止，威儀也。必合規矩，則可觀也。進退，動静也。不越禮法，則可度也。」

〔一三〕褊：説文衣部：「褊，衣小也。」段玉裁注：「引伸爲凡小之偁。」

〔一四〕若質素平澹：「若」字原闕，今據長短經卷一知人引人物志補。

〔一五〕儀正容直：「正」，長短經卷一知人引人物志作「崇」。下文劉昞注謂「儀不崇直」，則「崇」字近是。

〔一六〕純粹之德：此以乾卦贊「九徵皆至」之「至德大人」（聖人）。易乾卦：「乾始能以美利利天下，不言所利，大矣哉！大哉乾乎！剛健中正，純粹精也。六爻發揮，旁通情也。時乘六龍，以御天也。雲行雨施，天下平也。」李鼎祚周易集解卷一引崔覲曰：「不雜曰純，不變曰粹。言乾是純粹之精，故有剛、健、中、正之四德也。」又楚辭離騷：「昔三后之純粹兮，固衆芳之所在。」王逸注：「后，君也，謂禹、湯、文王也。至美曰純，齊同曰粹。」

〔一七〕至德大人：有聖德而居王位者。易乾卦：「飛龍在天，利見大人。」王弼注：「龍德在天，則大人之路亨也。夫位以德興，德以位叙。以至德而處盛位，萬物之覩，不亦宜乎？」孔穎達疏：「言九五陽氣盛，至於天，故云『飛龍在天』。此自然之象，猶若聖人有龍德，飛騰而居天位，德備天下，爲萬物所瞻覩，故天下利見此居王位之大人……龍德在天，則大人之路亨，謂若聖人有龍德居在天位，則大人道路得亨通。猶若文王拘在羑里，是大人道路未亨也。夫位以德興者，位謂王位，以聖德之人能興王位也。德以位叙者，謂有聖德之人得居王位，乃能叙其聖德。若孔子雖有聖德而無其位，是德不能以位叙也。」

三度不同〔一〕，其德異稱。偏材荷一至之名，兼材居德儀之目，兼德體中庸之度。故偏至之材，以材自名〔二〕；猶百工衆伎〔三〕，各有其名也。兼材之人〔四〕，以德爲目〔五〕；仁、義、禮、智，得其一目。兼德之人，更爲美號。道不可以一體説〔六〕，德不可以一方待，育物而不爲仁，齊衆形而不爲德。凝然平淡，與物無際〔七〕，誰知其名也。是故兼德而至，謂之中庸〔八〕。居中履常，故謂之中庸。中庸也者，聖人之目也。大仁不可親，大義不可報，無德而稱，寄名於聖人也。具體而微〔九〕，謂之德行〔一〇〕。德行也者，大雅之稱也〔一一〕。施仁以親物，直義以利仁〔一二〕，失道而成德〔一三〕，抑亦其次也〔一四〕。一至謂之偏材，偏材，小雅之質也。徒仁而無義，徒義而無仁，未能兼濟，各守一行，是以名不及大雅也。一徵謂之依似〔一五〕，依似，亂德之類也。純訐似直而非直，純宕似通而非通。一至一違，謂之間雜，間雜，無恒之人也〔一六〕。善惡參渾〔一七〕，心無定是。無恒之操，胡可擬議。無恒、依似，皆風人末流〔一八〕。其心孔艱者〔一九〕，乃有教化之所不受也。末流之質，不可勝論，是以略而不概也〔二〇〕。蓄徒成群，豈可數哉！

〔一〕三度不同：三種道德視角，三種衡量標準。亦即下文所言偏材（偏至之材、偏雜之材，小雅）、兼材（大雅）、兼德（中庸，聖人）三類人。

〔二〕以材自名：以各自所至之一材爲名，如上文所説「弘毅」「文理」「勇敢」之類。

〔三〕百工衆伎：各行技藝。莊子天下：「猶百家衆技也，皆有所長，時有所用。」

〔四〕兼材之人：即本書卷中接識所謂「二至已上」「兼達衆材」者，如卷上流業謂「兼有三材，三材皆備，其德足以厲風俗，其法足以正天下，其術足以謀廟勝，是謂國體」之類。錢穆略述劉邵人物志：「劉邵人物志並不看重那些舊德目，他書中提出了許多新意見。他説：人才大概可分爲兩等：一是『偏至之材』，此乃於一方面有專長者。如今稱科學家、藝術家等。在劉邵説來，應都屬此偏至之一類。第二是『兼材』，即其材不偏於一方面，而能有兼長者。依近代人觀念，其人果是一文學家，若定要同時兼長科學，豈不甚難？然此等本屬西方人側重職業與知識的分法，中國人則不如此看人。人品不以知識、職業作分別。今天的我們，都已接受了西方人説法，多將人分屬於某項知識、某項職業之下，乃對劉邵所提兼材一項，驟難瞭解。」（中國學術思想史論叢（三），第五五—五六頁。）

〔五〕以德爲目：諸如上文所説「温直而擾毅，木之德」「剛塞而弘毅，金之德」之類。「目」，品評，品題。後漢書許劭傳：「曹操微時，常卑辭厚禮，求爲己目。」李賢注：「令品藻爲題目。」錢穆略述劉邵人物志：「此所謂兼材，即其才不限於某一方面、某一類事。劉邵言：如此之人，即具兼材之人，乃可謂之德。依照劉邵如此説來，德自在材之上。但其所用德字之涵義，顯與指仁、義、禮、智爲德者有辨。劉邵又謂：若其人又能兼德，此種人則可謂之聖人。故劉邵心中之聖人，應是一全才之人，至少應是一多才之人。劉邵主張在偏至之才之上，更應注重兼材，此種人始是有德。」（中國學術思想史論叢（三），第五六—五七頁。）

〔六〕道不可以一體説：道乃「萬物由之以成」，故不可以一體説。老子第二十一章：「道之爲物，惟恍惟惚。惚兮恍兮，其中有象。恍兮惚兮，其中有物。窈兮冥兮，其中有精。其精甚真，其中有信。自古及今，其名不去。」王弼注：「至真之極，不可得名，無名則是其名也。自古及今，無不由此而成，故曰『自古及今，其名不去』也。」又老子第二十五章：「有物混成，先天地生。寂兮寥兮，獨立不改。周行而不殆，可以爲天下母。吾不知其名，字之曰道。」王弼注：「混然不可得而知，而萬物由之以成，故曰混成也。」

〔七〕與物無際：聖人融通萬物，無彼我之分。莊子知北遊：「物物者，與物無際，而物有際者，所謂物際者也。不際之際，際之不際者也。」郭慶藩集釋「際，崖畔也。夫能物於物者，聖人也。聖人冥同萬境，故與物無彼我之際畔」，「物情分别，取舍萬端，故有物我之交際也」，「際之不際者，聖人之達觀也。不際之際者，凡鄙之滯情也」。

〔八〕謂之中庸：錢穆略述劉邵人物志：「劉邵又謂：若『兼德而至』，謂之『中庸』。此處所謂之中庸，亦不同於儒家所謂之中庸。劉邵之所謂中庸者，實是兼備衆才，使人不能以一才目之，甚至不能以兼才目之。因此劉邵將人物分爲三類，即『聖人』、『德行』與『偏材』。中庸則是聖人。」（中國學術思想史論叢（三），第五七頁。）

〔九〕具體而微：大體完備而規模較小。孟子公孫丑上：「昔者竊聞之：子夏、子游、子張皆有聖人之一體，冉牛、閔子、顏淵則具體而微。」趙岐注：「一體者，得一肢也。具體者，四肢皆具。微，小也，比聖人之體微小耳。體以喻德也。」楊伯峻譯注：「公孫丑說：『從前我曾聽說過：子夏、子游、子張各有孔子的一部分長處；冉牛、閔子、顏淵大體近於孔子，卻不如他那樣的博大精深。』」

〔一〇〕德行：易乾卦：「君子以成德爲行，日可見之行也。」孔穎達疏：「言君子之人當以成就道德爲行，令其德行彰顯，使人日可見其德行之事。」

〔一一〕大雅：詩有「大雅」「小雅」，「大雅言王公大人而德逮黎庶；小雅譏小己之得失，其流及上。所以言雖外殊，其合德一也」（史記司馬相如列傳太史公曰）。後用稱德材高尚者。文選班孟堅西都賦：「又有承明、金馬，著作之庭。大雅宏達，於茲爲群。」李善注：「大雅，謂有大雅之才者。詩有大雅，故以立稱焉。」

〔一二〕直義以利仁：「直」，四庫本作「立」。韓非子解老：「所謂直者，義必公正，心不偏黨也。」

〔一三〕失道而成德：老子第三十八章：「故失道而後德，失德而後仁，失仁而後義，失義而後禮。」河上公注：「言道衰而德化生也。」又王弼注：「夫大之極也，其唯道乎？自此已往，豈足尊哉？故雖盛業大，富而有萬物，猶各得其德；雖貴，以無爲用，不能捨無以爲體也。不能捨無以爲體，則失其爲大矣，所謂失道而後德也。以無爲用，德其母，故能已不勞焉，而物無不理。下此已往，則失用之母，不能無爲而貴博施，不能博施而貴正直，不能正直而貴飾敬，所謂失德而後仁，失仁而後義，失義而後禮也。」

〔一四〕抑亦其次：可以爲次一等。論語子路：「言必信，行必果，硜硜然小人哉！抑亦可以爲次矣。」邢昺疏：「若人不能信以行義，而言必執信，行不能相時度宜，所欲行者必果敢爲之。硜硜然者，小人之貌也。言此二行雖非君子所爲，乃硜硜然小人耳。抑，辭也。抑亦其次，言可以爲次也。」

〔一五〕依似：此前未見用例。按本書凡五用「依似」，三處見於本篇，另兩處見卷中八觀。本篇劉昞注：「純訐（許按：論語陽貨：「惡訐以爲直者。」何晏集解：「訐，謂攻發人之陰私。」）似直而非直，純宕似通而非通。」卷中八觀：「觀其所由，以辨依似。」劉昞注：「依訐似直，倉卒難明，察其所安，昭然可辨。」據此，則當是近似、似是而非之意。錢穆略述劉邵人物志：「『依似』，此乃勉强學之於人，而並非出自其人之本性者。此下又有『閒雜』與『無恒』。如其人今日如此，明日又不如此，便是閒雜、無恒。『依似』與『無恒』，皆不從其人之本性來，只從外面强學，故有此弊。蓋因東漢重名教，人漸向外效慕，劉氏特加矯正。」（中國學術思想史論叢（三），第五七頁。）

〔一六〕無恒之人：德行不能如一之人。易恒卦：「九三，不恒其德，或承之羞。」孔穎達疏：「九三居下體之上，處上體之下，雖處三陽之中，又在不中之位。上不全尊，下不全卑，執心不定，德行無恒，故曰不恒其德。德既無恒，自相違錯，則爲羞辱承之。所羞非一，故曰或承之羞也。」

〔一七〕善惡參渾：論衡本性：「余固以孟軻言人性善者，中人以上者也。孫卿言人性惡者，中人以下者也。揚雄言人性善惡混者，中人也。」

〔一八〕風人末流：「風人」指詩人。「風」與「大雅」「小雅」對言，如詩大序所説「風，風也，教也。風以動之，教以化之」，「上以風化下，下以風刺上，主文而譎諫，言之者無罪，聞之者足以戒，故曰風」。而「風人末流」，則是説如同下等「風人」，其詩已然喪失化下刺上之教化功能，故劉昞注謂「其心孔艱者，乃有教化之所不受也」。

〔一九〕其心孔艱：謂其心甚難知。詩小雅何人斯：「彼何人斯，其心孔艱。胡逝我梁，不入我門。」孔穎達疏：「言彼何人乎，與暴公俱見王之人。此其持心甚難知也。迹同譖己，貌似不妄，故難知也。又言己疑之狀，暴公譖我之時，汝應與之。汝若不與，今過我國，何故之我梁，而不入我門，以見我乎？得不由譖我，意慙而不得來也。」按，何人斯序：「何人斯，蘇公刺暴公也。暴公爲卿士而譖蘇公焉，故蘇公作是詩以絶之。」

〔二〇〕略而不概：略而不談。「概」，繫念，關注。史記范睢蔡澤列傳：「意者臣愚而不概於王心邪？」索隱：「戰國策『概』作『關』，謂關涉於王心也。」

體别第二

稟氣陰陽〔一〕，性有剛柔。拘抗文質，體越各别。

夫中庸之德，其質無名〔二〕。汎然不繫一貌，人無得而稱焉〔三〕。故鹹而不鹻〔四〕，謂之鹹耶，無鹻可容。公漸切，鹵也，與鹼同〔五〕。淡而不醴〔六〕，謂之淡耶，味復不醴。質而不縵〔七〕，謂之質耶，理不縵素。文而不繢〔八〕。謂之文耶，采不畫繢。能威能懷〔九〕，能辨能訥〔一〇〕，居鹹淡之和，處質文之際。是以望之儼然〔一一〕，即之而文，言滿天下無辭費〔一二〕。變化無方〔一三〕，以達爲節〔一四〕。應變適化，期於通物〔一五〕。是以抗者過之〔一六〕，勵然抗奮於進趨之塗。而拘者不逮。屯然無爲於拘抗之外〔一七〕。夫拘抗違中〔一八〕，故善有所章，而理有所失。養形至甚，則虎食其外〔一九〕。高門懸薄〔二〇〕，則病攻其内。

〔一〕稟氣陰陽：易説卦：「昔者聖人之作易也，將以順性命之理。是以立天之道，曰陰與陽；立地之道，曰柔與剛。」韓康伯注：「在天成象，在地成形。陰陽者言其氣，剛柔者言其形。變化始於氣象，而后成形。萬物資始乎天，成形乎地，故天曰陰陽，地曰柔剛也。」

〔二〕其質無名：「無名」，猶老子所説「非常名」「不可名」，亦劉昞注所謂「人無得而稱焉」。老子第一章：「道可道，非常道。名可名，非常名。無名，天地之始；有名，萬物之母。」河上公注：「無名者謂道，道無形，故不可名也。」王弼注：「可道之道，可名之名，指事造形，非其常也，故不可道，不可名也。」湯用彤讀人物志：「聖德中庸，平淡無名，不偏不倚，無適無莫，故能與萬物相應，明照一切，不與一材同用好，故衆材不失任（無名）。平淡而總達衆材，故不以事自任（無爲）。和洽謂魏武帝曰：『立教觀俗，貴處中庸，爲可繼也。』亦是同意。」（湯用彤學術論文集，第二一二頁。）

〔三〕無得而稱：無恰當語辭作述説。論語泰伯：「子曰：『泰伯，其可謂至德也已矣。三以天下讓，民無得而稱焉。』」

〔四〕鹹而不鹻：謂鹽雖生於鹵而已非鹵。「鹹」，指鹽。「鹻」，鹵水。説文鹽部：「鹽，鹵也。天生曰鹵，人生曰鹽。从鹵，監聲。古者夙沙初作鬻海鹽。」段玉裁注：「許所説蓋出世本作篇，所謂『人生曰鹽』也。」廣韻咸韻：「鹹，不淡。」

〔五〕公漸切鹵也與鹼同：此八字原作「公成百鹵也與鹹同」，「公成百鹵」不辭，「鹻」「鹹」二字亦不可通用，今據四庫本改。按，廣韻「鹻」讀「古斬切」，則「公漸切」或亦有誤。

〔六〕淡而不䤁：謂味道雖淡，又非全然無味。「䤁」，無味。管子水地：「淡也者，五味之中也。」尹知章注：「無味謂之淡水，雖無味，五味不得不平也，故爲五味中也。」

〔七〕質而不縵：雖然質樸，又非全無文理。「縵」，説文糸部：「縵，繒無文也。」段玉裁注：「春秋繁露：『庶人衣縵。』引申之，凡無文皆曰縵。左傳『乘縵』注：『車無文者也。』漢食貨志『縵田』注：『謂不甽者也。』」

〔八〕文而不繢：雖有文飾，而非五色斑斕。易繫辭下：「物相雜，故曰文。」韓康伯注：「剛柔交錯，玄黄錯雜。」又禮記深衣：「具父母、大父母，衣純以繢。」鄭玄注：「尊者存，以多飾爲孝。繢，畫文也。」

〔九〕能威能懷：既有威嚴，又令人愛重。左傳文公七年：「晉郤缺言於趙宣子曰：『日衛不睦，故取其地，今已睦矣，可以歸之。叛而不討，何以示威？服而不柔，何以示懷？非威非懷，何以示德？』」楊伯峻春秋左傳注：「示懷言示惠、示恩。」呂氏春秋卷六音律『以懷遠方』注：『懷，柔也。』『示威』與『示懷』正相對照。」

〔一〇〕能辨能訥：既善於言，又慎於言。「辨」，通辯，口辯（辨）。本書卷上流業：「有口辨。」劉昞注：「應對給捷。」「訥」，論語學而：「子曰：『君子食無求飽，居無求安，敏於事而慎於言，就有道而正焉，可謂好學也已。』」又里仁：「子曰：『君子欲訥於言而敏於行。』」二者義同。

〔一一〕望之儼然：論語子張：「子夏曰：『君子有三變：望之儼然，即之也溫，聽其言也厲。』」邢昺疏：「此章論君子之德也，望之、即之及聽其言也，有此三者變易，常人之事也。厲，嚴正也。常人遠望之則多懈惰，即近之則顔色猛厲，聽其言則多佞邪。唯君子則不然，人遠望之則正其衣冠，尊其瞻視，常儼然也，就近之則顔色溫和，及聽其言辭則嚴正而無佞邪也。」

〔一二〕言滿天下無辭費：「辭費」，空話。禮記曲禮上：「禮不妄説人，不辭費。」鄭玄注：「言而不行爲辭費。」

〔一三〕變化無方：變化無窮。「無方」，無定法，無常式。禮記檀弓上：「事親有隱而無犯，左右就養無方。」鄭玄注：「方猶常也。」又三國志魏書袁紹傳：「田豐説紹曰：『曹公善用兵，變化無方，衆雖少，未可輕也。』」

〔一四〕以達爲節：以通於事理爲法度，此即禮記中庸所謂「達道」，劉昞注所謂「期於通物」也。「節」，適度，法度。禮記中庸：「喜怒哀樂之未發，謂之中。發而皆中節，謂之和。中也者，天下之大本也。和也者，天下之達道也。」孔穎達疏：「『和也者天下之達道也』者，言情慾雖發而能和合道理，可通達流行，故曰天下之達道也。」

〔一五〕通物：通物之情，通物之變。嵇中散集卷六釋私論：「矜尚不存乎心，故能越名教而任自然；情不繫於所欲，故能審貴賤而通物情。物情順通，故大道無違；越名任心，故是非無措也。是故言君子，則以無措爲主，以通物爲美。」

〔一六〕抗者：易乾卦：「亢之爲言也，知進而不知退，知存而不知亡，知得而不知喪。其唯聖人乎！知進退存亡而不失其正者，其唯聖人乎！」按，本書「抗」與「拘」對言。原序「以通拘抗之材」，劉昞注「或進趨於道義，或潔己而無爲」。又本篇「抗者過之」，注「勵然抗奮於進趨之塗」；「拘者不逮」，注「屯然無爲於拘抗之外」。

〔一七〕屯然：蒙昧無知貌。「屯」，通「沌」。老子第二十章：「我愚人之心也哉，沌沌兮。」河上公注：「無所分別。」王弼注「絶愚之人，心無所別析，意無所好欲，猶然其情不可覩，我頹然若此也」，「無所別析，不可爲明」。

〔一八〕拘抗違中：「中」指中庸之德。「抗者過之」「拘者不逮」，皆非折中，故有違中庸之德。

〔一九〕虎食其外：莊子達生：「開之曰：『聞之夫子曰：善養生者，若牧羊然，視其後者而鞭之。』威公曰：『何謂也？』田開之曰：『魯有單豹者，巖居而水飲，不與民共利，行年七十而猶有嬰兒之色，不幸遇餓虎，餓虎殺而食之。有張毅者，高門縣薄，無不走也，行年四十而有內熱之病以死。豹養其內而虎食其外，毅養其外而病攻其內。此二子者，皆不鞭其後者也。』」郭慶藩集釋「夫守一方之事至於過理者，不及於會通之適也。鞭其後者，去其不及也」，「單豹寡欲清虛，養其內德，而虎食其外。張毅交游世貴，養其形骸，而病攻其內以死。此二子各滯一邊，未爲折中，故並不鞭其後也」。淮南子人間訓：「豹養其內而虎食其外，毅修其外而疾攻其內。故直意適情，則堅强賊之；以身役物，則陰陽食之。此皆載務而戲乎其調者也。得道之士，外化而內不化。外化，所以入人也；內不化，所以全其身也。故內有一定之操，而外能詘伸、贏縮、卷舒，與物推移，故萬舉而不陷。所以貴聖人者，以其能龍變也。」

〔二〇〕高門懸薄：郭慶藩莊子集釋：「高門，富貴之家也。縣薄，垂簾也。言張毅是流俗之人，追奔世利，高門甲第，朱户垂簾，莫不馳驟參謁，趨走慶弔，形勞神弱，困而不休，於是內熱發背而死。」

是故厲直剛毅，材在矯正，失在激訐〔一〕。訐刺生於剛厲。柔順安恕，每在寬容〔二〕，失在少決〔三〕。多疑生於恕懦。雄悍傑健，任在膽烈〔四〕，失在少忌〔五〕。慢法生於桀悍〔六〕。精良畏慎，善在恭謹，失在多疑。疑難生於畏慎。彊楷堅勁〔七〕，用在楨幹〔八〕，失在專固。專己生於堅勁。論辨理繹〔九〕，能在釋結，失在流宕〔一〇〕。傲宕生於機辨〔一一〕。普博周洽〔一二〕，弘在覆裕〔一三〕，失在溷濁〔一四〕。溷濁生於周普〔一四〕。清介廉潔〔一五〕，節在儉固〔一六〕，失在拘扃〔一七〕。拘扃生於廉潔。休動磊落〔一八〕，業在攀躋〔一九〕，失在疏越〔二〇〕。疏越生於磊落。沉靜機密〔二一〕，精在玄微，失在遲緩。遲緩生於沉靜。樸露徑盡〔二二〕，質在中誠〔二三〕，失在不微〔二四〕。漏露生於徑盡。多智韜情〔二五〕，權在譎略〔二六〕，失在依違〔二七〕。隱違生於韜情。及其進德之日不止〔二八〕，揆中庸以戒其材之拘抗，抗者自是以奮勵，拘者自是以守局。而指人之所短以益其失〔二九〕，拘者愈拘，抗者愈抗，或負石沉軀〔三〇〕，或抱木燋死〔三一〕。猶晉、楚帶劍遞相詭反也〔三二〕。自晉視楚，則笑其在左；自楚視晉，則笑其在右。左右雖殊，各以其用，而不達理者，横相誹謗。拘抗相反，皆不異此。

〔一〕激訐：激烈攻發他人過失。論語陽貨：「子貢曰：『君子亦有惡乎？』子曰：『有惡：惡稱人之惡者，惡居下流而訕上者，惡勇而無禮者，惡果敢而窒者。』曰：『賜也亦有惡乎？』『惡徼以爲知者，惡不孫以爲勇者，惡訐以爲直者。』」

〔二〕每在寬容：遇事每每寬容。「每」，長短經卷二德表引人物志作「美」，美好也，義似更優。

〔三〕失在少決：「少決」，臨事寡斷。本書卷上九徵：「勇敢也者，義之決也。」劉昞注：「金能斷割，爲義之決。決不勇敢，不能成義。」

〔四〕任在膽烈：其能力在於有勇氣。「任」，能力。戰國策魏策四：「唐且見秦王，秦王曰：『丈人芒然乃遠至此，甚苦矣。魏來求救數矣，寡人知魏之急矣。』唐且對曰：『大王已知魏之急，而救不至者，是大王籌筴之臣無任矣。』」高誘注：「任，能也。」

〔五〕失在少忌：「少」，原作「多」，今據長短經卷二德表引人物志改。下文「雄悍之人，氣奮勇決。不戒其勇之毀跌，而以順爲恇，竭其勢」，「以順爲恇」就是不欲順，惟恐順，其人一味逞勇鬬狠，必然目無法紀，故劉昞注謂「慢法生於桀悍」，「慢法」毋須「多忌」。

〔六〕慢法：輕慢法律，猶言觸犯法律。三國志魏書賈逵傳：「今長吏慢法，盜賊公行，州知而不糾，天下復何取正乎？」

〔七〕彊楷堅勁：以楷木喻强直之性。天中記卷五一：「楷木，生孔子冢上，其榦枝疏而不屈，以質得其直也。」

〔八〕楨幹：構築土牆之用具，具支撑作用，喻棟梁之才。書費誓：「魯人三郊三遂，峙乃楨榦。」僞孔傳：「峙具楨榦，道近也。題曰楨，旁曰榦。言三郊三遂，明東郊距守不峙。」孔穎達疏：「峙具楨榦，以擬築之用。題曰楨，謂當牆兩端者也。旁曰榦，謂在牆兩邊者也。釋詁云：『楨，榦也。』舍人曰：『楨，正也，築牆所立兩木也。榦所以當牆兩邊障土者。』」

〔九〕理繹：解析，推理。方言卷六：「紕、音毗。繹、音亦。督、雉，理也。秦、晉之間曰紕。凡物曰督之，言正理也。絲曰繹之。言解繹也。」

〔一〇〕流宕：放蕩不羈。後漢書方術列傳：「意者多迷其統，取遺頗偏，甚有雖流宕過誕亦失也。」李賢注：「取遺謂信與不信也。陰陽之術，或信或不信，各有所執，故偏頗也。以爲甚有者雖流宕失中，過稱虛誕者，亦爲失也。」

〔一一〕機辨：亦作「機辯」，機敏而長於言辭。晉書潘京傳：「爲州所辟，因謁見問策，探得『不孝』字，刺史戲京曰：『辟士爲不孝邪？』京舉版答曰：『今爲忠臣，不得復爲孝子。』其機辯皆此類。」

〔一二〕普博周洽：「洽」，原作「給」，今據長短經卷二德表引人物志及本篇下文「弘普之人，意愛周洽」句改。「普博」，普遍，此指胸懷寬大。論衡感虚：「夫蝗之集於野，非能普博盡蔽地也。」「周洽」，周到，此指與人相處融洽。後漢書馮衍傳：「樹恩布德，易以周洽，其猶順驚風而飛鴻毛也。」

〔一三〕弘在覆裕：覆蓋範圍宏闊。「弘」，長短經卷二德表引人物志作「崇」。「裕」，廣雅釋詁：「裕……容也。」王念孫疏證：「裕爲寬容之容。」此言其交遊甚廣。

〔一四〕溷濁：同「混濁」，混亂。楚辭九章惜誦：「世溷濁莫余知兮，吾方高馳而不顧。」王逸注：「溷，亂也。濁，貪也。」

〔一五〕清介：清高耿直。宋書王僧綽傳：「從兄微，清介士也，懼其太盛，勸令損抑。」

〔一六〕儉固：儉樸，固陋。論語述而：「子曰：『奢則不孫，儉則固。與其不孫也，寧固。』」邢昺疏：「此章戒人奢僭也。孫，順也。固，陋也。言奢則僭上而不順，儉則偪下而窶陋，二者俱失之。與其不順也，寧爲窶陋。」

〔一七〕拘扃：拘守自閉。説文户部：「扃，外閉之關也。」段玉裁注：「關者，以木横持門户也。」

〔一八〕休動磊落：喜好進取，行爲率意。「休」，喜好，愛好。廣雅釋詁：「休……喜也。」「磊落」，錯落分明，喻人灑脱率意。文心雕龍明詩：「暨建安之初，五言騰踊。文帝、陳思，縱轡以騁節；王、徐、應、劉，望路而争驅。並憐風月，狎池苑，述恩榮，叙酣宴，慷慨以任氣，磊落以使才。造懷指事，不求纖密之巧；驅辭逐貌，唯取昭晰之能。」

〔一九〕業：以之爲業，猶言從事於某事，專注於某事。柳宗元集卷一七種樹郭橐駝傳：「駝業種樹，凡長安豪富人爲觀遊及賣果者，皆争迎取養。」

〔二〇〕疏越：疏散，疏漏，喻人放曠。宋書律曆志下：「（祖沖之曰）備閏纍法，疏越實多。或朔差三日，氣移七晨，未聞可以下通於今者也。」

〔二一〕沉静機密：「沉静」，沉默寡言，有心計。「機密」，深思入微。

〔二二〕徑盡：直截了當，無所保留。集韻徑韻：「徑……直也。」

〔二三〕中誠：内心之真情。白虎通喪服：「故吉凶不同服，歌哭不同聲，所以表中誠也。」

〔二四〕不微：喻人不善掩飾。「微」，左傳哀公十六年：「使與國人以攻白公，白公奔山而縊。其徒微之。」杜預注：「微，匿也。」

〔二五〕韜情：隱瞞真情，内懷詐僞。「韜」，一切經音義卷六四：「韜……藏也。」

〔二六〕權在譎略：善於權變與謀略。「權」，孟子離婁上：「淳于髡曰：『男女授受不親，禮與？』孟子曰：『禮也。』曰：『嫂溺，則援之以手乎？』曰：『嫂溺不援，是豺狼也。男女授受不親，禮也。嫂溺，援之以手者，權也。』」趙岐注：「權者，反經而善也。」「譎」，説文言部：「譎，權詐也。」

〔二七〕依違：似是而非，反復無常。三國志魏書劉曄傳裴松之注引干寶晉紀：「毌丘儉之起也，大將軍以問（劉）陶，陶答依違。大將軍怒曰：『卿平生與吾論天下事，至于今日而更不盡乎？』乃出爲平原太守，又追殺之。」本書卷中八觀：「直而好訐者，偏也。訐而不直者，依也。道而能節者，通也。通而時過者，偏也。宕而不節者，依也。偏之與依，志同質違，所謂似是而非也。」劉昞注「純宕似通，所以爲依」，「質同通直，或偏或依」。

〔二八〕進德：修養德行。易乾卦：「君子進德脩業，忠信所以進德也，脩辭立其誠，所以居業也。」孔穎達疏：「君子進德脩業者，德謂德行，業謂功業。」

〔二九〕揆中庸以戒其材之拘抗而指人之所短以益其失：此言對於上述十二種偏材，本當按照中庸準則加以戒勉，藉以改變其「拘抗」之性。若非如此，則非但無益，很可能還將令其變本加厲，此即劉昞注所謂「拘者愈拘，抗者愈抗」也。

〔三〇〕負石沉軀：莊子外物：「堯與許由天下，許由逃之。湯與務光，務光怒之，紀他聞之，帥弟子而踆於窾水，諸侯弔之。三年，申徒狄因以踣河。」郭慶藩集釋：「姓申徒，名狄；姓紀，名佗。並隱者。聞湯讓務光，恐其及己，與弟子蹲踞水旁。諸侯聞之，重其廉素，時往弔慰，恐其沈没。狄聞斯事，慕其高名，遂赴長河，自溺而死。波蕩失性，遂至於斯矣。」

〔三一〕抱木燋死：莊子盜跖：「介子推至忠也，自割其股以食文公，文公後背之，子推怒而去，抱木而燔死。」郭慶藩集釋：「晉文公重耳也。遭驪姬之難，出奔他國，在路困乏，推割股肉以飴之。公後還三日，封於從者，遂忘子推。子推作龍蛇之歌，書其營門，怒而逃。公後慙謝，追子推於介山。子推隱避，公因放火燒山，庶其走出。火至，子推遂抱樹而焚死焉。」

〔三二〕猶晉楚帶劍遞相詭反：「晉楚帶劍」，戰國策魏策四：「晉人見楚人之急，帶劍而緩之，楚人惡其緩而急之。」劉昞注謂晉、楚帶劍分左右，未知所據。「詭」，差異，相反。莊子齊物論：「是其言也，其名爲弔詭。」郭慶藩集釋：「詭，九委反，異也。」

是故彊毅之人〔一〕，狠剛不和〔二〕。不戒其彊之搪突〔三〕，而以順爲撓〔四〕，厲其抗〔五〕。以柔順爲撓弱，抗其搪突之心。是故可以立法，難與入微〔六〕。狠彊剛戾，何機微之能入？柔順之人〔七〕，緩心寬斷。不戒其事之不攝〔八〕，而以抗爲劌〔九〕，安其舒。以猛抗爲劌傷，安其恕忍之心。是故可與循常，難與權疑〔一〇〕。緩心寡斷，何疑事之能權？雄悍之人〔一一〕，氣奮勇決。不戒其勇之毀跌，而以順爲恇〔一二〕，竭其勢。以順忍爲恇怯，而竭其毀跌之勢。是故可與涉難，難與居約〔一三〕。奮悍毀跌，何約之能居？懼慎之人〔一四〕，畏患多忌。不戒其懦於爲義〔一五〕，而以勇爲狎〔一六〕，增其疑。以勇戇爲輕侮〔一七〕，而增其疑畏之心。是故可與保全〔一八〕，難與立節。畏患多忌，何節義之能立？淩楷之人〔一九〕，秉意勁特〔二〇〕。不戒其情之固護〔二一〕，而以辨爲僞〔二二〕，彊其專。以辨博爲浮虛，而彊其專一之心。是故可以持正〔二三〕，難與附衆。執意堅持，何人衆之能附？辨博之人〔二四〕，論理贍給〔二五〕。不戒其辭之汎濫，而以楷爲繫〔二六〕，遂其流。以楷正爲繫礙，而遂其流宕之心〔二七〕。是故可與汎序〔二八〕，難與立約。辨博汎濫，何質約之能立〔二九〕？弘普之人〔三〇〕，意愛周洽。不戒其交之溷雜，而以介爲狷〔三一〕，廣其濁。以拘介爲狷戾，而廣其溷雜之心。是故可以撫衆，難與厲俗〔三二〕。周洽溷雜，何風俗之能厲？狷介之人〔三三〕，砭甫廉反。清激濁〔三四〕。不戒其道之隘狹，而以普爲穢，益其拘。

以弘普爲穢雜，而益其拘扃之心。是故可與守節，難以變通。道狹津隘，何通塗之能涉？休動之人〔三五〕，志慕超越。不戒其意之大猥〔三六〕，而以靜爲滯，果其銳〔三七〕。以沉靜爲滯屈，而增果銳之心。是故可以進趨，難與持後〔三八〕。志在超越，何謙後之能持？沉靜之人〔三九〕，道思迴復〔四〇〕。不戒其靜之遲後，而以動爲疏〔四一〕，美其懦。以躁動爲麄疏，而美其懦弱之心。是故可與深慮，難與捷速。思慮迴復，何機速之能及〔四二〕？樸露之人〔四三〕，中款實硇〔四四〕。不戒其實之野直〔四五〕，而以譎爲誕〔四六〕，露其誠。以權譎爲浮誕，而露其誠信之心。是故可與立信，難與消息〔四七〕。實硇野直，何輕重之能量？韜譎之人〔四八〕，原度取容〔四九〕。不戒其術之離正〔五〇〕，而以盡爲愚〔五一〕，貴其虛。以欵盡爲愚直〔五二〕，而貴其浮虛之心。是故可與讚善〔五三〕，難與矯違。韜譎離正，何違邪之能矯？

〔一〕彊毅之人：即上文所説「厲直剛毅」者。

〔二〕狠剛不和：「狠」，長短經卷二德表引人物志作「佷」。「佷」同「很」，不聽從。韓非子亡徵：「很剛而不和，愎諫而好勝，不顧社稷而輕爲自信者，可亡也。」

〔三〕搪突：亦作「唐突」，冒犯，抵觸。後漢書孔融傳：「又融爲九列，不遵朝儀，禿巾微行，唐突宮掖。」

〔四〕以順爲撓：視柔順爲屈服。國語晉語二：「抑撓志以從君，爲廢人以自利也。」韋昭注：「撓，屈也。」

〔五〕厲：變本加厲。廣韻祭韻：「厲……烈也，猛也。」

〔六〕微：幾微，劉昞注作「機微」，指事物變化之預兆。漢書蕭望之傳：「願陛下選明經術，温故知新，通於幾微謀慮之士以爲内臣，與參政事。」

〔七〕柔順之人：即上文所説「柔順安恕」者。

〔八〕不攝：不能統攝（管理，控制）。國語晉語一：「若下攝上，與上攝卜，周旋不動，以違心目，其反爲物用也，何事能治？」韋昭注：「攝，持也。」

〔九〕劌：刺傷，傷害。老子第五十八章：「是以聖人方而不割，廉而不劌。」王弼注：「廉，清廉也。劌，傷也。以清廉清民，令去其邪，令去其汙，不以清廉劌傷於物也。」

〔一〇〕權疑：決斷疑難。史記貨殖列傳：「是故其智不足與權變，勇不足以決斷。」又淮南子主術訓：「夫責少者易償，職寡者易守，任輕者易權。」高誘注：「權，謀也。」

〔一一〕雄悍之人：即上文所説「雄悍傑健」者。

〔一二〕恇：畏懼，怯懦。後漢書王閎傳：「時國無嗣主，内外恇懼。」又三國志魏書董卓傳裴松之注引魏書：「（牛）輔恇怯失守，不能自安。」説文心部：「恇，㹤也。」段玉裁注：「犬部曰：『㹤，多畏也。』杜林作『怯』。」

〔一三〕居約：處於貧賤儉約之時。史記秦始皇本紀：「繚曰：『秦王爲人，蜂準，長目，摯鳥膺，豺聲，少恩而虎狼心，居約易出人下，得志亦輕食人。我布衣，然見我常身自下我。誠使秦王得志於天下，天下皆爲虜矣。不可與久游。』乃亡去。」正義：「言始皇居儉約之時易以謙卑。」又漢書張耳陳餘傳：「贊曰：張耳、陳餘，世所稱賢，其賓客廝役皆天下俊桀，所居國無不取卿相者。然耳、餘始居約時，相然信死，豈顧問哉！」顏師古注：「晉灼曰：『始在貧賤儉約之時。』」

〔一四〕懼慎之人：即上文所説「精良畏慎」者。

〔一五〕愞：同「懦」，懦弱。漢書武帝紀：「匈奴入鴈門，太守坐畏愞棄市。」

〔一六〕以勇爲狎：「狎」，長短經卷二德表引人物志作「悍」。「狎」，輕忽，蔑視。此言勇敢不足爲重。左傳昭公二十年：「水懦弱，民狎而翫之，則多死焉。」杜預注：「狎，輕也。」「悍」，蠻橫。荀子富國：「知夫爲人主上者，不美不飾之不足以一民也，不富不厚之不足以管下也，不威不彊之不足以禁暴勝悍也。」

〔一七〕以勇戇爲輕侮：「戇」，勇而無謀。淮南子氾論訓：「戇者類勇而非勇。」高誘注：「戇者不知畏危難，有似於勇，非真勇。」

〔一八〕保全：保護其人身安全。漢書賈捐之傳：「今陛下不忍悁悁之忿，欲驅士衆擠之大海之中，快心幽冥之地，非所以救助飢饉，保全元元也。」

〔一九〕淩楷之人：即上文所説「彊楷堅勁」者。

〔二〇〕勁特：此前未見用例，依單字串講，當是堅勁而特異。「特」，卓異。詩秦風黄鳥：「維此奄息，百夫之特。」鄭箋：「百夫之中最雄俊也。」

〔二二〕固護：堅守貌。文選馬季長長笛賦：「或乃聊慮固護，專美擅工。」李善注：「聊慮固護，精心專一之貌。」吕延濟注：「聊慮，精心也。固護，堅志也。」

〔二三〕以辨爲僞：以博識爲僞（不足信）。「辨」，即下文所説「辨博」，亦作「辯博」。漢書終軍傳：「少好學，以辯博能屬文聞於郡中。」

〔二三〕持正：不偏不倚，堅守正道。漢書賈捐之傳：「竊見石顯本山東名族，有禮義之家也，持正六年，未嘗有過。」

〔二四〕辨博之人：「辨博」，長短經卷二德表引人物志作「博辯」。此即上文所説「論辨理繹」者。

〔二五〕論理贍給：謂文辭豐贍，辯論能盡其意。本書卷上材理：「辭能辯意，謂之贍給之材。」

〔二六〕以楷爲繫：視法則爲束縛。「楷」，此指法則。禮記儒行：「儒有今人與居，古人與稽。今世行之，後世以爲楷。」鄭玄注：「楷，苦駭反，法式也。」「繫」，玉篇糸部：「繫……約束。」

〔二七〕流宕：猶放蕩。後漢書方術列傳：「意者多迷其統，取遣頗偏，甚有雖流宕過誕亦失也。」李賢注：「取遣謂信與不信也。陰陽之術，或信或不信，各有所執，故偏頗也。以爲甚有者，雖流宕失中，過稱虚誕者，亦爲失也。」

〔二八〕汎序：猶「汎論」，謂泛泛而談，不切實際。文心雕龍總術：「昔陸氏文賦，號爲曲盡。然汎論纖悉，而實體未該。」

〔二九〕質約：此前未見用例，依單字串講，「質」當是人質、抵押，「約」當是盟約。「質約」即保證書之類。

〔三〇〕弘普之人：即上文所説「普博周洽」者。

〔三一〕以介爲狷：謂視有操守爲偏狹固執。「介」，劉昞注謂之「拘介」，言其人有操守，矢志不渝。晉書王沈傳：「今使教命班下，示以賞勸，將恐拘介之士，或憚賞而不言；貪賕之人，將慕利而妄舉。」「狷」，劉昞注謂之「狷戾」，即偏狹、固執。國語楚語下：「（子高曰）彼其父爲戮於楚，其心又狷而不絜。若其狷也，不忘舊怨，而不以絜悛德，思報怨而已。」韋昭注：「狷者，直己之志，不從人也。」又宋書前廢帝紀：「子業啓參承起居，書迹不謹，上詰讓之。子業啓事陳謝，上又答曰：『書不長進，此是一條耳。聞汝素都懈怠，狷戾日甚，何以頑固乃爾邪！』」

〔三二〕厲俗：整飭風俗。漢書王貢兩龔鮑傳：「自園公、綺里季、夏黄公、甪里先生、鄭子真、嚴君平皆未嘗仕，然其風聲足以激貪厲俗，近古之逸民也。」

〔三三〕狷介之人：即上文所説「清介廉潔」者。

〔三四〕砭清激濁：針砭世事清濁。「砭」，石針，古代以石針刺病。戰國策秦策二：「醫扁鵲見秦武王，武王示之病，扁鵲請除。左右曰：『君之病在耳之前，目之下。除之，未必已也，將使耳不聰，目不明。』君以告扁鵲。扁鵲怒而投其石：『君與知之者謀之，而與不知者敗之。使此知秦國之政也，則君一舉而亡國矣！』」高誘注：「投，棄也。石，砭，所以砭彈人臃腫也。」

〔三五〕休動之人：即上文所説「休動磊落」者。

〔三六〕大猥：亦作「太猥」，太濫，此謂好大喜功。龍龕手鑑犬部：「猥……不正而濫曰猥也。」晉書劉聰載記：「陛下不垂三察，猥加誅戮，怨感穹蒼，痛入九泉，四海悲惋，賢愚傷懼。」

〔三七〕果其鋭：即果鋭，鋭意進取。晉書楚王瑋傳：「瑋少年果鋭，多立威刑，朝廷忌之。」

〔三八〕持後：居於後而不争。列子説符：「子列子學於壺丘子林。壺丘子林曰：『子知持後，則可言持身矣。』列子曰：『願聞持後。』曰：『顧若影，則知之。』列子顧而觀影：形枉則影曲，形直則影正。然則枉直隨形而不在影，屈申任物而不在我。此之謂持後而處先。」張湛注：「物莫能與争，故常處先。」

〔三九〕沉静之人：即上文所説「沉静機密」者。

〔四〇〕迴復：紆迴，反復。水經注江水：「峽中有瞿塘、黄龕二灘，夏水迴復，沿泝所忌。」

〔四一〕以動爲疏：劉昞注釋爲「以躁動爲麄疏」，故此種人行事躊躇再三，其行動往往如上文所説「失在遲緩」。

〔四二〕機速：機智敏捷。魏書尒朱榮傳：「（葛）榮以賊徒既衆，若即分割，恐其疑懼，或更結聚，乃普告勒各從所樂，親屬相隨，任所居止。於是群情喜悦，登即四散，數十萬衆一朝散盡。待出百里之外，乃始分道押領，隨便安置，咸得其宜。擢其渠帥，量力授用，新附者咸安。時人服其處分機速。」

〔四三〕樸露之人：即上文所説「樸露徑盡」者。

〔四四〕中款實碯：「款」，原作「疑」，今據長短經卷二德表引人物志改。「款」，誠實。荀子修身：「愚款端愨，則合之以禮樂。」楊倞注：「款，誠款也。」此言內心誠實，但有如頑石，不開竅，故下句謂之「野直」。

〔四五〕野直：此前未見用例，依單字串講，當是鹵莽率直。「野」，粗野，不合禮儀。

〔四六〕以譎爲誕：此種人大多言談率直，舉措鹵莽，不善掩飾情感，往往如上文所説「失在不微」。

〔四七〕難與消息：不善應對變局。「消息」，消長，變化。易豐卦：「日中則昃，月盈則食，天地盈虛，與時消息。而況於人乎？況於鬼神乎？」孔穎達疏：「此孔子因豐設戒，以上言王者以豐大之德，照臨天下，同於日中。然盛必有衰，自然常理。日中至盛，過中則昃；月滿則盈，過盈則食。天之寒暑往來，地之陵谷遷貿，盈則與時而息，虛則與時而消。天地日月尚不能久，況於人與鬼神而能長保其盈盛乎？」又隋書禮儀志四：「然事有消息，不得皆同於古。」

〔四八〕韜譎之人：即上文所説「多智韜情」者。「譎」，長短經卷二德表引人物志作「諝」。淮南子本經訓：「比周朋黨，設詐諝，懷機械巧故之心，而信失矣。」高誘注：「諝，謀也。」

〔四九〕原度取容：忖度情勢，取悦於人。「原度」，推原測度。古列女傳卷三仁智傳序：「惟若仁智，豫識難易。原度天道，禍福所移。歸義從安，危險必避。專專小心，永懼匪懈。夫人省兹，榮名必利。」本書卷中利害：「智意之業，本於原度，其道順而不忤。故其未達也，爲衆人之所容矣。」

〔五〇〕離正：偏離正道。本書卷中利害：「或離正以自全。」劉昞注：「用心多媚，故違於正。」又淮南子主術訓：「喜怒形於心者欲見於外，則守職者離正而阿上，有司枉法而從風，賞不當功，誅不應罪，上下離心而君臣相怨也。」

〔五一〕以盡爲愚：此種人有話不直説，與人不能以誠相見，如上文所説「權在譎略，失在依違」。

〔五二〕欵盡：同「款盡」，親密無間。宋書劉穆之傳附劉瑀傳：「瑀乃折節事（顧）邁，深布情款，家内婦女間事，言語所不得至者，莫不倒寫備説。邁以瑀與之款盡，深相感信。」

〔五三〕讚善：褒揚善美（歌功頌德）。魏書釋老志：「（任城王澄奏）然覩法贊善，凡人所知；矯俗避嫌，物情同趣。臣獨何爲，孤議獨發？誠以國典一廢，追理至難，法網暫失，條綱將亂。」

夫學，所以成材也〔一〕；彊毅靜其抗〔二〕，柔順厲其愞。恕〔三〕，所以推情也。推己之情，通物之性。偏材之性，不可移轉矣。固守性分〔四〕，聞義不徙〔五〕。雖教之以學，材成而隨之以失；剛毅之性已成，激訐之心彌篤。雖訓之以恕，推情各從其心〔六〕。意之所非，不肯是之於人〔七〕。信者逆信〔八〕，推己之信，謂人皆信，而詐者得容爲僞也。詐者逆詐〔九〕。推己之詐，謂人皆詐，則信者或受其疑也。故學不入道，恕不周物，偏材之人，各是己能，何道之能入？何物能周也？此偏材之益失也。材不能兼，教之愈失。是以宰物者用人之仁去其貪〔一〇〕，用人之智去其詐。然後群材畢御，而道周萬物也矣〔一一〕。

〔一〕所以成材：人材成長之憑藉（途徑）。説苑建本：「子思曰：『學，所以益才也；礪，所以致刃也。吾嘗幽處而深思，不若學之速；吾嘗跂而望，不若登高之博見。』」

〔二〕静其抗：「静」，通「靖」，止息。左傳昭公十三年：「諸侯靖兵，好以爲事。」杜預注：「靖，息也。」

〔三〕恕：忖己度物，推己及人之道。論語衛靈公：「子貢問曰：『有一言而可以終身行之者乎？』子曰：『其恕乎？己所不欲，勿施於人。』」

〔四〕性分：本性，天性。後漢書逸民列傳：「或隱居以求其志，或回避以全其道，或静己以鎮其躁，或去危以圖其安，或垢俗以動其槩，或疵物以激其清。然觀其甘心畎畝之中，憔悴江海之上，豈必親魚鳥樂林草哉，亦云性分所至而已。」李賢注：「分音符問反。」

〔五〕聞義不徙：論語述而：「子曰：『德之不脩，學之不講，聞義不能徙，不善不能改，是吾憂也。』」邢昺疏：「此章言孔子憂在脩身也。德在脩行，學須講習，聞義事當徙意從之，有不善當追悔改之。夫子常以此四者爲憂，憂己恐有不脩、不講、不徙、不改之事，故云是吾憂也。」陳寅恪稱「夫學，所以成材也」以下數句：「此則鍾會才性合之説也。」（讀書札記二集，第一一九頁。）

〔六〕推情各從其心：劉昞釋爲「意之所非，不肯是之於人」，意思是説行事完全以一己之是非作標準，凡己以爲非者，決不附和他人改非爲是。初看似贊言其人有主見，實則不然。蓋以此舉出自「偏材之性」，其一己之是非本多偏頗，故其是非觀念不但有違事實，而且在行動上亦將導致諸多荒謬。

〔七〕不肯是之於人：（凡自以爲非者）不願承認他人爲是。莊子齊物論：「道隱於小成，言隱於榮華。故有儒、墨之是非，以是其所非而非其所是。欲是其所非而非其所是，則莫若以明。」郭慶藩集釋：「世皆以他爲非，用己爲是。今欲翻非作是，翻是作非者，無過還用彼我，反覆相明。反覆相明，則所非者非非則無非，所是者非是則無是。無是則無非，故知是非皆虛妄耳。」

〔八〕信者逆信：劉昞釋爲「推己之信，謂人皆信，而詐者得容爲僞也」，意謂以己之誠信一面，去猜想衆人皆誠信者，結果往往事與願違，反使詐僞者得行其奸。説文辵部：「逆，迎也。」段玉裁注：「逆、迎雙聲，二字通用。如禹貢『逆河』，今文尚書作『迎河』是也。今人假以爲順屰之屰。逆行，而屰廢矣。」

〔九〕詐者逆詐：劉昞釋爲「推己之詐，謂人皆詐，則信者或受其疑也」，意思是説以自己詐僞一面，猜想衆人都是詐僞者，結果使誠信者廣受懷疑。漢書翟方進傳：「上以方進所舉應科，不得用逆詐廢正法，遂貶（涓）勳爲昌陵令。」顏師古注：「逆詐者，謂以詐意逆猜人也。」

〔一〇〕用人之仁去其貪：禮記禮運：「故用人之知去其詐，用人之勇去其怒，用人之仁去其貪。」鄭玄注：「用知者之謀，勇者之斷，仁者之施，足以成治矣。詐者害民信，怒者害民命，貪者害民財，三者亂之原。」孔穎達疏：「言用此三者，足以成治。如鄭此言，但得知者、勇者、仁者，則足以成治矣，何須用詐、怒、貪者乎？故云去之。」

〔一一〕道周萬物：易繫辭上：「知周乎萬物，而道濟天下，故不過。」孔穎達疏：「聖人無物不知，是知周於萬物。天下皆養，是道濟天下也。故不過者，所爲皆得其宜，不有愆過使物失分也。」

流業第三

三材爲源〔一〕，習者爲流。流漸失源，其業各異〔二〕。

蓋人流之業〔三〕，十有二焉：性既不同，染習又異。枝流條別，各有志業。有清節家〔四〕，行爲物範〔五〕。有法家〔六〕，立憲垂制〔七〕。有術家〔八〕，智慮無方〔九〕。有國體〔一〇〕，三材純備。有器能〔一一〕，三材而微。有臧否，分別是非。有伎倆〔一二〕，錯意工巧〔一三〕。有智意〔一四〕，能鍊衆疑〔一五〕。有文章〔一六〕，屬辭比事〔一七〕。有儒學〔一八〕，道藝深明〔一九〕。有口辨〔二〇〕，應對給捷。有雄傑〔二一〕。膽略過人。

〔一〕三材：亦稱「三才」，指天、地、人。易說卦：「昔者聖人之作易也，將以順性命之理，是以立天之道曰陰與陽，立地之道曰柔與剛，立人之道曰仁與義，兼三才而兩之，故易六畫而成卦。分陰分陽，迭用柔剛，故易六位而成章。」孔穎達疏：「天地既立，人生其間。立人之道，有二種之性，曰愛惠之仁與斷刮之義也。既備三才之道而皆兩之，作易本順此道理，須六畫成卦，故作易者因而重之，使六畫而成卦也。」

〔二〕其業各異：「業」，志業，基於各自志向而成就之功業，本篇下文稱「人流之業，十有二焉」。其所以有異，漢書亦有一解。漢書王貢兩龔鮑傳：「贊曰：易稱『君子之道，或出或處，或默或語』，言其各得道之一節，譬諸草木，區以別矣。」

〔三〕蓋人流之業：各種不同類型之人材。「人流」，猶士流，謂人之性格品類。顔氏家訓後娶：「河北鄙於側出，不預人流，是以必須重要。」王利器集解：「人流之流，與士流、學流、文流、某家者流之流義同。」錢穆略述劉邵人物志：「劉邵在人物志中將人分成十二『流』。中國人所謂流品，亦即是品類之義。此十二流乃依其人之性格言。人之『才』皆自其『性』來。如有人喜講法律，有人喜臧否人物，有人善文辭，此皆所謂才性不同。」（中國學術思想史論叢（三），第五六頁。）

〔四〕清節家：以高潔節操著稱者。漢書王貢兩龔鮑傳：「故曰山林之士往而不能反，朝廷之士入而不能出，二者各有所短。春秋列國卿大夫及至漢興將相名臣，懷祿耽寵以失其世者多矣！是故清節之士於是爲貴。然大率多能自治而不能治人。王（吉）、貢（禹）之材，優於龔（勝、舍）、鮑（宣）。」本篇下文：「若夫德行高妙，容止可法，是謂清節之家，延陵、晏嬰是也。」

〔五〕物範：世人之楷模。藝文類聚卷七八引孔稚珪玄館碑：「夫朋白兔而侶青鳥，啓銀函而講金字者，有道存焉。故能大叩玄宗，鬱爲物範，則天地，正六合，照日月而導蒼生。」又文苑英華卷四一六蘇頲封致仕唐休璟宋國公制：「才實王佐，行爲物範，自綜理朝綱，謩猷揆政，文武必濟，義存簡册。」

〔六〕法家：漢書藝文志：「法家者流，蓋出於理官，信賞必罰，以輔禮制。易曰『先王以明罰飭法』，此其所長也。及刻者爲之，則無教化，去仁愛，專任刑法而欲以致治，至於殘害至親，傷恩薄厚。」本篇下文云：「建法立制，彊國富人，是謂法家，管仲、商鞅是也。」

〔七〕立憲垂制：「立憲」，「憲」指憲章、制度。通典職官一：「後周之初據關中，猶依魏制。及平江陵之後，別立憲章，酌周禮之文，建六官之職，其他官亦兼用秦漢。」「垂制」，文選陸士衡漢高祖功臣頌：「體國垂制，上穆下親。」李周翰注：「能體國家輕重，以約法三章，使君臣上下和穆而相親也。垂，下也；制，法也。」

〔八〕術家：本指掌管律曆之人，此謂權智多謀、有先見之明者。本篇下文：「思通道化，策謀奇妙，是謂術家，范蠡、張良是也。」

〔九〕無方：無極限，無窮盡。莊子天運：「動於無方，居於窈冥。」郭慶藩集釋：「夫至樂之本，雖復無聲，而應動隨時，實無方所，斯寂而動之也。」

〔一〇〕國體：可任以國政者。穀梁傳昭公十五年：「君在祭樂之中，聞大夫之喪，則去樂卒事，禮也。君在祭樂之中，大夫有變，以聞，可乎？大夫，國體也。」范甯集解：「君之卿佐，是謂股肱，故曰國體。」本篇下文：「兼有三材，三材皆備，其德足以厲風俗，其法足以正天下，其術足以謀廟勝，是謂國體，伊尹、呂望是也。」

〔一一〕器能：有材能，可成大器者。後漢書龐參傳：「四年，入爲大鴻臚。尚書僕射虞詡薦參有宰相器能，以爲太尉。」本篇下文：「其德足以率一國，其法足以正鄉邑，其術足以權事宜，是謂器能，子産、西門豹是也。」

〔一二〕伎倆：有技能，今則多用於貶義。抱朴子外篇彈禰：「然修己駁刺，迷而不覺。故開口見憎，舉足蹈禍。齎如此之伎倆，亦何理容於天下而得其死哉！」本篇下文：「法家之流，不能創思遠圖，而能受一官之任，錯意施巧，是謂伎倆，張敞、趙廣漢是也。」

〔一三〕錯意：同「措意」，著意，在意。列子說符：「有懸水三十仞，圜流九十里，魚鼈弗能游，黿鼉弗能居，有一丈夫方將厲之。孔子使人並涯止之，曰：『此懸水三十仞，圜流九十里，魚鼈弗能游，黿鼉弗能居也。意者難可以濟乎？』丈夫不以錯意，遂度而出。」

〔一四〕智意：權略。三國志蜀書孟光傳：「今天下未定，智意爲先，智意雖有自然，然亦可力彊致也。」本篇下文：「術家之流，不能創制垂則，而能遭變用權，權智有餘，公正不足，是謂智意，陳平、韓安國是也。」

〔一五〕錬：四庫本作「決」，於義爲優。「錬」本義爲冶錬金屬，使之精純。引申爲修治、治理，促使事物轉化。淮南子墬形訓：「是故錬土生木，錬木生火，錬火生雲，錬雲生水，錬水反土。」高誘注：「錬，猶治也。」

〔一六〕文章：泛指文辭著述。本篇下文：「能屬文著述，是謂文章，司馬遷、班固是也。」

〔一七〕屬辭比事：亦作「屬詞比事」，本謂連綴文辭，排比史事，後泛稱撰述。禮記經解：「屬辭比事，春秋教也。」鄭玄注：「屬，猶合也。春秋多記諸侯朝聘會同，有相接之辭，罪辯之事。」

〔一八〕儒學：即儒家之學。漢書藝文志：「儒家者流，蓋出於司徒之官，助人君順陰陽明教化者也。游文於六經之中，留意於仁義之際，祖述堯舜，憲章文武，宗師仲尼，以重其言，於道最爲高。孔子曰：『如有所譽，其有所試。』唐虞之隆，殷周之盛，仲尼之業，已試之效者也。」本篇下文：「能傳聖人之業，而不能幹事施政，是謂儒學，毛公、貫公是也。」

〔一九〕道藝：指六藝（即先秦禮、樂、射、御、書、數六科，漢以後則指儒家六經：詩、書、禮、樂、易、春秋）。周禮地官鄉大夫：「正月之吉，受教灋于司徒，退而頒之于其鄉吏，使各以教其所治，以攷其德行，察其道藝。」賈公彥疏：「察其道義者，謂萬民之中有六藝者，竝擬賓之。」

〔二〇〕口辨：「辨」，通「辯」。口辯謂能言善辯。史記淮南衡山列傳：「淮南王有女陵，慧，有口辯。」本篇下文：「辯不入道，而應對資給，是謂口辯，樂毅、曹丘生是也。」

〔二一〕雄傑：本篇下文稱「驍雄」，「膽力絶衆，材略過人，是謂驍雄，白起、韓信是也」。

若夫德行高妙，容止可法〔一〕，是謂清節之家，延陵〔二〕、晏嬰是也〔三〕。建法立制，彊國富人，是謂法家，管仲〔四〕、商鞅是也〔五〕。思通道化〔六〕，策謀奇妙，是謂術家，范蠡〔七〕、張良是也〔八〕。兼有三材，三材皆備〔九〕，德與法、術皆純備也。其德足以厲風俗，其法足以正天下，其術足以謀廟勝〔一〇〕，是謂國體，伊尹〔一一〕、呂望是也〔一二〕。兼有三材，三材皆微，不純備也。其德足以率一國〔一三〕，其法足以正鄉邑，其術足以權事宜，是謂器能，子產〔一四〕、西門豹是也〔一五〕。兼有三材之別，各有一流，三材爲源，則習者爲流也。清節之流，不能弘恕〔一六〕，以清爲理，何能寬恕？好尚譏訶〔一七〕，分別是非，己不寬恕，則是非生。是謂臧否，子夏之徒是也〔一八〕。法家之流，不能創思遠圖，法制於近，思不及遠。而能受一官之任，錯意施巧，務在功成，故巧意生。是謂伎倆，張敞〔一九〕、趙廣漢是也〔二〇〕。術家之流，不能創制垂則〔二一〕，以術求功，故不垂則。而能遭變用權，權智有餘，公正不足，長於權者，必短於正。是謂智意，陳平〔二二〕、韓安國是也〔二三〕。凡此八業〔二四〕，皆以三材爲本。非德無以正法，非法無以興術，是以八業之建，常以三材爲本。故雖波流分別，皆爲輕事之材也〔二五〕。耳目殊官，其用同功。群材雖異，成務一致〔二六〕。能屬文著述，是謂文章，司馬遷〔二七〕、班固是也〔二八〕。能傳聖人之業，而不能幹事施政〔二九〕，是謂儒學，毛公〔三〇〕、貫公是也〔三一〕。辯不入道，而應對資給〔三二〕，是謂口辯，樂毅〔三三〕、曹丘生是也〔三四〕。膽力絶衆，材略過人，是謂驍雄〔三五〕，白起〔三六〕、韓信是也〔三七〕。凡此十二材〔三八〕，皆人臣之任也，各抗其材，不能兼備，保守一官，故爲人臣之任也。主德不預焉〔三九〕。

〔一〕容止可法：「容止」，儀容舉止。左傳襄公三十一年：「故君子在位可畏，施舍可愛，進退可度，周旋可則，容止可觀，作事可法，德行可象，聲氣可樂，動作有文，言語有章，以臨其下，謂之有威儀也。」

〔二〕延陵：即春秋時吴季札，吴王壽夢幼子。初封延陵（今江蘇常州），稱延陵季子，後加封州來（今安徽鳳臺），稱延州來季子。壽夢欲立之，辭讓，其兄諸樊、餘祭、夷昧相繼立。夷昧死，將授國，逃避不就。夷昧子公子僚即位，公子光（闔閭）殺僚而代立。此間曾游歷齊、鄭、衛、晉、徐等國，並會見晏嬰、子産、叔向等人。其事見於左傳、史記等。史記吴太伯世家：「季札封於延陵，故號曰延陵季子。」

〔三〕晏嬰：字平仲，夷維（今山東高密）人。春秋時齊國大夫。齊靈公二十六年（前五五六），繼其父弱爲齊卿，歷事靈公、莊公、景公。史記管晏列傳：「既相齊，食不重肉，妾不衣帛。其在朝，君語及之，即危言；語不及之，即危行。國有道，即順命；無道，即衡命。以此三世顯名於諸侯。」

〔四〕管仲：名夷吾，字仲，潁上人。初事公子糾，齊桓公即位，用爲卿，主張通貨積財，富國强兵，九合諸侯，一匡天下，使齊桓公成爲「春秋五霸」之首。史記管晏列傳：「管仲卒，齊國遵其政，常彊於諸侯。」正義：「説苑云：『齊桓公使管仲治國，管仲對曰：「賤不能臨貴。」桓公以爲上卿，而國不治，曰：「何故？」管仲對曰：「貧不能使富。」桓公賜之齊市租，而國不治。桓公曰：「何故？」對曰：「疏不能制近。」桓公立以爲仲父，齊國大安，而遂霸天下。』孔子曰：『管仲之賢不得此三權者，亦不能使其君南面而稱伯。』」

〔五〕商鞅：姓公孫，名鞅，受封於商（今陝西商洛東南），稱商鞅，亦稱商君。初仕魏，後入秦，先後爲左庶長、大良造，輔佐秦孝公變法，使秦富强。孝公死，遇害。史記卷六八有傳。

〔六〕思通道化：通曉事物變化之道。史記太史公自序：「是故禮以節人，樂以發和，書以道事，詩以達意，易以道化，春秋以道義。」

〔七〕范蠡：字少伯，春秋楚宛（今河南南陽）人。仕越爲大夫。以越敗於吴，隨越王勾踐入吴爲臣僕，三年後回國，輔佐勾踐勵精圖治，卒滅强吴。深知勾踐可共患難，不可同安樂，遂去越入齊，改名鴟夷子皮。又至宋之陶邑（今山東定陶西北），經商致富，天下稱陶朱公。其事見史記越王句踐世家及貨殖列傳。

〔八〕張良：字子房，城父人。秦末，歸劉邦，爲謀士。漢朝建，以功封留侯。史記留侯世家：「（太史公曰）上曰：『夫運籌筴帷帳之中，決勝千里外，吾不如子房。』余以爲其人計魁梧奇偉，至見其圖，狀貌如婦人好女。蓋孔子曰：『以貌取人，失之子羽。』留侯亦云。」

〔九〕三材皆備：此言兼有清節家、法家、術家三者之長，故劉昞注謂「德與法、術皆純備也」。

〔一〇〕謀廟勝：在朝謀畫勝敵之策。漢書趙充國傳：「又恐它夷卒有不虞之變，相因並起，爲明主憂，誠非素定廟勝之册。」顔師古注：「廟勝，謂謀於廟堂而勝敵也。」又後漢書耿弇傳：「論曰：淮陰廷論項王，審料成執，則知高祖之廟勝矣。」李賢注：「淮陰侯韓信也。史記韓信説高祖曰：『項王特匹夫之勇，婦人之仁也。名雖霸，實失天下心。今大王入關，秋毫無所取，秦人無不欲得大王王秦者。今大王舉而東，三秦可傳檄而定。』於是漢王舉兵定三秦。廟勝謂謀兵於廟而勝敵。」

〔一一〕伊尹：商初大臣。史記殷本紀：「伊尹名阿衡。阿衡欲奸湯而無由，乃爲有莘氏媵臣，負鼎俎，以滋味説湯，致于王道。或曰，伊尹處士，湯使人聘迎之，五反然後肯往從湯，言素王及九主之事。湯舉任以國政。伊尹去湯適夏。既醜有夏，復歸于亳。」索隱：「孫子兵書：『伊尹名摯。』孔安國亦曰『伊摯』。然解者以阿衡爲官名。按：阿，倚也；衡，平也。言依倚而取平。書曰『惟嗣王弗惠于阿衡』，亦曰保衡，皆伊尹之官號，非名也。皇甫謐曰：『伊尹，力牧之後，生於空桑。』又呂氏春秋云：『有侁氏女採桑，得嬰兒于空桑，母居伊水，命曰伊尹。』尹，正也，謂湯使之正天下。」

〔一二〕呂望：即太公望呂尚，姜姓，字子牙，亦稱姜子牙。爲周太師，亦稱師尚父。輔佐周武王滅商，被封於齊，都營丘（今山東淄博東北），爲齊國始祖。史記齊太公世家：「太公望呂尚者，東海上人。」索隱：「譙周曰：『姓姜，名牙。炎帝之裔，伯夷之後，掌四岳有功，封之於呂，子孫從其封姓，尚其後也。』按，後文王得之渭濱，云『吾先君太公望子久矣』，故號太公望。蓋牙是字，尚是其名，後武王號爲師尚父也。」

〔一三〕率一國：一國（此指諸侯國）之表率。

〔一四〕子産：名僑，字子産，一字子美，春秋鄭國人。爲子國之子，故亦名公孫僑。鄭簡公時執國政，歷定、獻、聲公三朝，使鄭國立足於晉、楚兩强之間。事見左傳、史記等。史記鄭世家：「聲公五年，鄭相子産卒，鄭人皆哭泣，悲之如亡親戚。子産者，鄭成公少子也。爲人仁愛人，事君忠厚。孔子嘗過鄭，與子産如兄弟云。及聞子産死，孔子爲泣曰：『古之遺愛也！』」集解：「賈逵曰：『愛，惠也。』杜預曰：『子産見愛，有古人遺風也。』」

〔一五〕西門豹：戰國初，爲魏國鄴（今河北臨漳西南）令，興修水利，廢除當地爲河伯娶婦之陋俗。史記滑稽列傳褚少孫補記云：「傳曰：『子産治鄭，民不能欺；子賤治單父，民不忍欺；西門豹治鄴，民不敢欺。』三子之才能誰最賢哉？辨治者當能別之。」索隱：「案：此三不欺自古傳記先達共所稱述，今褚先生因記西門豹而稱之以成説也。循吏傳記子産相鄭，仁而且明，故人不能欺之也。子賤爲政清浄，唯彈琴，三年不下堂而化，是人見思，故不忍欺之。豹以威化御俗，故人不敢欺。」

〔一六〕弘恕：寬容。晉書樂廣傳：「人有過，先盡弘恕，然後善惡自彰矣。」

〔一七〕譏訶：亦作「譏呵」，非難，斥責。三國志蜀書孟光傳：「好公羊春秋而譏呵左氏，每與來敏争此二義，光常譊譊讙咋。」

〔一八〕子夏：即卜商，字子夏，孔子弟子。史記仲尼弟子列傳：「卜商字子夏。少孔子四十四歲……孔子既没，子夏居西河教授，爲魏文侯師。其子死，哭之失明。」正義：「文侯都安邑。孔子卒後，子夏教於西河之上，文侯師事之，咨問國政焉。」

〔一九〕張敞：敞字子高，本河東平陽（今山西臨汾西南）人，世居茂陵（今陝西興平東北）。以切諫顯名，擢豫州刺史。數上事有忠言，漢宣帝徵爲太中大夫。後歷膠東相、京兆尹、冀州刺史，嚴刑峻法，賞罰分明，所至稱職。漢書張敞傳：「於是制詔御史：『其以膠東相敞守京兆尹。』自趙廣漢誅後，比更守尹，如霸等數人，皆不稱職。京師浸廢，長安市偷盜尤多，百賈苦之。上以問敞，敞以爲可禁。敞既視事，求問長安父老，偷盜酋長數人，居皆温厚，出從童騎，閭里以爲長者。敞皆召見責問，因貰其罪，把其宿負，令致諸偷以自贖。偷長曰：『今一旦召詣府，恐諸偷驚駭，願一切受署。』敞皆以爲吏，遣歸休。置酒，小偷悉來賀，且飲醉，偷長以赭汙其衣裾。吏坐里閭閲出者，汙赭輒收縛之，一日捕得數百人。窮治所犯，或一人百餘發，盡行法罰。由是枹鼓稀鳴，市無偷盜，天子嘉之。」

〔二〇〕趙廣漢：字子都，涿郡蠡吾（今河北博野西南）人。宣帝時，爲潁川太守。爲人强力，精於吏職，豪强慴伏。遷京兆尹，治事廉明，執法不避權貴，後以摧辱大臣被殺。漢書趙廣漢傳：「廣漢雖坐法誅，爲京兆尹廉明，威制豪彊，小民得職。百姓追思，歌之至今。」

〔二一〕垂則：昭示法則。漢書孝成許皇后傳：「垂則列妾，使有法焉。」顏師古注：「言垂法於後宫，使皆遵行也。」

〔二二〕陳平：陽武（今河南原陽東南）人。初投項羽，從入關，爲都尉。轉歸劉邦，有謀略，積功爲護軍中尉。漢朝建立，封曲逆侯。吕后時，爲右丞相，不治事。後與太尉周勃合力誅諸吕，迎立文帝，爲左丞相。史記卷五六、漢書卷四〇並有傳。史記陳丞相世家：「太史公曰：陳丞相平少時，本好黄帝、老子之術。方其割肉俎上之時，其意固已遠矣。傾側擾攘楚魏之閒，卒歸高帝。常出奇計，救紛糾之難，振國家之患。及吕后時，事多故矣，然平竟自脱，定宗廟，以榮名終，稱賢相，豈不善始善終哉！非知謀孰能當此者乎？」

〔二三〕韓安國：字長孺，梁國成安（今河南汝州）人。初爲梁孝王中大夫，景帝前元三年（前一五四），吴楚七國爲亂，爲梁將擊吴兵於東界，由此顯名。武帝建元六年（前一三五），爲御史大夫。後徙爲衛尉。匈奴大舉入境，爲材官將軍，屯兵漁陽，兵敗，徙屯右北平，病死。史記卷一〇八、漢書卷五二並有傳。史記韓長孺列傳：「安國爲人多大略，智足以當世取合，而出於忠厚焉。貪嗜於財。

所推舉皆廉士，賢於己者也。於梁舉壺遂、臧固、郅他，皆天下名士，士亦以此稱慕之，唯天子以爲國器。」

〔二四〕凡此八業：即上述「清節之家」「法家」「術家」「國體」「器能」「臧否」「伎倆」「智意」八者。

〔二五〕輕事之材：頗難通解。作爲成詞，「輕事」無非率意而行、剛愎自用之義，然前列清節家、法家、術家、三材皆備者等，並屬理政有方、事業有成之人，名之爲「輕事」之材難符其實。僅就句義而言，「輕事」疑爲「經世」之誤。惜無版本可稽，姑存舊文，以俟再考。

〔二六〕成務：成就萬事萬物。易繫辭上：「子曰：『夫易何爲者也？夫易，開物成務，冒天下之道，如斯而已者也。』」孔穎達疏：「子曰夫易何爲者，言易之功用，其體何爲，是問其功用之意。夫易開物成務，冒天下之道，如斯而已者，此夫子還自釋易之體用之狀，言易能開通萬物之志，成就天下之務，有覆冒天下之道。」

〔二七〕司馬遷：字子長，夏陽（今陝西韓城）人。司馬談子。早歲壯游天下，爲郎中，又奉使西南各地。元封三年（前一〇八），繼父職爲太史令，博覽皇家藏書，並開始撰著史記（太史公書）。天漢二年（前九九），李陵降匈奴，因爲其辯護，下獄受腐刑。出獄後爲中書令，發憤著書，完成史記一百三十篇，成爲我國第一部紀傳體通史。史記卷一三〇、漢書卷六二並有傳。漢書本傳：「贊曰：自古書契之作而有史官，其載籍博矣……故司馬遷據左氏、國語，采世本、戰國策，述楚漢春秋，接其後事，訖于天漢。其言秦漢，詳矣……然自劉向、揚雄博極群書，皆稱遷有良史之材，服其善序事理，辨而不華，質而不俚，其文直，其事核，不虛美，不隱惡，故謂之實録。」

〔二八〕班固：字孟堅，扶風安陵（今陝西咸陽東北）人。班彪子。初因繼承父志私撰國史繫獄，弟班超上書辯白，得釋。漢明帝重其學，召爲蘭臺令史。後遷爲郎，典校秘書，使完成漢書。永元元年（八九），爲中護軍，從竇憲出擊匈奴。後竇憲以擅權被殺，固亦坐法被捕，死獄中。漢書卷一〇〇、後漢書卷四〇並有傳。後漢書班彪傳附固傳：「論曰：司馬遷、班固父子，其言史官載籍之作，大義粲然著矣。議者咸稱二子有良史之才。遷文直而事覈，固文贍而事詳。若固之序事，不激詭，不抑抗，贍而不穢，詳而有體，使讀之者亹亹而不猒，信哉其能成名也。」

〔二九〕幹事：易乾卦：「元者，善之長也。亨者，嘉之會也。利者，義之和也。貞者，事之幹也。君子體仁足以長人，嘉會足以合禮，利物足以和義，貞固足以幹事。」孔穎達疏：「貞固足以幹事者，言君子能堅固貞正，令物得成，使事皆幹濟。」

〔三〇〕毛公：指大毛公毛亨、小毛公毛萇，漢初人，毛詩傳授者。隋書經籍志一：「孔子刪詩，上采商，下取魯，凡三百篇。至秦，獨以爲諷誦，不滅。漢初，有魯人申公，受詩於浮丘伯，作詁訓，是爲魯詩。齊人轅固生亦傳詩，是爲齊詩。燕人韓嬰亦傳詩，是爲韓詩。終于後漢，三家並立。漢初又有趙人毛萇善詩，自云子夏所傳，作詁訓傳，是爲『毛詩古學』，而未得立。後漢有九江謝曼卿，善毛詩，又爲之訓。東海衛敬仲，受學於曼卿。先儒相承，謂之毛詩。序，子夏所創，毛公及敬仲又加潤益。鄭衆、賈逵、馬融，並作毛詩傳，鄭玄作毛詩箋。齊詩，魏代已亡；魯詩亡於西晉；韓詩雖存，無傳之者。唯毛詩鄭箋，至今獨立。」又初學記卷二一經典：「初，孔子以詩授卜商，商爲之序，以授魯人曾申，曾申授魏人李克，李克授魯人孟仲子，孟仲子授根牟子，根牟子授趙人荀卿，荀卿授漢人魯國毛亨，作詁訓傳，以授趙國毛萇。時人謂亨爲大毛公，萇爲小毛公。以二公所傳，故名其詩曰毛詩。」

〔二一〕貫公：漢初趙人，春秋左氏傳傳授者。漢書儒林傳：「漢興，北平侯張蒼及梁太傅賈誼、京兆尹張敞、太中大夫劉公子皆修春秋左氏傳。誼爲左氏傳訓故，授趙人貫公，爲河間獻王博士，子長卿爲蕩陰令，授清河張禹長子。」

〔二二〕資給：此謂言詞豐贍，應對敏捷。說苑敬慎：「聰明聖智，無以窮人；資給疾速，無以先人；剛毅勇猛，無以勝人。」

〔二三〕樂毅：戰國燕將，靈壽（今河北平山東北）人。由魏入燕，燕昭王用爲亞卿。燕昭王二十八年（前二八四），以燕上將軍率秦、趙、楚、韓、魏、燕聯軍伐齊，攻佔七十餘城，以功封於昌國，號昌國君。燕惠王即位，齊用反間計，毅懼誅，出奔趙。齊乘機興兵，盡收失地。毅在趙封於觀津，號望諸君。燕惠王致書爲謝，毅復適燕，往來燕、趙間爲客卿，卒於趙。史記卷八〇有傳。

〔二四〕曹丘生：西漢辯士。史記季布樂布列傳：「楚人曹丘生，辯士，數招權顧金錢。事貴人趙同等，與竇長君善。季布聞之，寄書諫竇長君曰：『吾聞曹丘生非長者，勿與通。』及曹丘生歸，欲得書請季布。竇長君曰：『季將軍不說足下，足下無往。』固請書，遂行。使人先發書，季布果大怒，待曹丘。

曹丘至，即揖季布曰：『楚人諺曰「得黄金百，不如得季布一諾」，足下何以得此聲於梁楚閒哉？且僕楚人，足下亦楚人也。僕游揚足下之名於天下，顧不重邪？何足下距僕之深也！』季布迺大説，引入，留數月，爲上客，厚送之。季布名所以益聞者，曹丘揚之也。」

〔三五〕驍雄：雄武謀略之材。蔡中郎集卷三劉鎮南碑：「君遇險而建略，遭難而發權，招命英俊，爰得驍雄。」

〔三六〕白起：一名公孫起，郿（今陝西眉縣）人。戰國秦將，善用兵。秦昭王時，由左庶長累遷大良造，連破韓、魏、趙、楚七十餘城，以功封武安君。四十七年（前二六〇），大敗趙軍於長平（今山西高平西北），坑殺趙卒四十萬。因功高遭應侯范雎嫉恨，終被殺害。史記白起王翦列傳：「（太史公曰）白起料敵合變，出奇無窮，聲震天下，然不能救患於應侯。」

〔三七〕韓信：淮陰（今江蘇淮安西南）人。初從項羽，後歸劉邦，拜大將。楚漢之争，攻城掠地，屢建戰功。漢朝建立，封楚王，與蕭何、張良稱漢興三傑。後被告發謀反，降爲淮陰侯。十一年，爲吕后所殺。史記卷九二、漢書卷三四並有傳。

〔三八〕十二材：即前「八業」再加「文章」「儒學」「口辯」「驍雄」，此十二類人材皆屬於「人臣之任」。

〔三九〕主德不預焉：「主德」蓋謂人主之德。

主德者，聰明平淡，總達衆材〔一〕，而不以事自任者也〔二〕。目不求視，耳不參聽，各司其官，則衆材達。衆材既達，則人主垂拱無爲而理〔三〕。是故主道立，則十二材各得其任也。上無爲，則下當任也。清節之德，師氏之任也〔四〕。掌以道德，教道冑子〔五〕。法家之材，司寇之任也〔六〕。掌以刑法，禁制姦暴。術家之材，三孤之任也〔七〕。掌以廟謨〔八〕，佐公論政。三材純備，三公之任也〔九〕。位於三槐〔一〇〕，坐而論道〔一一〕。三材而微，冢宰之任也〔一二〕。天官之卿〔一三〕，總御百官。臧否之材，師氏之佐也。分別是非，以佐師氏。智意之材，冢宰之佐也。師事制宜，以佐天官。伎倆之材，司空之任也〔一四〕。錯意施巧，故掌冬官〔一五〕。儒學之材，保氏之任也〔一六〕。掌以德藝〔一七〕，保安其人。文章之材，國史之任也〔一八〕。憲章紀述，垂之後代。辯給之材，行人之任也〔一九〕。掌之應答，送迎道路。驍雄之材，將帥之任也。掌轄師旅，討平不順。是謂主道得而臣道序〔二〇〕，官不易方而太平用成〔二一〕。太平之所以成，由官人之不易方。若使足操物，手求行，四體何由寧，理道何由平？若道不平淡，與一材同用好〔二二〕，譬大匠善規，惟規之用。則一材處權〔二三〕，而衆材失任矣。惟規之用，則矩不得立其方〔二四〕，繩不得經其直〔二五〕。雖目運規矩，無由成矣。

〔一〕總達衆材：統領各類人材。「達」，理順，融通。荀子君道：「然後明分職，序事業，材技官能，莫不治理，則公道達而私門塞矣，公義明而私事息矣。」

〔二〕自任：以爲一切事務皆屬自身職責，總攬於其身。慎子民雜：「是以人君自任而躬事，則臣不事事，是君臣易位也，謂之倒逆，倒逆則亂矣。人君苟任臣而勿自躬，則臣皆事事矣。」

〔三〕垂拱無爲而理：書武成：「建官惟賢，位事惟能，重民五教，惟食喪祭，惇信明義，崇德報功，垂拱而天下治。」孔穎達疏：「說文云：『拱，斂手也。』垂拱而天下治，謂所任得人，人皆稱職，手無所營，下垂其拱，故美其垂拱而天下治也。」又漢書董仲舒傳：「堯崩，天下不歸堯子丹朱而歸舜。舜知不可辟，乃即天子之位，以禹爲相，因堯之輔佐，繼其統業，是以垂拱無爲而天下治。」

〔四〕師氏：周官，與保氏並掌小學以教國子。周禮地官師氏：「師氏掌以媺詔王。以三德教國子：一曰至德，以爲道本；二曰敏德，以爲行本；三曰孝德，以知逆惡。教三行：一曰孝行，以親父母；二曰友行，以尊賢良；三曰順行，以事師長。」鄭玄注：「德行，内外之稱，在心爲德，施之爲行。至德，中和之德，覆燾持載含容者也。」

〔五〕冑子：長子。書舜典：「帝曰：『夔，命汝典樂，教冑子。』」鄭玄注：「冑，長也。謂元子以下至卿大夫子弟。」孔穎達疏：「說文云：『冑，胤也。』釋詁云：『胤，繼也。』繼父世者，惟長子耳。故以冑爲長也。謂元子已下至卿大夫子弟者，王制云：『樂正崇四術，立四教，王太子、王子群后之太子、卿大夫、元士之適子皆造焉。』是下至卿大夫也。不言元士，士卑，故略之。」

〔六〕司寇：周官，六卿之一。掌刑法，以佐王正邦國，斷獄訟。周禮秋官大司寇：「大司寇之職，掌建邦之三典，以佐王刑邦國，詰四方。一曰刑新國，用輕典。二曰刑平國，用中典。三曰刑亂國，用重典。以五刑糾萬民：一曰野刑，上功糾力；二曰軍刑，上命糾守；三曰鄉刑，上德糾孝；四曰官刑，上能糾職；五曰國刑，上愿糾暴。以圜土聚教罷民。」鄭玄注：「典，法也。詰，謹也。」

〔七〕三孤：三公之副。書周官：「少師、少傅、少保，曰三孤。貳公弘化，寅亮天地，弼予一人。」僞孔傳「此三官名曰三孤。孤，特也。言卑於公，尊於卿，特置此三者」，「副貳三公，弘大道化，敬信天地之教，以輔我一人之治」。

〔八〕廟謨：朝廷對國事的運籌。後漢書光武帝紀下：「（贊曰）明明廟謨，赳赳雄斷。」李賢注：「詩曰：『明明天子。』淮南子曰：『運籌於廟堂之上，決勝千里之外。』赳赳，武皃也。」文選范蔚宗後漢書光武紀贊：「明明廟謀，赳赳雄斷。」李善注：「廟謀，廟筭也。」

〔九〕三公：周以太師、太傅、太保爲三公，西漢先以丞相、御史大夫、太尉爲三公，後以大司馬、大司徒、大司空爲三公，東漢以太尉、司徒、司空爲三公。書周官：「立太師、太傅、太保，兹惟三公，論道經邦，燮理陰陽。」僞孔傳：「師，天子所師法；傅，傅相天子；保，保安天子於德義者。此惟三公之任，佐王論道，以經緯國事，和理陰陽，言有德乃堪之。」漢書百官公卿表上：「太師、太傅、太保，是爲三公，蓋參天子，坐而議政，無不總統，故不以一職爲官名。」

〔一〇〕三槐：喻三公。周禮秋官朝士：「朝士掌建邦外朝之灋。左九棘，孤卿大夫位焉，群士在其後。右九棘，公侯伯子男位焉，群吏在其後。面三槐，三公位焉，州長衆庶在其後。」鄭玄注：「樹棘以爲位者，取其赤心而外刺，象以赤心三刺也。槐之言懷也，懷來人於此，欲與之謀。」

〔一一〕坐而論道：即坐而議政。周禮冬官考工記：「國有六職，百工與居一焉。或坐而論道，或作而行之……坐而論道，謂之王公。作而行之，謂之士大夫。」鄭玄注：「言人德能事業之不同者也。論道，謂謀慮治國之政令也。」

〔一二〕冢宰：周官，亦稱太宰，六卿之首。後世爲宰相之別稱。書周官：「冢宰掌邦治，統百官，均四海。」僞孔傳：「天官卿稱太宰，主國政治，統理百官，均平四海之内，邦國言任大。」通典卷二二職官四：「周之冢宰爲天官，掌邦之理，六卿之職總屬焉，於百官無所不主。」

〔一三〕天官：周禮天官冢宰：「惟王建國，辨方正位，體國經野，設官分職，以爲民極。乃立天官冢宰，使帥其屬而掌邦治，以佐王均邦國，治官之屬。」賈公彦疏：「鄭目録云：『象天所立之官。冢，大也。宰者，官也。天者統理萬物，天子立冢宰，使掌邦治，亦所以總御衆官，使不失職。』」

〔一四〕司空：通典卷二〇職官二：「周禮，司空爲冬官，掌邦事。凡營城起邑、復溝洫、修墳防之事，則議其利，建其功。四方水土功課，歲盡則奏其殿最而行賞罰。凡國有大造大疑，諫諍，與太尉同。秦無司空，置御史大夫。漢初因之。至成帝綏和元年，始更名御史大夫曰大司空。金印紫綬，禄比丞相。哀帝建平二年，復爲御史大夫。元壽二年，復爲大司空。後漢初爲大司空。建武二十七年，去『大』，爲司空公。獻帝建安十三年，又罷司空，置御史大夫……魏初，又置司空，冠綬及郊廟之服與太尉同。」

〔一五〕冬官：周禮六官，除天官、地官外，餘則以春、夏、秋、冬四季爲名。周禮冬官考工記：「國有六職，百工與居一焉。」鄭玄注：「百工，司空事官之屬，於天地四時之職，亦處其一也。司空掌營城郭，建都邑，立社稷、宗廟，造宮室、車服、器械。監百工者，唐虞已上曰共工。」

〔一六〕保氏之任也：「保氏」，原作「安民」，今據長短經卷一量才改。按，以上所言衆材職任，皆具言爲某官，此亦不當例外。周禮地官保氏：「掌諫王惡，而養國子以道，乃教之六藝。」鄭玄注「諫者，以禮義正之」，「養國子以道者，以師氏之德行審諭之，而後教之以藝儀也」。

〔一七〕德藝：原作「德毅」，今據四庫本改。「德藝」即德行道藝。本篇上文「有儒學」注謂「道藝深明」可證。周禮地官鄉大夫：「三年則大比，攷其德行道藝。」賈公彦疏：「云考其德行道藝者，德行謂六德六行，道藝謂六藝。」

〔一八〕國史：國之史官。詩大序：「國史明乎得失之迹，傷人倫之廢，哀刑政之苛，吟詠情性，以風其上。」孔穎達疏：「國史者，周官大史、小史、外史、御史之等皆是也。」

〔一九〕行人：周官有大行人、小行人，掌朝覲聘問。漢改稱大鴻臚、大行令。漢書景帝紀：「大行奏謚、誄、策。」顔師古注：「晉灼曰：『禮有大行人、小行人，主謚官，故以此名之。』臣瓚曰：『大行是官名，掌九儀之制以賓諸侯者。』師古曰：『大鴻臚者，本名典客，後改曰大鴻臚。大行令者，本名行人，即典客之屬官也，後改曰大行令。故事之尊重者遣大鴻臚，而輕賤者遣大行也。據此紀文，則景帝已改典客爲大鴻臚，改行人爲大行矣。而百官公卿表乃云景帝中六年更名典客爲大行令，武帝太初元年更名大行令爲大鴻臚，更名行人爲大行令。當是表誤。』」

〔二〇〕主道得而臣道序：謂人主得用臣（選賢用能）之道，臣下則安然有序，各盡其職。管子君臣上：「官不勝任，犇走而奉，其敗事不可勝救也。而國未嘗乏於勝任之士，上之明適不足以知之，是以明君審知勝任之臣者也。故曰主道得，賢材遂，百姓治，治亂在主而已矣。」

〔二一〕官不易方而太平用成：爲官各盡其職，不改常道，天下因之而太平。「方」，常規。左傳成公十八年：「舉不失職，官不易方。」杜預注：「官守其業，無相踰易。」「用」，表示原因，因此。詩小雅小旻：「謀夫孔多，是用不集。」鄭箋：「謀事者衆，而非賢者，是非相奪，莫適可從，故所爲不成。」

〔二二〕與一材同用好：謂與偏材（一材）同，唯用其所好。「好」，喜愛。潛夫論明闇：「國之所以治者，君明也。其所以亂者，君闇也。君之所以明者，兼聽也。其所以闇者，偏信也。是故人君通必兼聽，則聖日廣矣；庸説偏信，則愚日甚矣。」

〔二三〕處權：擁有權力。「處」，佔有。論語里仁：「子曰：『富與貴，是人之所欲也，不以其道得之，不處也。』」

〔二四〕矩：木工畫方形或直角所用之曲尺。莊子駢拇：「天下有常然。常然者，曲者不以鉤，直者不以繩，圓者不以規，方者不以矩，附離不以膠漆，約束不以纆索。」郭慶藩集釋：「夫物有常然，任而不助，則泯然自得而不自覺也。」

〔二五〕繩：木工畫直線所用墨線。荀子勸學：「故木受繩則直，金就礪則利。君子博學而日參省乎己，則知明而行無過矣。」

材理第四〔一〕

材既殊塗，理亦異趣〔二〕。故講群材，至理乃定〔三〕。

夫建事立義〔四〕，莫不須理而定。言前定則不惑〔五〕，事前定則不躓〔六〕。及其論難〔七〕，鮮能定之。夫何故哉？蓋理多品而人異也。事有萬端，人情舛駁〔八〕，誰能定之？夫理多品則難通，人材異則情詭〔九〕，情詭、難通則理失而事違也。情詭理多，何由而得？

〔一〕材理：湯用彤讀人物志：「劉邵志人物，而作材理之篇，謂建事立義，須理而定，然理多品而人異，定之實難。因是一方須明言辭與義理之關係，而後識鑒，乃有準則。故劉邵陳述論難，而名其篇曰材理也（按夏侯惠稱美邵之清談，則邵亦善於此道）。」（湯用彤學術論文集，第一九九頁。）

〔二〕異趣：趨向、旨意不同。管子形勢：「疑今者察之古，不知來者視之往。萬事之生也，異趣而同歸，古今一也。」

〔三〕至理：基本道理，此指材理（人材理論）。抱朴子外篇喻蔽：「言少則至理不備，辭寡即庶事不暢。是以必須篇累卷積，而綱領舉也。」

〔四〕建事立義：創建事業，制定規範。「義」，儀制，法度。左傳莊公二十三年：「朝以正班爵之義。」楊伯峻春秋左傳注：「義讀如儀，正班爵之儀即周禮司士所云『正朝儀之位，辨其貴賤之等』，說詳王引之述聞。」

〔五〕言前定則不惑：「惑」，疑當作「跲」，本義爲絆倒，引申以形容語塞。禮記中庸：「凡事豫則立，不豫則廢。言前定則不跲，事前定則不困，行前定則不疚，道前定則不窮。」孔穎達疏：「言前定則不跲者，案字林云：『跲，躓也。』躓謂行倒蹶也。將欲發言，能豫前思定，然後出口，則言得流行，不有躓蹶也。」

〔六〕 躓：本義爲跌仆，引申爲受挫，失敗。抱朴子外篇官理：「故良駿敗於拙御，智士躓於闇世。」

〔七〕 論難：辯論，駁難。漢書公孫劉田王楊蔡陳鄭傳贊：「至宣帝時，汝南桓寬次公治公羊春秋，舉爲郎，至盧江太守丞，博通善屬文，推衍鹽鐵之議，增廣條目，極其論難，著數萬言，亦欲以究治亂，成一家之法焉。」顔師古注：「即今之所行鹽鐵論十卷是也。」

〔八〕 舛駁：雜亂不純。莊子天下：「惠施多方，其書五車，其道舛駁，其言也不中。」郭慶藩集釋：「案司馬作踳駁。文選左太沖魏都賦注引司馬云：『踳讀曰舛。舛，乖也；駁，色雜不同也。』」

〔九〕 情詭：情性（志趣）不同。「詭」，淮南子説林訓：「衡雖正必有差，尺寸雖齊必有詭。」高誘注：「詭，不同也。」

夫理有四部〔一〕，道義事情，各有部也。明有四家〔二〕，明通四部，各有其家。情有九偏〔三〕，以情犯明，得失有九。流有七似〔四〕，似是而非，其流有七。説有三失〔五〕，辭勝理滯，所失者三。難有六構〔六〕，彊良競氣〔七〕，忿構有六。通有八能〔八〕。聰思明達，能通者八。

〔一〕 理有四部：人材産生之道有四種理論，即下文所言「道之理」「事之理」「義之理」和「情之理」。

〔二〕 明有四家：區分人材有四大類型，即下文所言「道理之家」「事理之家」「義理之家」和「情理之家」。

〔三〕 情有九偏：人材性情有九種偏差，即下文所言「剛略之人，不能理微」「抗厲之人，不能迴撓」「堅勁之人，好攻其事實」「辯給之人，辭煩而意銳」「浮沉之人，不能沉思」「淺解之人，不能深難」「寬恕之人，不能速捷」「溫柔之人，力不休彊」「好奇之人，橫逸而求異」。

〔四〕流有七似：人材流變有七種似是而非現象，即下文所言「有漫談陳說，似有流行者」「有理少多端，似若博意者」「有迴說合意，似若讚解者」「有處後持長，從衆所安，似能聽斷者」「有避難不應，似若有餘，而實不知者」「有慕通口解，似悅而不懌者」「有因勝情失，窮而稱妙，跌則掎蹠，實求兩解，似理不可屈者」。

〔五〕說有三失：談論人材之道有三種失誤，即下文所言「辭勝者，破正理以求異，求異則正失矣」「不善接論者，說之以雜反」「不善喻者，百言不明一意」。

〔六〕難有六構：在論爭中存在六種不良風氣，即下文所言「辭構」「氣構」「怨構」「忿構」「妄構」「怒構」。

〔七〕彊良競氣：「彊良」，同「强梁」，勇悍果決。老子第四十二章：「强梁者不得其死。」魏源本義：「焦氏竑曰：『……木絶水曰梁，負棟曰梁，皆取其力之强。』」「競氣」，競相發聲（鬭氣）。楚辭大招：「四上競氣，極聲變只。」王逸注：「言四國競發，善氣，窮極音聲，變易其曲，無終已也。」

〔八〕通有八能：要成爲通人（明白人），須具備八種能力，即下文所言「聽能聽序」「思能造端」「明能見機」「辭能辯意」「捷能攝失」「守能待攻」「攻能奪守」「奪能易予」。

若夫天地氣化〔一〕，盈虛損益〔二〕，道之理也〔三〕。以道化人，與時消息〔四〕。法制正事〔五〕，事之理也。以法理人，務在憲制〔六〕。禮教宜適〔七〕，義之理也。以理教之〔八〕，進止得宜。人情樞機〔九〕，情之理也。觀物之情，在於言語〔一〇〕。四理不同，其於才也，須明而章〔一一〕，明待質而行〔一二〕。是故質於理合，合而有明，明足見理，理足成家。道、義與事、情各有家。是故質性平淡，思心玄微〔一三〕，容不躁擾〔一四〕，其心詳密。能通自然〔一五〕，道理之家也〔一六〕。以道爲理，故能通自然也。質性警徹，權略機捷〔一七〕，容不遲鈍，則其心機速。能理煩速，事理之家也〔一八〕。以事爲理，故審於理煩也。質性和平，能論禮教，容不失適〔一九〕，則禮教得中。辯其得失，義禮之家也〔二〇〕。以義爲禮〔二一〕，故明於得失也。質性機解〔二二〕，推情原意，容不妄動，則原物得意。能適其變，情理之家也〔二三〕。以情爲理，故能極物之變。

〔一〕氣化：即含氣化物，謂陰陽二氣運行而化生萬物。淮南子本經訓：「陰陽者，承天地之和，形萬殊之體，含氣化物，以成埒類，贏縮卷舒，淪於不測，終始虛滿，轉於還原。」高誘注：「轉化歸於無窮之原本也。」又論衡自然：「天地合氣，萬物自生，猶夫婦合氣，子自生矣。」

〔二〕盈虛損益：易豐卦：「日中則昃，月盈則食。天地盈虛，與時消息，而況於人乎？況於鬼神乎？」孔穎達疏：「日中至盛，過中則昃。月滿則盈，過盈則食。天之寒暑往來，地之陵谷遷貿，盈則與時而息，虛則與時而消。天地日月尚不能久，況於人與鬼神而能長保其盈盛乎？」

〔三〕道之理也：「道」，陰陽對立統一之理。易繫辭上：「一陰一陽之謂道。」韓康伯注：「道者何？無之稱也。無不通也，無不由也，況之曰道。寂然天體，不可爲象，必有之用極，而無之功顯，故至乎『神無方而易無體』，而道可見矣。故窮變以盡神，因神以明道。陰陽雖殊，無一以待之。在陰爲無陰，陰以之生；在陽爲無陽，陽以之成。故曰『一陰一陽』也。」

〔四〕消息：謂消長之道。莊子秋水：「消息盈虛，終則有始。」郭慶藩集釋：「夫陰消陽息，夏盈冬虛，氣序循環，終而復始。混成之道，變化日新，循理直前，無勞措意也。」

〔五〕正事：同「政事」，「正」同「政」。漢書陸賈傳：「夫秦失其正，諸侯豪傑並起。」顏師古注：「正亦政也。」

〔六〕憲制：即法制。晉書沮渠蒙遜載記：「自皇綱初震，戎馬生郊，公私草創，未遑舊式。而朝士多違憲制，不遵典章；或公文御案，在家臥署；或事無可否，望空而過。」

〔七〕禮教宜適：禮儀教化要適用。禮記哀公問：「孔子曰：『丘聞之，民之所由生，禮爲大。非禮無以節事天地之神也，非禮無以辨君臣上下長幼之位也，非禮無以別男女父子兄弟之親、昏姻疏數之交也。君子以此之爲尊敬然，然後以其所能教百姓，不廢其會節。』」鄭玄注：「君子以其所能於禮教百姓，使其不廢此上事之期節。」又禮記經解：「孔子曰：『入其國，其教可知也。其爲人也，溫柔敦厚，詩教也；疏通知遠，書教也；廣博易良，樂教也；絜静精微，易教也；恭儉莊敬，禮教也；屬辭比事，春秋教也。』」

〔八〕以理教之：正文既言「禮教宜適」，則劉昞注理應作「以禮教之」，又劉昞前注既以「以道化人」「以法理人」爲式，則此處亦當作「以禮教人」。

〔九〕人情樞機：做人之關鍵，此指言行。易繫辭上：「言行，君子之樞機。」韓康伯注：「樞機，制動之主。」孔穎達疏：「樞謂户樞，機謂弩牙。言户樞之轉，或明或闇；弩牙之發，或中或否。猶言行之動，從身而發，以及於物，或是或非也。」

〔一〇〕觀物之情在於言語：詩大序：「詩者，志之所之也。在心爲志，發言爲詩。情動於中，而形於言。」孔穎達疏：「情謂哀樂之情，中謂中心。言哀樂之情動於心志之中，出口而形見於言。」

〔一一〕章：通「彰」，彰顯。國語周語下：「夫見亂而不惕，所殘必多，其飾彌章。」韋昭注：「章，著也。」

〔一二〕明待質而行：彰顯四理依靠其先天素質。「質」，本性。論語衛靈公：「子曰：『君子義以爲質，禮以行之，孫以出之，信以成之。君子哉！』」

〔一三〕玄微：深遠精妙。後漢紀孝明皇帝紀下：「有經數千萬，以虛無爲宗，苞羅精麤，無所不統，善爲宏闊勝大之言，所求在一體之内，而所明在視聽之外。世俗之人以爲虛誕，然歸於玄微深遠，難得而測。故王公大人觀死生報應之際，莫不矍然自失。」

〔一四〕躁擾：急躁好動。漢書食貨志下：「（王）莽性躁擾，不能無爲，每有所興造，必欲依古得經文。」

〔一五〕通自然：老子第二十五章：「人法地，地法天，天法道，道法自然。」王弼注：「法謂法則也。人不違地，乃得全安，法地也。地不違天，乃得全載，法天也。天不違道，乃得全覆，法道也。道不違自然，乃得其性。法自然者，在方而法方，在圓而法圓，於自然無所違也。自然者，無稱之言，窮極之辭也。用智不及無知，而形魄不及精象，精象不及無形，有儀不及無儀，故轉相法也。道順自然，天故資焉。天法於道，地故則焉。地法於天，人故象焉。所以爲主，其一之者主也。」

〔一六〕道理：指事物之規律。莊子天下：「是故慎到棄知去己，而緣不得已，泠汰於物，以爲道理。」郭慶藩集釋：「泠汰，猶揀鍊也。息慮棄知，忘身去己，機不得已，感而後應，揀鍊是非，據法斷決，慎到守此，用爲道理。」

〔一七〕權略：權變謀略。北堂書鈔卷一一五引劉劭趙都賦：「其謀謨之士，則思通神睿，權略無形，沉竈生蛙，轉敗爲成。」

〔一八〕事理之家：「事理」指事物發展之理。韓非子解老：「人有禍則心畏恐，心畏恐則行端直，行端直則思慮熟，思慮熟則得事理。」

〔一九〕容不失適：言行合於禮儀。「適」，適宜，合適。

〔二〇〕義禮之家：「義禮」，疑當作「義理」。按上文稱「道理之家」「事理之家」，下文「情理之家」亦作「理」，則此「義禮」作「義理」爲是。「義理」指得理合宜。禮記禮器：「先王之立禮也，有本有文。忠信，禮之本也。義理，禮之文也。無本不立，無文不行。禮也者，合於天時，設於地財，順於鬼神，合於人心，理萬物者也。」孔穎達疏：「禮雖用忠信爲本，而又須義理爲文飾也。得理合宜，是其文也。無本不立，解須本也，無忠信則禮不立也。無文不行，解須文也，行禮若不合宜得理，則禮不行也。」

〔三一〕以義爲禮：「禮」，疑當作「理」。按，劉昞注「道理之家」作「以道爲理」，注「事理之家」作「以事爲理」，注「情理之家」作「以情爲理」，則此句作「以義爲理」爲是。

〔三二〕機解：以單字而言，「機」謂機敏，「解」謂分析，「機解」或當是通情達理之意。

〔三三〕情理之家：「情理」指人情事理。三國志吳書滕胤傳裴松之注引吳書：「胤每聽辭訟，斷罪法，察言觀色，務盡情理。」

四家之明既異，而有九偏之情〔一〕。以性犯明〔二〕，各有得失。明出於真，情動於性〔三〕。情勝明則蔽，故雖得而必喪也。剛略之人〔四〕，不能理微。用意麤粗，意不玄微。故其論大體〔五〕，則弘博而高遠；性剛則志遠。歷纖理〔六〕，則宕往而疏越〔七〕。志遠故疏越。抗厲之人〔八〕，不能迴撓〔九〕。用意猛奮，志不旋屈。論法直〔一〇〕，則括處而公正〔一一〕；性厲則理毅〔一二〕。說變通，則否戾而不入〔一三〕。理毅則滯礙。堅勁之人，好攻其事實〔一四〕。用意端確〔一五〕，言不虛徐〔一六〕。指機理〔一七〕，則穎灼而徹盡〔一八〕；性確則言盡。涉大道，則徑露而單持〔一九〕。言切則義少。辯給之人〔二〇〕，辭煩而意銳。用意疾急，志不在退挫。推人事，則精識而窮理；性銳則窮理。即大義，則恢愕而不周〔二一〕。理細故遺大。浮沉之人〔二二〕，不能沉思。用意虛廓，志不淵密〔二三〕。序疏數〔二四〕，則豁達而傲博〔二五〕；

性浮則志微〔二六〕。立事要，則爁炎而不定〔二七〕。性傲則理疏〔二八〕。淺解之人，不能深難。用意淺近〔二九〕，思不深熟。聽辯説，則擬鍔而愉悦〔三〇〕；性淺則易悦。審精理，則掉轉而無根〔三一〕。易悦故無根。寬恕之人〔三二〕，不能速捷。用意徐緩，思不速疾。論仁義，則弘詳而長雅〔三三〕；性恕則理雅。趨時務，則遲緩而不及。徐雅故遲緩。温柔之人，力不休彊〔三四〕。用意温潤，志不美悦。味道理〔三五〕，則順適而和暢；性和則理順。擬疑難，則濡愞而不盡〔三六〕。理順故依違〔三七〕。好奇之人，横逸而求異〔三八〕。用意奇特，志不同物。造權譎〔三九〕，則倜儻而瓌壯〔四〇〕；性奇則尚麗。案清道〔四一〕，則詭常而恢迂〔四二〕。奇逸故恢詭。此所謂性有九偏，各從其心之所可以爲理。心之所可以爲理，是非相蔽，終無休已。

〔一〕九偏之情：即下文所言「剛略」「抗厲」「堅勁」「辯給」「浮沉」「淺解」「寬恕」「温柔」「好奇」九種情性之人。「偏」，偏斜，過正。書洪範：「無偏無陂，遵王之義。」僞孔傳：「偏，不平；陂，不正。言當循先王之正義以治民。」本書卷中八觀：「道而能節者，通也。通而時過者，偏也。」劉昞注：「性通時過，所以爲偏。」

〔二〕以性犯明：「性」，疑當作「情」，劉昞注「情勝明則蔽」可證。

〔三〕情動於性：荀子正名「性之好惡、喜怒、哀樂謂之情」，「性者，天之就也。情者，性之質也。欲者，情之應也。以所欲爲可得而求之，情之所必不免也」。楊倞注：「性者成於天之自然，情者性之質體，欲又情之所應，所以人必不免於有欲也。」

〔四〕剛略之人：此類人，本書卷上體别謂之「厲直剛毅，材在矯正，失在激訐」，「彊毅之人，狠剛不和。不戒其彊之搪突，而以順爲撓，厲其抗。是故可以立法，難與入微」。

〔五〕大體：本質，要點，原則。史記平原君虞卿列傳：「太史公曰：平原君，翩翩濁世之佳公子也，然未睹大體。鄙語曰『利令智昏』，平原君貪馮亭邪説，使趙陷長平兵四十餘萬衆，邯鄲幾亡。」又淮南子氾論訓：「由此觀之，見者可以論未發也，而觀小節可以知大體矣。故論人之道，貴則觀其所舉，富則觀其所施，窮則觀其所不受，賤則觀其所不爲，貧則觀其所不取。」

〔六〕歷纖理：審察其細節。「歷」，察看。漢書叙傳上：「（班彪王命論）歷古今之得失，驗行事之成敗。」「纖理」，纖細之紋理。藝文類聚卷八四引魏文帝車渠椀賦：「車渠，玉屬也。多纖理縟文，生于西國。」

〔七〕宕往而疏越：「宕往」，此言偏離要點。「宕」，飄蕩。樂府詩集卷三三曹植吁嗟篇：「宕宕當何依，忽亡而復存。」「疏越」，粗疏，疏忽。宋書律曆志下：「備閲曩法，疏越實多。或朔差三日，氣移七晨，未聞可以下通於今者也。」本書卷上體别：「休動磊落，業在攀躋，失在疏越。」

〔八〕抗厲之人：此類人，本書卷上體别謂之「彊楷堅勁，用在楨幹，失在專固」，「淩楷之人，秉意勁特。不戒其情之固護，而以辨爲僞，彊其專。是故可以持正，難與附衆」。「抗厲」，高傲而威嚴。後漢書黄瓊傳附刁韙傳：「在朝有鯁直節，出爲魯、東海二郡相。性抗厲，有明略，所在稱神。常以法度自整，家人莫見惰容焉。」又資治通鑑卷一六六梁紀二二敬皇帝太平元年：「辭色抗厲，衆皆悚動。」胡三省注：「抗厲，舉聲高亢，且正色嚴厲也。」

〔九〕迴撓：「撓」通「橈」，故亦作「回橈」，謂彎曲，喻退讓。後漢書杜喬傳：「先是李固見廢，内外喪氣，群臣側足而立，唯喬正色無所回橈。」李賢注：「回，邪也。橈，曲也。」

〔一〇〕法直：法度正直。管子版法：「正法直度，罪殺不赦。」注：「夫正直之法度，罪殺有過，終不免赦。」

〔一一〕括處：謂依法處事。「括」，揚子法言修身：「其爲中也弘深，其爲外也肅括，則可以禔身矣。」李軌注：「括，法也。」

〔一二〕理毅：此前未見用例，依單字串講，當是理性而果斷。「毅」，論語泰伯：「士不可以不弘毅，任重而道遠。」何晏集解：「包曰：『弘，大也。毅，强而能斷也。』」

〔一三〕否戾：猶乖戾。藝文類聚卷九一引王粲詩：「鷙鳥化爲鳩，遠竄江漢邊。遭遇風雲會，託身鸞鳳間。天姿既否戾，受性又不閑。邂逅見逼迫，俛仰不得言。」

〔一四〕好攻其事實：善於用事實説話。「攻」，堅固，堅守。孔子家語六本：「孔子曰：『巧而好度，必攻。』」王肅注：「攻，堅。」

〔一五〕端確：正確。東觀餘論卷下跋大滌翁論書帖後：「而論據端確，評裁曲盡，非深于書者不能識之。」

〔一六〕虚徐：從容不迫貌。爾雅釋訓：「其虚其徐，威儀容止也。」郭璞注：「雍容都雅之貌。」邢昺疏：

「虛徐者，謙虛閑徐之義。故鄭箋云：『威義虛徐，寬仁者也。』」

〔一七〕機理：條理，規律。三國志魏書袁渙傳裴松之注引袁氏世紀：「（袁）寓字宣厚，精辯有機理，好道家之言。」又抱朴子外篇廣譬：「聰者料興亡於遺音之絶響，明者覿機理於玄微之未形。」

〔一八〕穎灼：此前未見用例，依單字串講，當指鋒芒顯露，或喻觀察之細，纖毫畢見。

〔一九〕徑露而單持：直截了當，持論淺薄。本書卷上體別：「樸露徑盡，質在中誠，失在不微。」

〔二〇〕辯給之人：此類人，本書卷上體別謂之「論辨理繹，能在釋結，失在流宕」，「辨博之人，論理贍給，不戒其辭之氾濫，而以楷爲繫，遂其流。是故可與汎序，難與立約」。「辯給」，能言善辯，言辭無窮。「給」，口給，口齒伶俐。論語公冶長：「或曰：『雍也仁而不佞。』子曰：『焉用佞？禦人以口給，屢憎於人。不知其仁，焉用佞？』」

〔二一〕恢愕：此前未見用例，依單字串講，當是大言無當，不能周密。説文心部：「恢，大也。」「愕」，通「諤」，直言貌。韓詩外傳卷七：「趙簡子有臣曰周舍，立於門下三日三夜。簡子使人問之，曰：『子欲見寡人何事？』周舍對曰：『願爲諤諤之臣，墨筆操牘，從君之後，司君之過而書之，日有記也，月有成也，歲有效也。』」

〔二二〕浮沉：亦作「浮沈」，謂隨波逐流，沉湎於世俗。史記袁盎鼂錯列傳：「袁盎病免居家，與閭里浮沈，相隨行，鬬雞走狗。」

〔二三〕淵密：深湛縝密。餘師録卷二司空圖：「司空圖題柳柳州集云：『……其次皇甫祠部文集，所作亦爲遒逸，非無意於淵密，蓋或未遑耳。』」

〔二四〕疏數：謂遠近、親疏。禮記哀公問：「非禮無以別男女父子兄弟之親、昏姻疏數之交也。」又春秋穀梁傳隱公九年：「三月癸酉，大雨震電。震，雷也。電，霆也。庚辰，大雨雪，志疏數也。八日之間，再有大變，陰陽錯行，故謹而日之也。」楊士勛疏：「謂灾有遠近。遠者爲疏，近者爲數也。」

〔二五〕傲博：以浮泛博聞爲傲，猶言誇誇其談。

〔二六〕性浮則志微：「微」，疑當作「傲」，按正文作「豁達而傲博」，則劉昞注不得作「志微」，下注「性傲則理疏」是其證。

〔二七〕爁炎而不定：似謂閃爍其辭，不得要領。「爁炎」，亦作「爁焱」，火勢蔓延貌。淮南子覽冥訓：「火爁炎而不滅，水浩洋而不息。」讀書雜志淮南内篇第六爁炎：「炎當爲焱，字之誤也。説文：『焱，火華也。』玉篇弋贍切。廣韻：『爁，力驗切。爁焱，光延也。』」

〔二八〕性傲則理疏：「性」，原作「志」，今據四庫本改。本篇上文云「性剛則志遠」「性厲則理毅」「性確則言盡」「性鋭則窮理」「性浮則志微」，下文云「性淺則易悦」「性恕則理雅」「性和則理順」「性奇則尚麗」，此處依文例作「性」是。

〔二九〕淺近：原作「淺晩」，今據四庫本改。按，「晩」有二義，一謂光澤，二謂草新生，均與「淺」意不合。

〔三〇〕擬鍔：此前未見用例，頗難詮釋，伏俊璉人物志譯注云：「擬鍔，謂稍經揣量就以爲到達邊際，引申爲淺嘗輒止之義。擬，揣度，估量。鍔，同『堮』，邊際之義。」説似可從。

〔三一〕掉轉而無根：「掉轉」，觀點隨意反轉。「無根」，無根柢，無依據。論衡超奇：「著書之人，博覽多聞，學問習熟，則能推類興文。文由外而興，未必實才學文相副也。且淺意於華葉之言，無根核之深，不見大道體要，故立功者希。」

〔三二〕寬恕之人：此類人，本書卷上體別謂之「柔順安恕，每在寬容，失在少決」，「柔順之人，緩心寬斷，不戒其事之不攝，而以抗爲劇，安其舒。是故可與循常，難與權疑」。

〔三三〕長雅：往往正確。「長」，經常。論語述而：「君子坦蕩蕩，小人長戚戚。」「雅」，正，合乎規範。詩序：「言天下之事，形四方之風，謂之雅。雅者，正也。」

〔三四〕休彊：此前未見用例，依單字串講，當是盛壯、强壯。

〔三五〕味：體察。後漢書申屠蟠傳：「安貧樂潛，味道守真，不爲燥濕輕重，不爲窮達易節。」

〔三六〕濡愞：懦弱，軟弱。「濡」，集韻獮韻：「濡，柔也。」莊子天下：「以濡弱謙下爲表，以空虚不毁萬物爲實。」「愞」，同「懦」。集韻虞韻：「懦……或作愞。」

〔三七〕理順故依違：「温柔之人」多喜隨聲附和，無意堅持己見，似是而非，故遇有難題，往往會遲疑不決，此即劉昞所謂「性和則理順」，「理順故依違」。本書卷中八觀：「直而好訐者，偏也。訐而不直者，依也。道而能節者，通也。通而時過者，偏也。宕而不節者，依也。偏之與依，志同質違，所謂似是而非也。」劉昞注「純宕似通，所以爲依」，「質同通直，或偏或依」。

〔三八〕橫逸：縱橫奔突。初學記卷三〇引傅玄鬬雞賦：「猛志橫逸，勢凌天廷。」

〔三九〕造權譎：運用權謀變詐。「造」，造作，運用。「權譎」，晉書王沈傳：「夫道有安危，時有險易，才有所應，行有所適。英奇奮於從横之世，賢智顯於霸王之初，當厄難則騁權譎以良圖，值制作則展儒道以暢攄。」本書卷上體別：「權在譎略，失在依違。」劉昞注：「隱違生於韜情。」

〔四〇〕倜儻而瓌壯：「倜儻」，亦作「俶儻」，奇異超群。史記魯仲連鄒陽列傳：「魯仲連者，齊人也。好奇偉俶儻之畫策，而不肯仕宦任職，好持高節。」索隱：「按：廣雅云：『俶儻，卓異也。』」正義：「俶，天歷反。」「瓌壯」，亦作「瑰壯」，奇偉壯美。西京雜記卷六：「晉靈公冢，甚瑰壯，四角皆以石爲獲犬捧燭，石人男女四十餘，皆立侍。」

〔四一〕案清道：「案」，察案，考論。戰國策趙策二：「臣竊以天下地圖案之，諸侯之地，五倍於秦。」「清道」，清静無爲之道。淮南子原道訓：「是故聖人守清道而抱雌節，因循應變，常後而不先。」高誘注：「清，和浄也。雌，柔弱也。」

〔四二〕詭常而恢迂：「詭常」，違背常道。傅子假言：「天地至神，不能同道而生萬物；聖人至明，不能一檢而治百姓。故以異致同者，天地之道也；因物制宜者，聖人之治也。既得其道，雖有詭常之變，相害之物，不傷乎治體矣。」「恢迂」，此前未見用例，依單字串講，當是恢疏，迂闊，不切實際。本書卷中八觀：「故好聲而實，不克則恢。」劉昞注：「恢迂遠於實。」

若乃性不精暢〔一〕，則流有七似：有漫談陳說〔二〕，似有流行者〔三〕；浮漫流雅〔四〕，似若可行。有理少多端〔五〕，似若博意者〔六〕；辭繁喻博，似若弘廣。有迴說合意〔七〕，似若讚解者；外佯稱善，內實不知。有處後持長〔八〕，從衆所安，似能聽斷者〔九〕；實自無知，而不言〔一〇〕。觀察衆談，讚其所安。有避難不應〔一一〕，似若有餘，而實不知者〔一二〕；實不能知，忘佯不應〔一三〕，似有所知而不答者。有慕通口解〔一四〕，似悅而不懌者；聞言即說，有似於解者，心中漫漫不能悟〔一五〕。有因勝情失〔一六〕，窮而稱妙，辭已窮矣，自以爲妙而未盡。跌則掎蹠〔一七〕，理已跌矣，而彊牽據。實求兩解，似理不可屈者。辭窮理屈，心樂兩解，而言猶不止，聽者謂之未屈。凡此七似，衆人之所惑也。非明鏡焉能監之〔一八〕。

〔一〕精暢：精誠暢達。此指德行，即本書卷上九徵所言「純粹之德」，劉昞注謂「非至德大人，其孰能與於此」，可見除「至德大人」外，皆在「性不精暢」之列，所以纔會有「七似」之種種表現。九徵論「純粹之德」云：「其爲人也，若質素平澹，中叡外朗，筋勁植固，聲清色懌，儀正容直，則九徵皆至，則純粹之德也。」

〔二〕漫談陳說：意謂泛泛而談，不切實際。

〔三〕流行：傳揚，實施。孟子公孫丑上：「德之流行，速於置郵而傳命。」趙岐注：「言王政不興久矣。民患虐政甚矣，若飢者食易爲美，渴者飲易爲甘，德之流行，疾於置郵傳書命也。」

〔四〕流雅：流於雅正。論語述而：「子所雅言，詩、書、執禮，皆雅言也。」何晏集解：「孔曰：雅言，正言也。」

〔五〕多端：多方譬喻。「端」謂頭緒。方言卷一〇：「緤……緒也。南楚皆曰緤，或曰端。」

〔六〕博意：意蘊豐富。

〔七〕迴說合意：拐彎抹角作解說，曲意逢迎。「迴」，曲折。文選張平子東京賦：「迴行道乎伊闕，邪徑捷乎轘轅。」薛綜注：「迴，曲也。」

〔八〕處後持長：此言後發制人，取他人之善言以充己見。

〔九〕聽斷：聆聽而斷是非。周禮地官大司徒：「凡萬民之不服教，而有獄訟者，與有地治者聽而斷之。」鄭玄注「不服教，不厭服於十二教，貪冒者也。爭罪曰獄，爭財曰訟。有地治者，謂鄉州及治都鄙者也」，「鄭司農云：與有地治者聽而斷之，與其地部界所屬吏共聽斷之」。

〔一〇〕而不言：「而」，原作「如」，今據四庫本改。

〔一一〕避難不應：迴避難題，默而不語。

〔一二〕而實不知者：「知」，長短經卷一知人引人物志作「解」。

〔一三〕忘佯：亦作「望洋」「望羊」，仰視貌。莊子秋水：「秋水時至，百川灌河，涇流之大，兩涘渚崖之間，不辯牛馬。於是焉河伯欣然自喜，以天下之美爲盡在己。順流而東行，至於北海，東面而視，不見水端，於是焉河伯始旋其面目，望洋向若而歎曰：『野語有之曰「聞道百以爲莫己若者」，我之謂也。』」郭慶藩集釋：「司馬、崔云：盳洋，猶望羊，仰視貌。」又釋名釋姿容：「望羊，羊，陽也，言陽氣在上，舉頭高，似若望之然也。」

〔一四〕慕通口解：模仿通人隨口解答。「慕」，說文心部：「慕，習也。」段玉裁注：「習其事者，必中心好之。」

〔一五〕漫漫：昏瞶貌。太平御覽卷四九六引風俗通：「里語曰：『縣官漫漫，怨死者半。』」

〔一六〕因勝情失：因爭勝心切而議論多失。「失」，長短經卷一知人引人物志作「錯失」。劉子去情：「三人居室，二人交爭，必取信於不爭者，以辯彼此之得失。夫不爭者未必平，而交爭者未必偏，而信於不爭者，何也？以爭者之心，並挾勝情故也。」

〔一七〕跌則掎蹠：明明已有失誤，還要强詞奪理。「跌」，差錯。荀子王霸：「楊朱哭衢涂，曰：『此夫過舉蹞步，而覺跌千里者夫！』哀哭之。」楊倞注：「楊朱，戰國時人，後於墨子。與墨子弟子禽滑釐辨論，其説在愛己，不拔一毛以利天下，與墨子相反。衢涂，歧路也。秦俗以兩爲衢，或曰四達謂之衢。覺，知也。半步曰蹞。跌，差也。言此歧路第過舉半步，則知差而哭，況跌千里者乎！故甚哀而哭之，易曰『差以毫釐，謬以千里』也。」「掎蹠」，强引爲依據，劉昞注謂之「牽據」。

〔一八〕監：本指盛水器皿，盛水可以照視。引申以爲借監，字亦寫作「鑑」或「鑒」。書酒誥：「古人有言曰：『人無於水監，當於民監。』」僞孔傳：「古賢聖有言，人無於水監，當於民監，視水見己形，視民行事見吉凶。」孔穎達疏：「以水監但見己形，以民監知成敗故也。」

夫辯有理勝〔一〕，理至不可動。有辭勝〔二〕。辭巧不可屈。理勝者，正白黑以廣論，釋微妙而通之。説事分明，有如粉黛〔三〕，朗然區別，辭不潰雜〔四〕。辭勝者，破正理以求異，求異則正失矣。以白馬非白馬〔五〕，一朝而服千人〔六〕，及其至關禁錮〔七〕，直而後過也。夫九偏之材，有同，有反，有雜。同則相解，譬水流於水。反則相非，猶火滅於水。雜則相恢〔八〕。亦不必同，又不必異，所以恢達〔九〕。故善接論者，度所長而論之。因其所能，則其言易曉。歷之不動，則不説也〔一〇〕。彼意在狗，馬俟他日〔一一〕。傍無聽達〔一二〕，則不難也〔一三〕。凡相難講，爲達者聽。不善接論者，説之以雜反。彼意在狗，而説以馬。彼意大同〔一四〕，而説以小異。説之以雜反，則不入矣。以方入圓〔一五〕，理終不可。善喻者，以一言明數事。辭附於理，則言寡而事明。不善喻者，百言不明一意。辭遠乎理，雖汎濫多言，己不自明，況他人乎？百言不明一意，則不聽也。自意不明，誰聽之！是説之三失也〔一六〕。

〔一〕理勝：以常理取勝。孔叢子公孫龍：「公孫龍又與子高氾論於平原君所，辨理至於臧三耳。公孫龍言臧之三耳甚辨析，子高弗應，俄而辭出。明日復見。平原君曰：『疇昔公孫之言信辨也，先生實以爲何如？』答曰：『然。幾能臧三耳矣。雖然，實難。僕願得又問於君：今爲臧三耳，甚難而實非也；謂臧兩耳，甚易而實是也。不知君將從易而是者乎？亦其從難而非者乎？』平原君弗能應。明日，謂公孫龍曰：『公無復與孔子高辨事也。其人理勝於辭，公辭勝於理。辭勝於理，終必受詘。』」湯用彤讀人物志：「人物志材理篇謂辯有理勝，有辭勝。蓋自以察舉以取士，士人進身之途徑端在言行，而以言顯者尤易，故天下趨於談辯。論辯以立異，動聽取寵，亦猶行事以異操蘄求人知（後漢書袁奉高不修異操，而致名當世，則知當世修異操以要名譽者多也）。故識鑒人倫，不可不留意論難之名實相符（徐幹云「俗士聞辯之名，不知辯之實」）。」（湯用彤學術論文集，第一九九頁。）

〔二〕辭勝：以言辭詭辯取勝。

〔三〕粉黛：猶言黑白分明。粉白黛黑，女子用以傅面、畫眉。楚辭大招：「粉白黛黑，施芳澤只。」王逸注：「言美女又工妝飾，傅著脂粉，面白如玉，黛畫眉鬢，黑而光浄，又施芳澤，其芳香鬱渥也。」

〔四〕潰雜：雜亂。「潰」，亂流。文選木玄虚海賦：「跳踔湛濼，沸潰渝溢。」李善注：「潰，亂流也。」

〔五〕以白馬非白馬：指戰國名家公孫龍之白馬論（見今本公孫龍子）。藝文類聚卷九三引孔叢子：「公孫龍以白馬爲非馬，或曰此辯而毁大道。子高適趙，謂龍曰：『願受業久矣，所不取先生者，以白馬爲非馬耳。誠能去之，則高請爲弟子。』龍曰：『若使去之，無教矣。』」

〔六〕一朝而服千人：言其説影響之大。史記魯仲連鄒陽列傳正義引魯仲連子：「齊辯士田巴，服狙丘，議稷下，毁五帝，罪三王，服五伯，離堅白，合同異，一日服千人。」

〔七〕至關禁錮：韓非子外儲説左上：「兒説，宋人，善辯者也。持『白馬非馬』也，服齊稷下之辯者。乘白馬而過關，則顧白馬之賦。故籍之虚辭，則能勝一國，考實按形，不能謾於一人。」王先慎集解：「顧，視也。古人馬税當别毛色，故過關視馬而賦，不能辯也。」又白氏六帖卷三引桓譚新論：「公孫龍常争論曰白馬非白，人不能屈。後乘白馬，無符傳，欲出關，關吏不聽。此虚言難以奪實也。」「禁錮」，四庫本作「必賦」，謂交税。禁錮本指不得爲官，此謂被阻攔。漢書貢禹傳：「孝文皇帝時，貴廉絜，賤貪汙，賈人、贅壻及吏坐贓者，皆禁錮不得爲吏。」

〔八〕恢：本義是大，引申爲擴大，轉指混雜、包容。荀子非十二子：「無不愛也，無不敬也，無與人爭也，恢然如天地之苞萬物。」

〔九〕恢達：寬宏豁達。世説新語賢媛劉孝標注引晉陽秋：「（山）濤雅素恢達，度量弘遠，心存事外，而與時俛仰。嘗與阮籍、嵇康諸人著忘言之契。」

〔一〇〕歷之不動則不説也：上文説「善接論者」與人接談時，揣摩對方之長，以便深入討論。此句説若察覺對方不爲其説所動，則毋須再説下去。「歷」，察看。禮記郊特牲：「季春出火，爲焚也，然後簡其車賦，而歷其卒伍。」鄭玄注：「簡、歷謂算具陳列之也。」

〔一一〕彼意在狗馬俟他日：原作「意在杓馬，彼俟他日」，語有未通，今據四庫本改。下文劉昞注謂「彼意在狗，而説以馬」，可證四庫本是。

〔一二〕聽達：此前未見用例，依單字串講，當是聽而能達（一聽即懂），故劉昞注以聽者爲「達者」（明白人）。「達」，通達事理。論語鄉黨：「康子饋藥，拜而受之。曰：『丘未達，不敢嘗。』」邢昺疏：「魯卿季康子饋孔子藥，孔子拜而受之。凡受人饋遺可食之物，必先嘗而謝之。孔子未達其藥之故，不敢先嘗，故曰『丘未達，不敢嘗』，亦其禮也。」

〔一三〕則不難：「難」，辯難，論辯。

〔一四〕大同：莊子天下：「（惠施曰）天與地卑，山與澤平。日方中方睨，物方生方死。大同而與小同異，此之謂小同異；萬物畢同畢異，此之謂大同異。」郭慶藩集釋「物情分別，見有同異，此小同異也」,「死生交謝,寒暑遞遷,形性不同,體理無異,此大同異也」。

〔一五〕以方入圓:即方枘圓鑿。文選宋玉九辯:「圜鑿而方枘兮,吾固知其鉏鋙而難入。」呂延濟注:「若鑿圓穴,斫方木内之,而必參差不可入。喻邪佞在前,忠賢何由能進。鉏鋙,相距貌。」

〔一六〕三失:即上文「辭勝」「不善接論」「不善喻」三者之失誤。

善難者〔一〕,務釋事本〔二〕。每得理而止住。不善難者,舍本而理末〔三〕。逐其言而接之。舍本而理末,則辭構矣〔四〕。不尋其本理,而以煩辭相文〔五〕。善攻彊者,下其盛鋭〔六〕,對家彊梁〔七〕,始氣必盛。故善攻彊者,避其初鼓也〔八〕。扶其本指〔九〕,以漸攻之。三鼓氣勝衰則攻易〔一〇〕。不善攻彊者,引其誤辭,以挫其鋭意〔一一〕。彊者意鋭,辭或暫誤,擊誤挫鋭,理之難也。挫其鋭意,則氣構矣〔一二〕。非徒群言交錯,遂至動其聲色。善躡失者〔一三〕,指其所跌。彼有跌失,暫指不逼。不善躡失者,因屈而抵其性〔一四〕。陵其屈跌而抵挫之。因屈而抵其性,則怨構矣〔一五〕。非徒聲色而已〔一六〕,怨恨逆結於心。或常所思求,久乃得之,倉卒諭人,人不速知,則以爲難諭。己自久思,而不恕人。以爲難諭,則忿構矣〔一七〕。非徒怨恨,遂生忿争。夫盛難之時,其誤難迫〔一八〕。氣盛辭誤,且當避之。故善難者,徵之使還〔一九〕。氣折意還,自相應接。不善難者,淩而激之,雖欲顧藉〔二〇〕,其勢無由。棄誤顧藉,不聽其言。其勢無由,則妄構矣〔二一〕。妄言非訾〔二二〕,縱横恣口〔二三〕。凡人心有所思,則耳且不能聽。思心一至，不聞雷霆〔二四〕。是故並思俱說，競相制止。欲人之聽己，止他人之言，欲使聽己。人亦以其方思之故，不了己意，則以爲不解。非不解也，當己出言，由彼方思，故人不解。人情莫不諱不解，謂其不解，則性諱怒。諱不解，則怒構矣〔二五〕。不顧道理是非，於其兇怒忿肆。凡此六構，變之所由興也。然雖有變構，猶有所得。造事立義，當須理定。故雖有變說小故，終於理定功立。若說而不難，各陳所見，則莫知所由矣。人人競說，若不難質〔二六〕，則不知何者可用也。由此論之，談而定理者眇矣〔二七〕！理多端，人情異。故發言盈庭，莫肯執其咎〔二八〕。

〔一〕難：論說，爭辯。史記五帝本紀：「死生之說，存亡之難。」索隱：「難猶說也。凡事是非未盡，假以往來之詞，則曰難。又上文有『死生之說』，故此云『存亡之難』，所以韓非著書有說林、說難也。」正義：「難音乃憚反。」

〔二〕事本：事情之根由（本質），下文劉昞注謂之「本理」。後漢書李固傳附燮傳：「初，固既策罷，知不免禍，乃遣三子歸鄉里。時燮年十三，姊文姬爲同郡趙伯英妻，賢而有智，見二兄歸，具知事本，默然獨悲曰：『李氏滅矣！』」

〔三〕舍本而理末：不求事理詳明，唯擬言辭取勝。「本」「末」對言，理爲本，言爲末。故劉昞注謂「逐其言而接之」。

〔四〕辭構：指抓不住要害，徒然堆砌冗詞。

〔五〕文：文飾，掩飾。論語子張：「子夏曰：『小人之過也，必文。』」邢昺疏：「言小人之有過也，必文飾其過，彊爲辭理，不言情實也。」

〔六〕下其盛鋭：去掉（壓制）對方之鋭氣。「下」，去掉，挫敗。周禮秋官司民：「司民掌登萬民之數，自生齒以上，皆書於版。辨其國中，與其都鄙，及其郊野，異其男女。歲登，下其死生。」鄭玄注：「登，上也。男八月、女七月而生齒。版，今户籍也。下猶去也，每歲更著生去死。」

〔七〕彊梁：猶强悍。莊子山木：「從其强梁，隨其曲傳。」郭慶藩集釋：「强梁，多力也。」

〔八〕初鼓：古代作戰，擊鼓進軍，第一通鼓，氣勢最盛。左傳莊公十年：「夫戰，勇氣也。一鼓作氣，再而衰，三而竭。」

〔九〕扶其本指：支持（延續）對方原有要旨（正確部分），因勢利導，順勢切入論題。「扶」，扶持。論語季氏：「危而不持，顛而不扶，則將焉用彼相矣。」「本指」，即「本旨」，本來（原有）意指。書盤庚上：「王播告之脩，不匿厥指。」僞孔傳：「王布告人以所脩之政，不匿其指。」

〔一〇〕三鼓氣勝衰則攻易：按上引左傳莊公十年：「一鼓作氣，再而衰，三而竭。」疑「勝」字誤衍。

〔一一〕引其誤辭以挫其鋭意：從對方誤辭逆勢切入話題，由此挫傷其氣勢。

〔一二〕氣構：疾言厲色，意氣相争。

〔一三〕躡失：追究對方之失誤。「躡」，跟蹤，追隨。此謂追究。

〔一四〕因屈而抵其性：借對方一時理屈，抵毁其本性（人格）。「屈」，理虧。晉書唐彬傳：「又使彬難言吴未可伐者，而辭理皆屈。」

〔一五〕怨構：結怨構隙，即劉昞注所謂「怨恨逆結於心」。歐陽修集卷三三尚書户部侍郎參知政事贈右僕射文安王公墓誌銘：「由是小人益怨構，爲飛書以害公。」

〔一六〕聲色：謂疾言厲色，即上文注所謂「動其聲色」。

〔一七〕忿構：皇甫司勳集卷五七贈安人沈氏行略：「蓋瑾廉知給舍素饒於財，蓄珍寶玩器累千，求之不滿其意，忿構厥獄也。」

〔一八〕其誤難迫：論辯方盛時，不宜進逼對方口誤。

〔一九〕徵之使還：引導對方回心轉意（贊同己意）。「徵」，求取。吕氏春秋卷二〇達鬱：「管仲觴桓公，日暮矣，桓公樂之而徵燭。」高誘注：「徵，求也。」

〔二〇〕顧藉：亦作「顧籍」，顧念，顧惜。此處可釋爲安撫。文苑英華卷九五三韓愈柳州刺史柳君墓誌銘：「子厚前時少年，勇於爲人，不自貴重顧籍，謂功業可立就，故坐廢。」

〔二一〕妄構：虚妄誹謗之詞交織。「妄」，虚妄不實。揚子法言問神：「無驗而言之謂妄，君子妄乎？不妄。」李軌注：「言必有中。」

〔二二〕非訾：同「誹訾」，誹謗，詆毁。吕氏春秋卷二〇長利：「愚庳之民，其爲賢者慮，亦猶此也。固妄誹訾，豈不悲哉？」高誘注：「亦如燕爵爲鴻鵠、鳳皇慮，何時能得？既不得，又妄誹謗訾毁之，固曰豈不悲哉，痛傷之也。」

〔二三〕縱横恣口：隨心所欲，口無遮攔。

〔二四〕不聞雷霆：心有旁騖，心不在焉，驚雷在耳而不聞。管子心術上：「心處其道，九竅循理。嗜欲充益，目不見色，耳不聞聲。」房玄齡注：「君嗜欲充益，動違道則九竅失其由，故目有所不見，耳有所不聞也。」

〔二五〕怒構：此所謂「怒」，不但心懷憤恨，且必付諸行動，故劉昞注謂「兇怒忿肆」。淮南子本經訓：「人之性，有侵犯則怒，怒則血充，血充則氣激，氣激則發怒，發怒則有所釋憾矣。」

〔二六〕難質：詰難，質詢。魏書劉芳傳：「芳乃探引經誥，搜括舊文，共相難質，皆有明據。」亦作「質難」。陳書戚袞傳：「又嘗置宴集玄儒之士，先命道學互相質難，次令中庶子徐摛馳騁大義。」

〔二七〕眇：泛指少。杜詩詳注卷五北征：「靡靡踰阡陌，人烟眇蕭瑟。」仇兆鰲注：「眇，少也。」

〔二八〕莫肯執其咎：誰也不肯承擔咎責。詩小雅小旻：「發言盈庭，誰敢執其咎？」鄭箋：「謀事者衆，訩訩滿庭，而無敢決當是非，事若不成，誰云己當其咎責者。言小人爭知而讓過。」

必也，聰能聽序〔一〕，登高能賦〔二〕，作器能銘〔三〕。如顏回聽哭〔四〕，蒼舒量象〔五〕。思能造端〔六〕，子展謀侵晉，乃得諸侯之盟〔七〕。明能見機〔八〕，臾駢覩目動，即知秦師退〔九〕。辭能辯意，伊藉答吳王，一拜一起，未足爲勞〔一〇〕。捷能攝失〔一一〕，郭淮答魏帝曰：「自知必免防風之誅〔一二〕。」守能待攻，墨子謂楚人：「吾弟子已待之於宋〔一三〕。」攻能奪守，毛遂進曰：「今日從爲楚，不爲趙也。」楚王從而謝之〔一四〕。奪能易予〔一五〕。以子之矛，易子之盾〔一六〕，則物主辭窮。兼此八者，然後乃能通於天下之理。通於天下之理，則能通人矣。不能兼有八美，適有一能〔一七〕，所謂偏材之人。則所達者偏，而所有異目矣。各以所通而立其名〔一八〕。是故聰能聽序，謂之名物之材〔一九〕。思能造端，謂之構架之材〔二〇〕。明能見機，謂之達識之材〔二一〕。辭能辯意，謂之贍給之材〔二二〕。捷能攝失，謂之權捷之材〔二三〕。守能待攻，謂之持論之材〔二四〕。攻能奪守，謂之推徹之材〔二五〕。奪能易予，謂之貿說之材〔二六〕。通材之人，既兼此八材，行之以道〔二七〕。

〔一〕聰能聽序：聰明人善於聆聽他人陳述，能聽出事情端緒（發生背景）。「序」，通「緒」。漢書韋賢傳附韋玄成傳：「今皇帝有疾不豫，乃夢祖宗見戒以廟，楚王夢亦有其序。」顔師古注：「序，緒也，謂端緒也。」

〔二〕登高能賦：漢書藝文志：「傳曰：『不歌而誦謂之賦，登高能賦可以爲大夫。』言感物造耑，材知深美，可與圖事，故可以爲列大夫也。」顔師古注：「耑，古端字也。因物動志，則造辭義之端緒。」又隋書經籍志四：「文者，所以明言也。古者登高能賦，山川能祭，師旅能誓，喪紀能誄，作器能銘，則可以爲大夫。言其因物騁辭，情靈無擁者也。」

〔三〕作器能銘：原作「求物能名」，今據四庫本改。詩鄘風定之方中：「卜云其吉，終然允臧。」毛傳：「龜曰卜。允，信；臧，善也。建國必卜之，故建邦能命龜，田能施命，作器能銘，使能造命，升高能賦，師旅能誓，山川能說，喪紀能誄，祭祀能語。君子能此九者，可謂有德音，可以爲大夫。」孔穎達疏：「作器能銘者，謂既作器，能爲其銘。若栗氏爲量，其銘曰『時文思索，允臻其極。嘉量既成，以觀四國。永啓厥後，兹器維則』是也。大戴禮説武王盤盂几杖皆有銘，此其存者也。銘者，名也，所以因其器名而書以爲戒也。」

〔四〕顔回聽哭：孔子家語顔回：「孔子在衛，昧旦晨興，顔回侍側，聞哭者之聲甚哀。子曰：『回，汝知此何所哭乎？』對曰：『回以此哭聲，非但爲死者而已，又有生離別者也。』子曰：『何以知之？』對曰：『回聞桓山之鳥，生四子焉，羽翼既成，將分於四海，其母悲鳴而送之，哀聲有似於此，謂其往而不返也。回竊以音類知之。』孔子使人問哭者，果曰：『父死家貧，賣子以葬，與之長決。』子曰：『回也，善於識音矣。』」

〔五〕蒼舒量象：曹操子曹沖（字倉舒）事。三國志魏書武文世王公傳：「鄧哀王沖字倉舒。少聰察岐嶷，生五六歲，智意所及，有若成人之智。時孫權曾致巨象，太祖欲知其斤重，訪之群下，咸莫能出其理。沖曰：『置象大船之上，而刻其水痕所至，稱物以載之，則校可知矣。』太祖大悦，即施行焉。」

〔六〕思能造端：深思則能通曉事情之起因，運籌其進程，以達致預期之結果。

〔七〕子展謀侵晉乃得諸侯之盟：子展，春秋時鄭國大夫。左傳襄公十一年：「鄭人患晉、楚之故，諸大夫曰：『不從晉，國幾亡。楚弱於晉，晉不吾疾也。晉疾，楚將辟之。何爲而使晉師致死於我，楚弗敢敵，而後可固與也。』子展曰：『與宋爲惡，諸侯必至，吾從之盟。楚師至，吾又從之，則晉怒甚矣。晉能驟來，楚將不能，吾乃固與晉。』大夫説之，使疆埸之司惡於宋。宋向戌侵鄭，大獲。子展曰：『師而伐宋可矣。若我伐宋，諸侯之伐我必疾，吾乃聽命焉，且告於楚。楚師至，吾乃與之盟，而重賂晉師，乃免矣。』夏，鄭子展侵宋。四月，諸侯伐鄭。己亥，齊太子光、宋向戌先至于鄭，門于東門。其莫，晉荀罃至于西郊，東侵舊許。衛孫林父侵其北鄙。六月，諸侯會于北林，師于向。右還，次于瑣。圍鄭，觀兵于南門，西濟于濟隧。鄭人懼，乃行成。秋七月，同盟于亳。范宣子曰：『不慎，必失諸侯。諸侯道敝而無成，能無貳乎？』乃盟。」楊伯峻春秋左傳注：「此鄭諸卿之謀，使楚不敢與晉敵，然後與晉固結。」

〔八〕見機：看出事情顯露之先兆（動向）。「機」，亦作「幾」。易繫辭下：「幾者，動之微，吉之先見者也。君子見幾而作，不俟終日。」孔穎達疏：「幾，微也，是已動之微。動謂心動、事動。初動之時，其理未著，唯纖微而已。若其已著之後，則心事顯露，不得爲幾。若未動之前，又寂然頓無，兼亦不得稱幾也。幾是離無入有，在有無之際，故云動之微也。」

〔九〕臾駢覩目動即知秦師退：臾駢，春秋晉大夫。左傳文公十二年：「冬，秦伯伐晉，取羈馬。晉人禦之，趙盾將中軍，荀林父佐之；郤缺將上軍，臾駢佐之；欒盾將下軍，胥甲佐之。范無恤御戎，以從秦師于河曲。臾駢曰：『秦不能久，請深壘固軍以待之。』從之。秦人欲戰，秦伯謂士會曰：『若何而戰？』對曰：『趙氏新出其屬曰臾駢，必實爲此謀，將以老我師也。趙有側室曰穿，晉君之壻也，有寵而弱，不在軍事，好勇而狂，且惡臾駢之佐上軍也。若使輕者肆焉，其可。』秦伯以璧祈戰于河。十二月戊午，秦軍掩晉上軍，趙穿追之，不及。反，怒曰：『裹糧坐甲，固敵是求。敵至不擊，將何俟焉？』軍吏曰：『將有待也。』穿曰：『我不知謀，將獨出。』乃以其屬出。宣子曰：『秦獲穿也，獲一卿矣。秦以勝歸，我何以報？』乃皆出戰，交綏。秦行人夜戒晉師曰：『兩君之士皆未憖也，明日請相見也。』臾駢曰：『使者目動而言肆，懼我也，將遁矣。薄諸河，必敗之。』胥甲、趙穿當軍門呼曰：『死傷未收而棄之，不惠也。不待期而薄人於險，無勇也。』乃止。秦師夜遁。」

〔一〇〕伊藉答吳王一拜一起未足爲勞：「伊藉」，三國志有伊籍傳，當即此人。三國志本傳：「伊籍字機伯，山陽人。少依邑人鎮南將軍劉表。先主之在荆州，籍常往來自託。表卒，遂隨先主南渡江，從入益州。益州既定，以籍爲左將軍從事中郎，見待亞於簡雍、孫乾等。遣東使於吳，孫權聞其才辯，欲逆折以辭。籍適入拜，權曰：『勞事無道之君乎？』籍即對曰：『一拜一起，未足爲勞。』籍之機捷，類皆如此，權甚異之。」

〔一一〕捷能攝失：機敏能及時糾正失誤。「攝」，整飭，糾正。儀禮士冠禮：「加皮弁如初儀，再醮攝酒。」鄭玄注：「攝，猶整也。」孔穎達疏：「謂更撓攪添益整頓示新也。」又後漢書銚期傳：「（期）被創中額，攝幘復戰。」李賢注：「攝，猶正也。」

〔一二〕郭淮答魏帝曰自知必免防風之誅：三國志魏書郭淮傳：「黄初元年，奉使賀文帝踐阼，而道路得疾，故計遠近爲稽留。及群臣歡會，帝正色責之曰：『昔禹會諸侯於塗山，防風後至，便行大戮。今溥天同慶而卿最留遲，何也？』淮對曰：『臣聞五帝先教導民以德，夏后政衰，始用刑辟。今臣遭唐虞之世，是以自知免於防風之誅也。』帝悦之。」

〔一三〕墨子謂楚人吾弟子已待之於宋：「待」，原作「學」，四庫本作「待」，今據改。墨子公輸：「公輸般爲楚造雲梯之械成，將以攻宋。子墨子聞之，起於齊，行十日十夜，而至於郢，見公輸般。公輸般曰：『夫子何命焉爲？』子墨子曰：『北方有侮臣者，願藉子殺之。』公輸般不説。子墨子曰：『請獻十金。』公輸般曰：『吾義固不殺人。』子墨子起，再拜曰：『請説之。吾從北方聞子爲梯，將以攻宋。宋何罪之有？荆國有餘於地，而不足於民，殺所不足而争所有餘，不可謂智。宋無罪而攻之，不可謂仁。知而不争，不可謂忠。争而不得，不可謂强。義不殺少而殺衆，不可謂知類。』公輸般服。子墨子曰：『然乎不已乎？』公輸般曰：『不可，吾既已言之王矣。』子墨子曰：『胡不見我於王？』公輸般曰：『諾。』子墨子見王曰：『今有人於此，舍其文軒，鄰有敝轝而欲竊之，舍其錦繡，鄰有短褐而欲竊之，舍其粱肉，鄰有糠糟而欲竊之。此爲何若人？』王曰：『必爲竊疾矣。』子墨子曰：『荆之地，方五千里，宋方五百里，此猶文軒之與敝轝也。荆有雲夢，犀兕麋鹿滿之，江漢之魚鼈黿鼉爲天下富，宋所爲無雉兔狐貍者也，此猶粱肉之與糠糟也。荆有長松文梓楩柟豫章，宋無長木，此猶錦繡之與短褐也。臣以王吏之攻宋也，爲與此同類。』王云：『善哉。雖然，公輸般爲我爲雲梯，必取宋。』於是見公輸般，子墨子解帶爲城，以牒爲械，公輸般九設攻城之機變，子墨子九拒之，公輸般之攻械盡，子墨子之守圉有餘。公輸般詘，而曰：『吾知所以距子矣，吾不言。』子墨子亦曰：『吾知子之所以距我，吾不言。』楚王問其故，子墨子曰：『公輸子之意，不過欲殺臣，殺臣，宋莫能守，可攻也。然臣之弟子禽滑釐等三百人，已持臣守圉之器，在宋城上而待楚寇矣。雖殺臣，不能絶也。』楚王曰：『善哉。吾請無攻宋矣。』」

〔一四〕毛遂進曰今日從爲楚不爲趙也楚王從而謝之：毛遂，戰國趙人，平原君趙勝門下食客。趙孝成王九年（前二五七），秦圍趙，毛遂自薦隨平原君赴楚求救，説服楚國合縱抗秦。史記平原君虞卿列傳：「毛遂按劍而前曰：『王之所以叱遂者，以楚國之衆也。今十步之内，王不得恃楚國之衆也，王之命縣於遂手。吾君在前，叱者何也？且遂聞湯以七十里之地王天下，文王以百里之壤而臣諸侯，豈其士卒衆多哉，誠能據其勢而奮其威。今楚地方五千里，持戟百萬，此霸王之資也。以楚之彊，天下弗能當。白起，小豎子耳，率數萬之衆，興師以與楚戰，一戰而舉鄢郢，再戰而燒夷陵，三戰而辱王之先人。此百世之怨而趙之所羞，而王弗知惡焉。合從者爲楚，非爲趙也。吾君在前，叱者何也？』楚王曰：『唯唯，誠若先生之言，謹奉社稷而以從。』毛遂曰：『從定乎？』楚王曰：『定矣。』毛遂謂楚王之左右曰：『取雞狗馬之血來。』毛遂奉銅槃而跪進之楚王曰：『王當歃血而定從，次者吾君，次者遂。』遂定從於殿上。」

〔一五〕奪能易予：此謂論辯技巧，攻其要害，指出其自身破綻，令其變换立場，認同於我。

〔一六〕以子之矛易子之盾：「易」，涉上而誤，四庫本作「掩」亦非是，韓非子難一、難勢兩言其事，並作「陷」，疑是。韓非子難一：「楚人有鬻楯與矛者，譽之曰：『吾楯之堅，物莫能陷也。』又譽其矛曰：『吾矛之利，於物無不陷也。』或曰：『以子之矛，陷子之楯，何如？』其人弗能應也。夫不可陷之楯，與無不陷之矛，不可同世而立。」

〔一七〕適：通「啇」，止是，僅僅。孟子告子上：「飲食之人，則人賤之矣，爲其養小以失大也。飲食之人，無有失也，則口腹豈適爲尺寸之膚哉？」趙岐注：「飲食之人，人所賤之者，爲其養口腹而失道德耳。如使不失道德，存仁義以往，不嫌於養口腹也。故曰口腹豈但爲肥長尺寸之膚哉，亦以懷其道德也。」

〔一八〕各以所通而立其名：即下文所説八材：「名物之材」「構架之材」「達識之材」「贍給之材」「權捷之材」「持論之材」「推徹之材」「貿説之材」。

〔一九〕名物：能辨明物色，通其物性。周禮天官庖人：「庖人，掌共六畜、六獸、六禽，辨其名物。」孔穎達疏：「此禽獸等皆有名號物色，故云辨其名物。」又荀子正名：「貴賤不明，同異不別，如是則志必有不喻之患，而事必有困廢之禍。故知者爲之分別，制名以指實，上以明貴賤，下以辨同異。貴賤明，同異別。如是則志無不喻之患，事無困廢之禍，此所爲有名也。」又春秋繁露深察名號：「春秋辨物之理，以正其名，名物如其真，不失秋毫之末。」

〔二〇〕構架：本指土木構造，此謂運籌決策。論衡效力：「構架斫削，工匠之力也。」

〔二一〕達識：深明事理。文選袁彦伯三國名臣序贊：「夫仁義不可不明，則時宗舉其致；生理不可不全，達識攝其契。」張銑注：「攝，行；契，義也。言全生以匡時難，故達識君子行其義事也。」又文選任彦昇爲范尚書讓吏部封侯第一表：「漢魏已降，達識繼軌，雅俗所歸，唯稱許、郭。」李善注：

「范曄後漢書曰：『郭泰字林宗，性明知人，好獎訓士類。其獎拔士人，皆如所鑒。』又曰：『許劭字子將，少峻名節，好獎人倫，多所賞識。故天下言拔士者，咸稱許、郭。』」

〔二二〕贍給：言辭裕如。本書卷上流業謂之「應對資給」，本篇上文謂之「辯給之人，辭煩而意銳，推人事，則精識而窮理」。

〔二三〕權捷：權略機捷。本書卷上體別：「多智韜情，權在譎略。」又本篇上文：「質性警徹，權略機捷，能理煩速，事理之家也。」

〔二四〕持論：能提出並堅守己見。漢書嚴助傳：「上令助等與大臣辯論，中外相應以義理之文，大臣數詘。其尤親幸者，東方朔、枚皋、嚴助、吾丘壽王、司馬相如。相如常稱疾避事。朔、皋不根持論，上頗俳優畜之。唯助與壽王見任用。」顔師古注：「論議委隨，不能持正，如樹木之無根柢也。」

〔二五〕推徹：此言論辯能力，攻能破守，推倒對方論證。「徹」，毁壞。楚辭天問：「何令徹彼岐社，命有殷國？」王逸注：「徹，壞也……言武王既誅紂，令壞邠岐之社，言已受天命而有殷國，因徙以爲天下之太社也。」

〔二六〕貿説：此前未見用例，依單字串講，「貿」謂交易、變換，「説」謂辭令。「奪能易予」須不時變換辭令以説服對方，故「貿説」可釋爲嫻於辭令，擅長論辯。

〔二七〕行之以道：長短經定名：「夫道者，人之所蹈也。居知所爲，行知所之，事知所乘，動知所止，謂之道。」

與通人言〔一〕，則同解而心喻。同即相是，是以心相喻。與衆人言〔二〕，則察色而順性。下有盛色〔三〕，避其所短。雖明包衆理，不以尚人〔四〕。恒懷謙下，故處物上。聰叡資給，不以先人〔五〕。常懷退後，故在物先〔六〕。善言出己，理足則止。通理則止，不務煩辭。鄙誤在人，過而不迫〔七〕。見人過跌，輒當歷避〔八〕。寫人之所懷〔九〕，扶人之所能。扶贊人之所能，則人人自任矣〔一〇〕。不以事類〔一一〕，犯人之所婟〔一二〕。胡故反。與盲人言，不諱眇瞎之類。不以言例，及己之所長。己有武力，不與尫虎之倫〔一三〕。説直説變〔一四〕，無所畏惡〔一五〕。通材平釋，信而後諫〔一六〕，雖觸龍鱗〔一七〕，物無害者。采蟲聲之善音，不以聲醜，棄其善曲。贊愚人之偶得〔一八〕。不以人愚，廢其嘉言〔一九〕。奪與有宜〔二〇〕，去就不留。方其盛氣，折謝不恡〔二一〕。不避鋭跌，不惜屈撓。方其勝難，勝而不矜〔二二〕。理自勝耳，何所矜也。心平志諭，無適無莫〔二三〕，付是非於道理，不貪勝以求名。期於得道而已矣〔二四〕。是可與論經世而理物也〔二五〕。曠然無懷〔二六〕，委之至當。是以世務自經，萬物自理。

〔一〕通人：即「通材之人」（兼有八材，行之以通），博覽古今者。史記田敬仲完世家：「太史公曰：蓋孔子晚而喜易。易之爲術，幽明遠矣，非通人達才，孰能注意焉！」又論衡超奇：「故夫能説一經者爲儒生，博覽古今者爲通人，采掇傳書以上書奏記者爲文人，能精思著文連結篇章者爲鴻儒。」

〔二〕衆人：此「衆人」與「通人」對言，當指衆多「偏材之人」，見上文：「凡此七似，衆人之所惑也。」

〔三〕盛色：辭色嚴厲。鹽鐵論箴石：「若夫劍客論，博奕辯，盛色而相蘇，立權以不相假，使有司不能取賢良之議，而賢良、文學被不遜之名。竊爲諸生不取也。」王利器校注引孫詒讓説：「楊注云：『蘇讀曰傃。傃，向也，謂相向格鬭也。』此『盛色而相傃』，亦謂盛其辭色而相向辯難也。」

〔四〕尚人：居他人之上，即以勢淩人。「尚」，同「上」。論語里仁：「子曰：『我未見好仁者，惡不仁者。好仁者，無以尚之；惡不仁者，其爲仁矣，不使不仁者加乎其身。』」邢昺疏：「尚，上也，言性好仁者爲德之最上。」

〔五〕先人：即先於人，此謂居於他人之前，佔據上風，以强淩弱。莊子天下：「人皆取先，己獨取後。」郭慶藩集釋：「俗人皆尚勝趨先，大聖獨謙卑處後，故道經云『後其身而身先』也。」

〔六〕故在物先：「先」，原作「上」，蓋涉上注「故處物上」而誤，正文作「不以先人」，則注亦當作「先」，今據四庫本改。

〔七〕過而不迫：見其失誤而不作深究。「迫」，逼迫。

〔八〕歷避：同「歷僻」、「辟易」。古文苑卷六王延壽夢賦：「於是三三四四，相隨俍傍而歷僻。」章樵注：「俍音浪，俍，傍行不正貌。僻音闢，歷僻猶辟易也。」按，「辟易」，猶言退避。史記項羽本紀：「是時，赤泉侯爲騎將，追項王，項王瞋目而叱之，赤泉侯人馬俱驚，辟易數里。」正義：「言人馬俱驚，開張易舊處，乃至數里。」

〔九〕寫：抒寫，表達。詩小雅蓼蕭：「既見君子，我心寫兮。」鄭箋：「我心寫者，舒其情意，無留恨也。」

〔一〇〕自任：自覺承擔，當作自身責任。三國志魏書杜恕傳：「諸蒙寵禄受重任者，不徒欲舉明主於唐、虞之上而已，身亦欲厕稷、契之列。是以古人不患於念治之心不盡，患於自任之意不足，此誠人主使之然也。」

〔一一〕事類：相類之事。論衡實知：「放象事類以見禍，推原往驗以處來事，賢者亦能，非獨聖也。」

〔一二〕犯人之所婟：招人嫉恨。「婟」，同「嫭」。廣雅釋詁：「嫭……妬也。」王念孫疏證「婟，嫪也。婟與嫭同」，「廣韻：『嫪，吝物也。』義與妬竝相近」。

〔一三〕不與虓虎之倫：不要涉及咆哮的老虎之類。「虓虎」，咆哮之虎。詩大雅常武：「王奮厥武，如震如怒。進厥虎臣，闞如虓虎。」鄭箋：「王奮揚其威武，而震雷其聲，而勃怒其色。前其虎臣之將，闞然如虎之怒。」又說文虎部：「虓，虎鳴也。」

〔一四〕說直說變：「直」謂厲直剛毅者，「變」謂多智韜情者。「說」，勸說，說服。

〔一五〕畏惡：猶畏懼，畏憚。戰國策魏策二：「夫魏王之愛習魏信也甚矣，其智能而任用之也厚矣，其畏惡嚴尊秦也明矣。」鮑彪注：「惡，猶憚。」

〔一六〕信而後諫：論語子張：「子夏曰：『君子信而後勞其民，未信，則以爲厲己也。信而後諫，未信，則以爲謗己也。』」邢昺疏「此章論君子使下事上之法也」，「若爲人臣，當先盡忠於君，待君信己，而後可諫君之失。若君未信己，而便稱君過失，以諫諍之，則君以爲謗讟於己也」。

〔一七〕觸龍鱗：喻指觸犯君主尊嚴。韓非子說難：「故諫説談論之士，不可不察愛憎之主而後説焉。夫龍之爲蟲也，柔可狎而騎也，然其喉下有逆鱗徑尺，若人有嬰之者，則必殺人。人主亦有逆鱗，説者能無嬰人主之逆鱗，則幾矣。」

〔一八〕愚人之偶得：史記淮陰侯列傳：「廣武君曰：『臣聞智者千慮，必有一失；愚者千慮，必有一得。故曰「狂夫之言，聖人擇焉」。』」

〔一九〕廢其嘉言：論語衛靈公：「子曰：『君子不以言舉人，不以人廢言。』」何晏集解：「包曰：『有言者不必有德，故不可以言舉人。』王曰：『不可以無德而廢善言。』」

〔二〇〕奪與有宜：剥奪或給予各適其宜。潛夫論遏利：「天之制此財也，猶國君之有府庫也。賦賞奪與，各有衆寡，民豈得强取多哉？」

〔二一〕折謝不恡：猶言「不恡折謝」，不惜屈尊折腰致歉。「恡」同「吝」，惜也。文選江文通雜體詩三十首贈友：「君王禮英賢，不恡千金璧。」李善注：「孔安國尚書傳曰：『恡，惜也。』」

〔二二〕勝而不矜：書大禹謨：「汝惟不矜，天下莫與汝争能。汝惟不伐，天下莫與汝争功。」僞孔傳：「自賢曰矜，自功曰伐。言禹推善讓人而不失其能，不有其勞而不失其功，所以能絶衆人。」

〔二三〕無適無莫：不分厚薄，惟義（道理）是從。論語里仁：「子曰：『君子之於天下也，無適也，無莫也，義之與比。』」邢昺疏：「此章貴義也。適，厚也。莫，薄也。比，親也。言君子於天下之人，無擇於富厚與窮薄者，但有義者，則與相親也。」

〔二四〕期於得道而已矣：論語里仁：「子曰：『朝聞道，夕死可矣。』」孔穎達疏：「此章疾世無道也。設若早朝聞世有道，暮夕而死，可無恨矣。言將至死不聞世之有道也。」

〔二五〕經世而理物：猶言治國與理民。「經世」，治理國事。後漢書西羌傳：「（論曰）若二漢御戎之方，失其本矣。何則……貪其暫安之埶，信其馴服之情，計日用之權宜，忘經世之遠略，豈夫識微者之爲乎？」「理物」，經理萬物，休養生息。白虎通卷五誅伐：「冬至所以休兵不舉事，閉關商旅不行何？此日陽氣微弱，王者承天理物，故率天下静，不復行役，扶助微氣，成萬物也。」

〔二六〕曠然無懷：無所牽念貌。「懷」，思也。後漢書蔡邕傳：「（論曰）屬其慶者，夫豈無懷？」李賢注：「慶謂恩遇也。懷，思也。荷恩遇者，豈不思之乎？」

人物志校箋　卷中

材能第五

材能大小，其準不同〔一〕。量力而授〔二〕，所任乃濟〔三〕。

或曰：「人材有能大而不能小，猶函牛之鼎〔四〕，不可以烹雞。」愚以爲此非名也〔五〕。夫人材猶器〔六〕，大小異。或者以大鼎不能烹雞，喻大材不能治小，失其名也。夫「能」之爲言，已定之稱，先有定質〔七〕，而後能名生焉。豈有能大而不能小乎？凡所謂能大而不能小，其語出於性有寬急。寬者弘裕，急者急切。性有寬急，故宜有大小。寬弘宜治大，急切宜治小。寬弘之人，宜爲郡國〔八〕，使下得施其功，而總成其事。急切則煩碎，事不成。急小之人，宜理百里〔九〕，使事辦於己。弘裕則網漏，庶事荒矣。然則郡之與縣，異體之大小者也。明能治大郡，則能治小郡，能治大縣，亦能治小縣。以實理寬急論辨之，則當言大小異宜，不當言能大不能小也。若能大而不能小，仲尼豈不爲季氏臣〔一〇〕？若夫雞之與牛，亦異體之小大也。鼎能烹牛，亦能烹雞。銚能烹雞〔一一〕，不能烹犢〔一二〕。故鼎亦宜有大小，若以烹犢，則豈不能烹雞乎？但有宜與不宜，豈有能與不能。故能治大郡，則亦能治小郡矣。推此論之，人材各有所宜，非獨大小之謂也〔一三〕。文者理百官，武者治軍旅。

〔一〕準：度量標準。荀子致士：「程者，物之準也。禮者，節之準也。程以立數，禮以定倫，德以叙位，能以授官。」

〔二〕量力而授：「授」，四庫本作「任」。

〔三〕濟：成功。書君陳：「爾無忿疾于頑，無求備于一夫，必有忍，其乃有濟，有容，德乃大。」僞孔傳「人有頑嚚不喻，汝當訓之，無忿怒疾之，使人當器之，無責備于一夫」，「爲人君長，必有所含忍，其乃有所成，有所包容，德乃爲大」。

〔四〕函牛之鼎：言鼎之大，可烹煮一頭牛。淮南子詮言訓：「夫函牛之鼎沸，而蠅蚋弗敢入；昆山之玉瑱，而塵垢弗能污也。」高誘注：「函牛，受一牛之鼎也。」又後漢書文苑傳下邊讓傳：「傳曰：『函牛之鼎以亨雞，多汁則淡而不可食，少汁則熬而不可熟。』此言大器之於小用，固有所不宜也。」李賢注：「莊子曰：『函牛之鼎沸，蟻不得措一足焉。』呂氏春秋曰：『白圭對魏王曰：「市丘之鼎以亨雞，多洎之則淡不可食，少洎之則焦而不熟也。」』函，容也。洎，汁也。」

〔五〕愚以爲此非名也：我認爲此説名實不符。按，人物志一書，歷代書目多著録於子部名家類，而名家所謂「名」（名稱，概念）則與「實」（事實，實在）對言，强調名實相當。如公孫龍子名實論：「夫名，實謂也。知此（名）之非此（實）也，知此（實）之不在此（位）也，明不謂也；知彼（名）之非彼（實）也，知彼（實）之不在彼（位）也，則不謂也。」宋謝希深注：「公孫龍之作論也，假物爲辯，以敷王道之至大者也。夫王道之所謂大者，莫大于正名實也。仲尼曰：『唯名與器，不可以假人。』然則名號器實，聖人之所重慎之者也。名者，名于事物以施教者也。實者，實于事物以成教者也。失名，非物也。而物無名，則無以自通矣。物，非名也。而名無物，則無以自明矣。是以名因實而立。實由名以通，故名當于實，則名教大行，實功大舉。王道所以配天而大者也。是以古之明王，審其名實，而慎其施行者也。」「非名」，劉昞注謂之「失其名」，是說若用「函牛之鼎不可以烹雞」比喻「大材不能治小」，與事實不符。正如下文所說，「人材各有所宜」，「能治大郡，則亦能治小郡」。

〔六〕人材猶器：論語子路：「子曰：『君子易事而難說也。說之不以道，不說也。及其使人也，器之。』」何晏集解：「度才而官之。」又論語集注：「器之，謂隨其材器而使之也。」

〔七〕定質：物之理性，人之本性。南史王曇首傳附王僧虔傳：「昇明二年，爲尚書令。嘗爲飛白書題尚書省壁曰：『圓行方止，物之定質。修之不已則溢，高之不已則慄，馳之不已則躓，引之不已則迭。是故去之宜疾。』當時嗟賞，以比坐右銘。」

〔八〕郡國：秦、漢之行政建置。秦併六國，分置三十六郡。漢則兼采分封及郡縣制，郡與國並存，分封諸侯，有王國、侯國。漢書百官公卿表上「諸侯王，高帝初置，金璽盭綬，掌治其國」，「郡守，秦官，掌治其郡，秩二千石」。

〔九〕百里：一縣所轄之地。漢書百官公卿表上：「縣大率方百里，其民稠則減，稀則曠，鄉、亭亦如之，皆秦制也。」

〔一〇〕仲尼豈不爲季氏臣：孟子萬章下：「孟子曰：『仕非爲貧也，而有時乎爲貧。娶妻非爲養也，而有時乎爲養。爲貧者，辭尊居卑，辭富居貧。辭尊居卑，辭富居貧，惡乎宜乎，抱關擊柝。孔子嘗爲委吏矣，曰：「會計當而已矣。」』」趙岐注：「委吏，主委積倉庾之吏也。不失會計，當直其多少而已。」又史記孔子世家：「孔子貧且賤，及長，嘗爲季氏史，料量平。」索隱：「有本作『委吏』。」「季氏」，楊伯峻論語譯注：「根據左傳昭公二十五年的記載和漢書劉向傳，這季氏可能是指季平子，即季孫意如。據韓詩外傳，似以爲季康子，馬融注則以爲季桓子，恐皆不足信。」

〔一一〕銚：烹煮器。說文金部：「銚，溫器也。」段玉裁注：「今煮物瓦器謂之銚子，讀徒弔切是也。」

〔一二〕不能烹犢：「不」，原作「亦」，涉上而誤，今據四庫本改。

〔一三〕「凡所謂能大而不能小」至「非獨大小之謂也」：陳寅恪云：「此則向（秀）、郭（象）注莊子逍遥游小大各適其性説之所由起也。孔才（劉卲字）但論大小之宜及治郡國、百里之實，向、郭則純爲抽象之論，所以爲清談者實在此。而劉氏亦僅論人倫之理，而不涉政事之實，是亦由後漢清談轉爲魏晉之過渡階段而已。」（讀書札記二集，第一三〇頁。）

夫人材不同，能各有異。有自任之能〔一〕，脩己潔身〔二〕，總御百官。有立法使人從之之能〔三〕，法懸人懼，無敢犯也。有消息辨護之能〔四〕，智意辨護〔五〕，周旋得節。有德教師人之能〔六〕，道術深明，動爲物教。有行事使人譴讓之能〔七〕，云爲得理，義和於時。有司察糾摘之能〔八〕，督察是非，無不區別。有權奇之能〔九〕，務以奇計，成事立功。有威猛之能〔一〇〕。猛毅昭著，振威敵國。夫能出於材，材不同量〔一一〕。材能既殊，任政亦異。是故自任之能，清節之材也〔一二〕。故在朝也，則家宰之任〔一三〕，爲國則矯直之政〔一四〕。其身正〔一五〕，故掌天官而總百揆〔一六〕。立法之能，治家之材也〔一七〕。故在朝也，則司寇之任〔一八〕，爲國則公正之政〔一九〕。法無私，故掌秋官而詰姦暴〔二〇〕。計策之能，術家之材也〔二一〕。故在朝也，則三孤之任，爲國則變化之政〔二二〕。計慮明，故輔三槐而助論道〔二三〕。人事之能〔二四〕，智意之材也〔二五〕。故在朝也，則家宰之佐，爲國則諧合之政〔二六〕。智意審，故佐天官而諧内外。行事之能，譴讓之材也〔二七〕。故在朝也，則司寇之佐〔二八〕，爲國則督責之政〔二九〕。辨衆事，故佐秋官而督傲慢。權奇之能，伎倆之材也〔三〇〕。故在朝也，則司空之任，爲國則藝事之政〔三一〕。伎能巧〔三二〕，故任冬官而成藝事〔三三〕。司察之能，臧否之材也〔三四〕。故在朝也，則師氏之佐，爲國則刻削之政〔三五〕。是非章〔三六〕，故佐師氏而察善否。威猛之能，豪傑之材也〔三七〕。故在朝也，則將帥之任，爲國則嚴厲之政〔三八〕。體果毅〔三九〕，故總六師而振威武〔四〇〕。

〔一〕自任之能：司職擔當之能力。孟子萬章上：「萬章問曰：『人有言伊尹以割烹要湯，有諸？』孟子曰：『否，不然。伊尹耕於有莘之野，而樂堯舜之道焉……思天下之民匹夫匹婦有不被堯舜之澤者，若己推而内之溝中。其自任以天下之重如此，故就湯而説之以伐夏救民。』」趙岐注：「伊尹思念不以仁義之道化民者，如己推排内之溝壑中也。自任之重如此，故就湯説之，伐夏桀，救民之厄也。」本篇下文：「故臣以自任爲能，君以用人爲能。」本書卷上流業：「主德者，聰明平淡，總達衆材，而不以事自任者也。」劉昞注：「各司其官，則衆材達，衆材既達，則人主垂拱無爲而理。」

〔二〕脩己潔身：孟子盡心下：「君子之守，脩其道而天下平。人病舍其田而芸人之田，所求於人者重，而所以自任者輕。」趙岐注：「芸，治也。田以喻身。舍身不治，而欲責人治，是求人太重，自任太輕也。」

〔三〕有立法使人從之之能：本書卷上流業「建法立制，彊國富人，是謂法家，管仲、商鞅是也」，「法家之材，司寇之任也」。劉昞注：「掌以刑法，禁制姦暴。」

〔四〕有消息辨護之能：應對變化，督辨其事之能力。「消息」，變化。隋書禮儀志四：「然事有消息，不得皆同於古。」「辨護」，亦作「辦護」，辦理監督，治理。周禮地官山虞：「若祭山林，則爲主，而脩除且蹕。」鄭玄注：「爲主，主辨護之也。脩除，治道路場壇。」又墨子號令：「爲符者曰養吏一人，辨護諸門。」吴毓江校注：「畢（沅）云：『辨』即今『辦』字正文。孫（詒讓）云：辨護猶言監治也，亦見周禮大祝、山虞鄭注。山虞賈疏引尚書中候握河紀云『堯受河圖，稷辨護』。」

〔五〕智意：本書卷上流業「術家之流，不能創制垂則，而能遭變用權，權智有餘，公正不足，是謂智意，陳平、韓安國是也」，「智意之材，冢宰之佐也」。劉昞注：「師事制宜，以佐天官。」

〔六〕有德教師人之能：能施教化，堪爲人師。「德教」，道德教化。孟子離婁上：「孟子曰：『爲政不難，不得罪於巨室。巨室之所慕，一國慕之。一國之所慕，天下慕之。故沛然德教溢乎四海。』」本書卷上流業「能傳聖人之業，而不能幹事施政，是謂儒學，毛公、貫公是也」，「儒學之材，保氏之任也」。劉昞注：「掌以德藝，保安其人。」

〔七〕有行事使人譴讓之能：據下文「行事之能，譴讓之材也。故在朝也，則司寇之佐」，劉昞注「云爲得理，義和於時」，則此處所指乃秉公執法能力。「行事」，易乾卦：「終日乾乾，行事也。」孔穎達疏：「終日乾乾行事者，言行此知至知終之事也。」唐李鼎祚周易集解：「何妥曰：『此當文王爲西伯之時，處人臣之極，必須事上接下，故言行事也。』」「譴讓」，譴責，責備。漢書丙吉傳：「詔召丞相、御史，問以虜所入郡吏，吉具對。御史大夫卒遽不能詳知，以得譴讓。」顏師古注：「讓，責也。」

〔八〕有司察糾摘之能：督察檢舉能力。「司察」，後漢書光武帝紀上：「更始將北都洛陽，以光武行司隸校尉，使前整修宮府。於是置僚屬，作文移，從事司察，一如舊章。」李賢注：「續漢書曰：『司隸置從事史十二人，秩皆百石，主督促文書，察舉非法。』」「糾摘」，亦作「糾擿」，揭發糾正。後漢書光武帝紀下：「（建武十六年）冬十月，遣使者下郡國，聽群盜自相糾擿，五人共斬一人者，除其罪。」顏師古注：「擿猶發也。音它狄反。」

〔九〕有權奇之能：劉昞注謂「務以奇計」，當是指人智謀出衆。漢書禮樂志：「（天馬）志俶儻，精權奇。」王先謙補注：「權奇者，奇譎非常之意。」按，「權奇之能」應與「伎倆」同義。本書卷上流業「法家之流，不能創思遠圖，而能受一官之任，錯意施巧，是謂伎倆，張敞、趙廣漢是也」，「伎倆之材，司空之任也」。

〔一〇〕威猛之能：應與「驍雄」同義。本書卷上流業「膽力絶衆，材略過人，是謂驍雄，白起、韓信是也」，「驍雄之材，將帥之任也」。

〔一一〕量：氣度。三國志蜀書諸葛亮傳：「劉備以亮有殊量，乃三顧亮於草廬之中。」

〔一二〕清節之材：本書卷上流業「有清節家」，「若夫德行高妙，容止可法，是謂清節之家，延陵、晏嬰是也」，「清節之德，師氏之任也」。劉昞注：「行爲物範。」

〔一三〕冢宰之任：本書卷上流業：「三材而微，冢宰之任也。」劉昞注：「天官之卿，總御百官。」

〔一四〕矯直之政：矯其枉曲，使歸正直。韓非子外儲説右下：「故所遇術者，如造父之遇驚馬，牽馬推車則不能進，代御執轡持筴則馬咸騖矣。是以（説在）椎鍛平夷，榜檠矯直。」又韓非子孤憤：「智術之士，必遠見而明察，不明察不能燭私。能法之士，必强毅而勁直，不勁直不能矯姦。」

〔一五〕其身正：論語子路：「子曰：『其身正，不令而行。其身不正，雖令不從。』」邢昺疏：「此章言爲政者當以身先也。言上之人其身若正，不在教令，民自觀化而行之。其身若不正，雖教令滋章，民亦不從也。」

〔一六〕總百揆：總領百官百事。書舜典：「納于百揆，百揆時敘。」僞孔傳：「揆，度也。度百事，總百官。納舜於此官，舜舉『八凱』，使揆度百事，百事時叙，無廢事業。」又續漢書百官志一「太尉」條劉昭注曰：「古史考曰：『舜居百揆，總領百事。』説者以百揆堯初别置，於周更名冢宰。」

〔一七〕治家之材：本書僅此一見「治家」，且治家與國之立法無涉，疑是「法家」之誤。本書卷上流業「建法立制，彊國富人，是謂法家，管仲、商鞅是也」，「法家之材，司寇之任也」。

〔一八〕司寇之任：本書卷上流業：「法家之材，司寇之任也。」劉昞注：「掌以刑法，禁制姦暴。」

〔一九〕爲國：治理國家。論語先進：「爲國以禮。」

〔二〇〕掌秋官而詰姦暴：「秋官」，周禮秋官司寇賈公彦疏：「鄭目録云：『象秋所立之官。寇，害也。秋者，遒也，如秋義，殺害、收聚、斂藏於萬物也。天子立司寇，使掌邦刑，刑者所以驅恥惡，納人於善道也。』」「詰」，糾察，整治。書周官：「司寇掌邦禁，詰姦慝，刑暴亂。」僞孔傳：「秋官卿主寇賊法，禁治姦惡，刑强暴作亂者。」

〔二一〕術家之材：本書卷上流業「思通道化，策謀奇妙，是謂術家，范蠡、張良是也」，「術家之材，三孤之任也」。劉昞注：「掌以廟謨，佐公論政。」

〔二二〕變化之政：下文亦稱「策術之政」，謂「宜於治難，以之治平則無奇」。劉昞注：「術數煩衆，民不安矣。」「變化」，易乾卦：「乾道變化，各正性命。」孔穎達疏：「道體無形，自然使物開通，謂之爲道。言乾卦之德，自然通物，故云乾道也。變謂後來改前，以漸移改，謂之變也。化謂一有一無，忽然而改，謂之爲化。言乾之爲道，使物漸變者，使物卒化者，各能止定物之性命。」

〔二三〕三槐：本書卷上流業：「三材純備，三公之任也。」劉昞注：「位於三槐，坐而論道。」

〔二四〕人事：人情事理。史記秦始皇本紀：「是以君子爲國，觀之上古，驗之當世，參以人事，察盛衰之理，審權勢之宜，去就有序，變化有時，故曠日長久而社稷安矣。」

〔二五〕智意之材：本書卷上流業「術家之流，不能創制垂則，而能遭變用權，權智有餘，公正不足，是謂智意，陳平、韓安國是也」，「智意之材，冢宰之佐也」。劉昞注：「師事制宜，以佐天官。」

〔二六〕諧合之政：下文亦稱「諧和之政」，謂「宜於治新，以之治舊則虚」。

〔二七〕譴讓之材：按本書卷上流業謂「十二材各得其任」，其中並無「譴讓之材」。據其所行「督責之政」揣斷，似當屬法家之末流。

〔二八〕司寇之佐：「佐」，原作「任」，今據四庫本改。按上言「立法之能，治家之材也，故在朝也，則司寇之任」，此言「譴讓之材」，不當與「治家之材」重合。

〔二九〕督責之政：下文亦稱「辨護之政」。史記李斯列傳：「夫賢主者，必且能全道而行督責之術者也。督責之，則臣不敢不竭能以徇其主矣。」索隱：「督者，察也。察其罪，責之以刑罰也。」

〔三〇〕伎倆之材：本書卷上流業「法家之流，不能創思遠圖，而能受一官之任，錯意施巧，是謂伎倆，張敞、趙廣漢是也」，「伎倆之材，司空之任也」。劉昞注：「錯意施巧，故掌冬官。」

〔三一〕藝事之政：下文亦稱「伎倆之政」。「藝事」，技藝。書胤征：「每歲孟春，遒人以木鐸徇于路。官師相規，工執藝事以諫。其或不恭，邦有常刑。」孔穎達疏：「每歲孟春，遒人之官以木鐸徇于道路，以號令臣下，使在官之衆更相規闕。百工雖賤，令執其藝能之事，以諫上之失常。其有違諫不恭謹者，國家則有常刑。」

〔三二〕伎能巧：「伎能」，四庫本作「伎倆」。

〔三三〕冬官：周禮冬官考工記賈公彥疏：「鄭目録云：『象冬所立官也。是官名司空者，冬閉藏萬物，天子立司空，使掌邦事，亦所以富立家，使民無空者也。』」

〔三四〕臧否之材：本書卷上流業「清節之流，不能弘恕，好尚譏訶，分别是非，是謂臧否，子夏之徒是也」，「臧否之材，師氏之佐也」。劉昞注：「分别是非，以佐師氏。」

〔三五〕刻削之政：嚴刑峻法之苛政。書君陳：「王曰：『君陳，爾惟弘周公丕訓，無依勢作威，無倚法以削。寬而有制，從容以和。』」僞孔傳：「汝爲政，當闡大周公之大訓，無乘勢位，作威人上，無倚法制，以行刻削之政。」又史記秦始皇本紀：「更名河曰德水，以爲水德之始。剛毅戾深，事皆決於法，刻削毋仁恩和義，然後合五德之數。於是急法，久者不赦。」索隱：「水主陰，陰刑殺，故急法刻削，以合五德之數。」

〔三六〕章：顯著。國語周語下：「夫見亂而不惕，所殘必多，其飾彌章。」韋昭注：「章，著也。」

〔三七〕豪傑之材：「豪傑」，吕氏春秋卷二功名：「庶草茂則禽獸歸之，人主賢則豪桀歸之。」高誘注：「才過百人曰豪，千人曰桀。」本書卷上流業作「驍雄」，「膽力絶衆，材略過人，是謂驍雄，白起、韓信是也」，「驍雄之材，將帥之任也」。劉昞注：「掌轄師旅，討平不順。」

〔三八〕嚴厲之政：下文亦稱「威猛之政」。

〔三九〕果毅：左傳宣公二年：「殺敵爲果，致果爲毅。」孔穎達疏：「能殺敵人，是名爲果，言能果敢以除賊。致此果敢，乃名爲毅，言能彊毅以立功。」

〔四〇〕六師：亦作「六軍」。周禮夏官司馬：「凡制軍，萬有二千五百人爲軍。王六軍，大國三軍，次國二軍，小國一軍，軍將皆命卿。」

凡偏材之人〔一〕，皆一味之美〔二〕。譬飴以甘爲名〔三〕，酒以苦爲實。故長於辦一官，弓工揉材〔四〕，而有餘力。而短於爲一國。兼掌陶冶，器不成矣。何者？夫一官之任，以一味協五味〔五〕。鹽人調鹽〔六〕，醯人調醯〔七〕，則五味成矣。譬梓里治材〔八〕，土官治牆〔九〕，則厦屋成。一國之政，以無味和五味〔一〇〕。水以無味，故五味得其和〔一一〕。猶君體平淡，則百官施其用。又國有俗化〔一二〕，民有劇易〔一三〕，五方不同，風俗各異。土有剛柔，民有劇易。而人材不同，故政有得失。以簡治易則得，治煩則失。是以王化之政〔一四〕，宜於統大，易簡而天下之理得矣〔一五〕。以之治小〔一六〕，則迂。網疎而吞舟之姦漏〔一七〕。辨護之政〔一八〕，宜於治煩，事皆辨護，煩亂乃理。以之治易〔一九〕，則無易。甚於督促，民不便也。策術之政〔二〇〕，宜於治難，權略無方，解釋患難。以之治平，則無奇。術數煩衆〔二一〕，民不安矣。矯抗之政〔二二〕，宜於治侈，矯枉過正〔二三〕，以厲侈靡〔二四〕。以之治弊，則殘〔二五〕。俗弊治嚴，則民殘矣。諧和之政〔二六〕，宜於治新，國新禮殺，苟合而已〔二七〕。以之治舊，則虛。苟合之教，非禮實也。公刻之政〔二八〕，宜於糾姦，刻削不深，姦亂不止。以之治邊，則失衆。衆民憚法，易逃叛矣。威猛之政〔二九〕，宜於討亂，亂民桀逆〔三〇〕，非威不服。以之治善，則暴。政猛民殘，濫良善矣〔三一〕。伎倆之政〔三二〕，宜於治富，以國彊民，以使富饒〔三三〕。以之治貧，則民勞而下困〔三四〕。易貨改鑄〔三五〕，民失業矣。故量能授官〔三六〕，不可不審也。凡此之能，皆偏材之人也。故或能言而不能行〔三七〕，或能行而不能言。智勝則能言，材勝則能行。至於國體之人〔三八〕，能言能行，故爲衆材之雋也〔三九〕。

〔一〕偏材之人：偏至之材。本書卷上九徵：「一至謂之偏材。偏材，小雅之質也。」又體別：「偏材之性，不可移轉矣。雖教之以學，材成而隨之以失。雖訓之以恕，推情各從其心，信者逆信，詐者逆詐。故學不入道，恕不周物，此偏材之益失也。」

〔二〕一味：中論治學：「大樂之成，非取乎一音。嘉膳之和，非取乎一味。聖人之德，非取乎一道。故曰：學者所以總群道也。」

〔三〕飴：米麥芽糖，用以調和飲食。説文食部：「飴，米糵煎者也。」段玉裁注：「米部曰：『糵，芽米也。』火部曰：『煎，熬也。』以芽米熬之爲飴。今俗用大麥。釋名曰：『餳，洋也，煮米消爛洋洋然也。飴，小弱於餳，形怡怡也。』内則曰：『飴、蜜以甘之。』」

〔四〕弓工揉材：「工」，周禮冬官考工記：「巧者述之，守之世，謂之工。」鄭玄注：「父子世以相教。」「揉」，加工竹木，直者使曲，曲者使直。漢書公孫弘傳：「臣聞揉曲木者不累日，銷金石者不累月。」顏師古注：「揉謂矯而正之也。累，積也。」

〔五〕五味：周禮天官疾醫：「以五味、五穀、五藥養其病。」孔穎達疏：「云五味醯、酒、飴蜜、薑、鹽之屬者，醯則酸也，酒則苦也，飴、蜜即甘也，薑即辛也，鹽即鹹也，此即五味酸、苦、辛、鹹、甘也。」

〔六〕鹽人：周官。周禮天官鹽人：「鹽人，掌鹽之政令，以共百事之鹽。祭祀，共其苦鹽、散鹽。賓客，共其形鹽、散鹽。王之膳羞，共飴鹽，后及世子亦如之。凡齊事，鬻鹽以待戒令。」

〔七〕醯人：周官。周禮天官醯人：「掌共五齊七菹。凡醯物，以共祭祀之齊菹。凡醯醬之物，賓客亦如之。」鄭玄注：「齊菹，醬屬。醯人者皆須醯成味。」「醯」，論語公冶長：「子曰：『孰謂微生高直？或乞醯焉，乞諸其鄰而與之。』」邢昺疏：「醯，醋也。」

〔八〕梓里治材：「梓里」，按此處專言木工，而非泛稱鄉里，疑當是「梓人」之誤。書梓材：「若作室家，既勤垣墉，惟其塗塈茨。若作梓材，既勤樸斲，惟其塗丹雘。」僞孔傳：「爲政之術，如梓人治材爲器，已勞力樸治斲削，惟其當塗以漆，丹以朱，而後成。以言教化，亦須禮義然後治。」

〔九〕土官：即土匠。論衡量知：「能穿鑿穴埳，謂之土匠。」

〔一〇〕以無味和五味：淮南子原道訓：「無形而有形生焉，無聲而五音鳴焉，無味而五味形焉，無色而五色成焉。」

〔一一〕五味得其和：淮南子兵略訓：「夫物之所以相形者微，唯聖人達其至。故鼓不與於五音，而爲五音主；水不與於五味，而爲五味調；將軍不與於五官之事，而爲五官督。故能調五音者，不與五音者也；能調五味者，不與五味者也；能治五官之事者，不可揆度者也。」

〔一二〕俗化：習俗教化。南史儒林傳論：「自梁迄陳，年且數十，雖時經屯詖，郊生戎馬，而風流不替，豈俗化之移人乎？古人稱上德若風，下應猶草，美矣，豈斯之謂也。」

〔一三〕劇易：難易。後漢書章帝紀：「今『四國無政，不用其良』，駕言出游，欲親知其劇易。」

〔一四〕王化之政：宣揚王道教化。詩大序：「周南、召南，正始之道，王化之基。」孔穎達疏：「周南、召南二十五篇之詩，皆是正其初始之大道，王業風化之基本也。」

〔一五〕易簡而天下之理得：「易簡」，平易簡約。易繫辭上：「乾以易知，坤以簡能。易則易知，簡則易從。易知則有親，易從則有功。有親則可久，有功則可大。可久則賢人之德，可大則賢人之業。易簡而天下之理得矣。」韓康伯注「天地之道，不爲而善始，不勞而善成，故曰易簡」，「天下之理，莫不由於易簡而各得順其分位也」。孔穎達疏：「此則贊明聖人能行天地易簡之化，則天下萬事之理並得其宜矣。」

〔一六〕治：長短經卷一任長作「理」。下文「宜於治難，以之治平」，二「治」字長短經同作「理」。

〔一七〕吞舟之姦：謂大姦。「吞舟」，極言魚之大，可以吞舟。莊子庚桑楚：「吞舟之魚，碭而失水，則蟻能苦之。」又史記酷吏列傳序：「漢興，破觚而爲圜，斲雕而爲朴，網漏於吞舟之魚，而吏治烝烝，不至於姦，黎民艾安。」

〔一八〕辨護之政：亦即「督責之政」。上文「有消息辨護之能」，劉昞注：「智意辨護，周旋得節。」又「行事之能，譴讓之材也。故在朝也，則司寇之佐，爲國則督責之政」，劉昞注：「辨衆事，故佐秋官而督傲慢。」

〔一九〕易：平易，指國事簡明安定。史記魯周公世家：「夫政不簡不易，民不有近；平易近民，民必歸之。」索隱：「言爲政簡易者，民必附近之。近謂親近也。」

〔二〇〕策術之政：亦稱「變化之政」。上文「計策之能，術家之材也。故在朝也，則三孤之任，爲國則變化之政」，劉昞注：「計慮明，故輔三槐而助論道。」

〔二一〕術數：權術，策略。韓非子姦劫弑臣：「夫姦臣得乘信幸之勢，以毀譽進退群臣者，人主非有術數以御之也，非參驗以審之也，必將以曩之合己信今之言，此幸臣之所以得欺主成私者也。」

〔二二〕矯抗之政：亦稱「矯直之政」。本書卷上體别：「是故厲直剛毅，材在矯正，失在激訐。」又上文「是故自任之能，清節之材也。故在朝也，則冢宰之任，爲國則矯直之政」，劉昞注：「其身正，故掌天官而總百揆。」

〔二三〕矯枉過正：後漢書朱景王杜馬劉傅堅馬傳論：「降自秦、漢，世資戰力，至於翼扶王運，皆武人屈起。亦有鬻繒屠狗輕猾之徒，或崇以連城之賞，或任以阿衡之地，故執疑則隙生，力侔則亂起……故光武鑒前事之違，存矯枉之志。」李賢注：「矯，正也。違，失也。枉，曲也。孟子曰：『矯枉者過其正。』」

〔二四〕厲：整飭。北齊書莫多婁貸文傳：「周文帝軍出函谷，（侯）景與高昂議整旅厲卒，以待其至。」

〔二五〕殘：此謂民殘，民受傷害。

〔二六〕諧和之政：亦稱「諧合之政」。上文「人事之能，智意之材也。故在朝也，則冢宰之佐，爲國則諧合之政」，劉昞注：「智意審，故佐天官而諧内外。」

〔二七〕苟合：苟且湊合。論語子路：「子謂衛公子荆善居室，始有，曰『苟合矣』。」邢昺疏：「善居室者，言居家理也。始有曰苟合矣者，家始富有，不言己才能所致，但曰苟且聚合也。」

〔二八〕公刻之政：亦稱「刻削之政」。上文「司察之能，臧否之材也。故在朝也，則師氏之佐，爲國則刻削之政」，劉昞注：「是非章，故佐師氏而察善否。」「公刻」，此前未見用例，依單字串講，即公正嚴刻。「刻」，苛刻。漢書藝文志：「法家者流，蓋出於理官，信賞必罰，以輔禮制。易曰『先王以明罰飭法』，此其所長也。及刻者爲之，則無教化，去仁愛，專任刑法而欲以致治，至於殘害至親，傷恩薄厚。」

〔二九〕威猛之政：亦稱「嚴厲之政」。上文「威猛之能，豪傑之材也。故在朝也，則將帥之任，爲國則嚴厲之政」，劉昞注：「體果毅，故總六師而振威武。」

〔三〇〕桀逆：兇暴忤逆。文選陳孔璋爲袁紹檄豫州：「往者伐鼓北征公孫瓚，彊寇桀逆，拒圍一年。」呂向注：「强寇謂瓚也。言瓚桀逆拒紹，内將掩襲而圍之。」

〔三一〕濫：蔓延，波及。左傳昭公二十七年：「叔孫氏懼禍之濫，而自同於季氏，天之道也。」楊伯峻春秋左傳注：「濫即泛濫之濫，此借用詞，猶言禍之延及。」

〔三二〕伎倆之政：亦稱「藝事之政」。上文「權奇之能，伎倆之材也。故在朝也，則司空之任，爲國則藝事之政」，劉昞注：「伎能巧，故任冬官而成藝事。」

〔三三〕以使富饒：「富饒」二字原闕，句義殘闕，今據四庫本補。

〔三四〕民勞而下困：「民」字原闕，今據長短經卷一任長補。本書卷中利害：「伎倆之業，本於事能，其道辨而且速。其未達也，爲衆人之所異。已達也，爲官司之所任。其功足以理煩糾邪，其弊也，民勞而下困。」

〔三五〕易貨改鑄：漢書食貨志下：「自孝武元狩五年三官初鑄五銖錢，至平帝元始中，成錢二百八十億萬餘云。王莽居攝，變漢制，以周錢有子母相權，於是更造大錢，徑寸二分，重十二銖，文曰『大錢五十』。又造契刀、錯刀。契刀，其環如大錢，身形如刀，長二寸，文曰『契刀五百』。錯刀，以黄金錯其文，曰『一刀直五千』。與五銖錢凡四品，並行。莽即真，以爲書『劉』字有金刀，乃罷錯刀、契刀及五銖錢，而更作金、銀、龜、貝、錢、布之品，名曰『寶貨』。」

〔三六〕量能授官：荀子正論：「聖王在上，圖德而定次，量能而授官，皆使民載其事，而各得其宜。不能以義制利，不能以僞飾性，則兼以爲民。」

〔三七〕能言而不能行：新書卷九大政下：「故士能言道而弗能行者，謂之器；能行道而弗能言者，謂之用；能言而能行之者，謂之實。故君子訊其器，任其用，乘其實，而治安興矣。」

〔三八〕國體之人：本書卷上流業：「兼有三材，三材皆備，其德足以厲風俗，其法足以正天下，其術足以謀廟勝，是謂國體，伊尹、吕望是也。」又卷中接識：「夫國體之人，兼有三材。故談不三日，不足以盡之。一以論道德，二以論法制，三以論策術。然後乃能竭其所長，而舉之不疑。」

〔三九〕衆材之儁：「十二材」之最。「儁」通「俊」，才德超群。國語鄭語：「夫國大而有德者近興，秦仲、齊侯，姜、嬴之儁也，且大，其將興乎？」韋昭注：「秦仲，嬴姓，附庸秦公伯之子，爲宣王大夫。詩序云：『秦仲始大。』齊侯，齊莊公，姜姓之有德者也。此二人爲姜、嬴之儁，且國大，故近興。」又鶡冠子博選：「故德萬人者謂之儁，德千人者謂之豪，德百人者謂之英。」陸佃注：「儁者，知哲聖人之謂也。」

人君之能〔一〕，異於此。平淡無爲，以任衆能。故臣以自任爲能，竭力致功〔二〕，以取爵位。君以用人爲能〔三〕。任賢使能，國家自理。臣以能言爲能，各言其能，而受其官。君以能聽爲能〔四〕。聽言觀行，而授其官。臣以能行爲能〔五〕，必行其所言。君以能賞罰爲能〔六〕。必當其功過也。所能不同，君無爲而臣有事〔七〕。故能君衆材也〔八〕。若君以有爲代大匠斲〔九〕，則衆能失巧，功不成矣。

〔一〕人君：亦稱人主、君主，本書又稱主德者。管子君臣上：「天有常象，地有常形，人有常禮，一設而不更，此謂三常。兼而一之，人君之道也。」房玄齡注：「人君無官，兼統衆官，故曰兼而一之。」本書卷上流業：「主德者，聰明平淡，總達衆材，而不以事自任者也。」劉昞注：「目不求視，耳不參聽，各司其官，則衆材達。衆材既達，則人主垂拱無爲而理。」

〔二〕竭力致功：禮記燕義：「君舉旅於賓，及君所賜爵，皆降，再拜稽首，升成拜，明臣禮也。君答拜之。禮無不答，明君上之禮也。臣下竭力盡能，以立功於國，君必報之以爵禄。故臣下皆務竭力盡能以立功，是以國安而君寧。」鄭玄注：「言聖人制禮，因事以託政。臣再拜稽首，是其竭力也。君答拜之，是其報以禄惠也。」

〔三〕君以用人爲能：長短經卷一大體引人物志「以」字下有「能」字。易臨卦：「六五：知臨，大君之宜，吉。」王弼注：「處於尊位，履得其中，能納剛以禮，用建其正。不忌剛長而能任之，委物以能而不犯焉，則聰明者竭其視聽，知力者盡其謀能，不爲而成，不行而至矣。大君之宜，如此而已。故曰『知臨，大君之宜，吉』也。」

〔四〕君以能聽爲能：墨子尚賢中：「然後聖人聽其言，迹其行，察其所能而慎予官，此謂事能。故可使治國者使治國，可使長官者使長官，可使治邑者使治邑。凡所使治國家、官府、邑里，此皆國之賢者也。」

〔五〕臣以能行爲能：荀子臣道：「上則能尊君，下則能愛民，政令教化，刑下如影，應卒遇變，齊給如響，推類接譽，以待無方，曲成制象，是聖臣者也。」楊倞注「刑，制也。言施政令教化以制其下，如影之隨形，動而輒隨，不使違越也」，「夫卒變，人所遲疑，今聖臣應之疾速，如響之應聲」，「無方，無常也。推其比類，接其聲譽，言見其本而知其末也。待之無常，謂不滯於一隅也。委曲皆成制度法象，言物至而應，無非由法，不苟而行之也。聖者，無所不通之謂也」。

〔六〕君以能賞罰爲能：荀子王制：「王者之論，無德不貴，無能不官，無功不賞，無罪不罰，朝無幸位，民無幸生。尚賢使能，而等位不遺；析愿禁悍，而刑罰不過。」

〔七〕君無爲：即所謂「垂拱而治」。書武成：「建官惟賢，位事惟能，重民五教，惟食喪祭，惇信明義，崇德報功，垂拱而天下治。」僞孔傳：「言武王所修，皆是所任得人，欲垂拱而天下治。」孔穎達疏：「説文云：『拱，斂手也。』垂拱而天下治，謂所任得人，人皆稱職，手無所營，下垂其拱，故美其垂拱而天下治也。」

〔八〕能君衆材：「君」，君臨，統治。管子權修：「君國不能壹民，而求宗廟社稷之無危，不可得也。」「材」，長短經卷一大體引人物志作「能」。

〔九〕代大匠斲：老子第七十四章：「常有司殺者殺，夫代司殺者殺，是謂代大匠斲。夫代大匠斲者，希有不傷其手矣。」河上公注「司殺者天，居高臨下，司察人過。天網恢恢，踈而不失也」，「人君行刑罰，猶拙人代大匠斲，則方圓不得其理，還自傷。代天殺者，失紀綱。不得其紀綱，還受其殃也」。

利害第六 建法陳術，以利國家。及其弊也，害歸於己。

蓋人流之業〔一〕，各有利害。流漸失源〔二〕，故利害生〔三〕。夫清節之業〔四〕，著于儀容〔五〕，發於德行〔六〕，心清意正，則德容外著〔七〕。未用而章〔八〕，其道順而有化〔九〕。德輝昭著〔一〇〕，故不試而效。效理於人，故物無不化。故其未達也〔一一〕，爲衆人之所進〔一二〕；理順，則衆人樂進之。既達也，爲上下之所敬。德和理順，誰能慢之。其功足以激濁揚清〔一三〕，師範僚友〔一四〕。其爲業也，無弊而常顯，非徒不弊，存而有顯〔一五〕。故爲世之所貴。德信有常〔一六〕，人不能賤。

〔一〕人流之業：原作「人業之流」，諸本皆誤，按本書卷上流業：「蓋人流之業，十有二焉。」劉昞注：「性既不同，染習又異。枝流條別，各有志業。」今據改。

〔二〕流漸失源：本書卷上流業劉昞題注：「三材爲源，習者爲流。流漸失源，其業各異。」又流業：「三材皆備。」劉昞注：「德與法、術皆純備也。」

〔三〕利害生：易繫辭下：「是故愛惡相攻而吉凶生，遠近相取而悔吝生，情僞相感而利害生。」韓康伯注：「情以感物則得利，僞以感物則致害也。」孔穎達疏：「情謂實情，僞謂虛僞。虛實相感，若以情實相感則利生，若以虛僞相感則害生也。」

〔四〕清節之業：原作「節清之業」，按本書凡六見「清節」，其要者如卷上流業「有清節家」，「若夫德行高妙，容止可法，是謂清節之家，延陵、晏嬰是也」，「清節之德，師氏之任也」。又卷中材能：「是故自任之能，清節之材也。故在朝也，則冢宰之任，爲國則矯直之政。」又接識：「夫清節之人，以正直爲度，故其歷衆材也，能識性行之常。」今據改。

〔五〕著于儀容：本書卷上流業謂清節家「容止可法」，即此義。本書卷上九徵：「衰正之形在於儀，態度之動在於容。」劉昞注「儀者，形之表也。故儀衰由形殆，儀正由形肅」，「容者，動之符也。故衺動則容態，正動則容度」。

〔六〕德行：易節卦：「君子以制數度，議德行。」孔穎達疏：「數度謂尊卑禮命之多少，德行謂人才堪任之優劣。君子象節，以制其禮數等差，皆使有度；議人之德行任用，皆使得宜。」本書卷上流業謂清節家「德行高妙」，即此義。

〔七〕德容外著：「德容」，四庫本作「德儀」。

〔八〕章：通「彰」，彰顯。易姤卦：「天地相遇，品物咸章也。」孔穎達疏：「天地若各亢所處，不相交遇，則萬品庶物無由彰顯，必須二氣相遇，乃得化生。故曰天地相遇，品物咸章。」

〔九〕其道順而有化：遵行禮義而有所教化。「道順」，即達天道，順人情。禮記禮運：「故禮義也者，人之大端也。所以講信脩睦，而固人之肌膚之會、筋骸之束也，所以養生送死、事鬼神之大端也，所以達天道、順人情之大竇也。」孔穎達疏：「按哀元年左傳云『逃出自竇』，又『篳門閨竇』，是竇，孔穴也。孔穴開通，人之出入。禮義者，亦是人之所出入，故云達天道、順人情之大竇也。」

〔一〇〕德輝：亦作「德煇」，仁德之光輝。禮記樂記：「故德煇動於內，而民莫不承聽。理發諸外，而民莫不承順。」鄭玄注：「德煇，顏色潤澤也。理，容貌之進止也。」

〔一一〕達：顯達，顯貴。指被任用。孟子盡心上：「故士窮不失義，達不離道。窮不失義，故士得己焉。達不離道，故民不失望焉。」孫奭疏：「達而在上，則不離道，而常思利民……故民不失其所望。」

〔一二〕進：引進，舉薦。周禮夏官大司馬：「進賢興功，以作邦國。」孔穎達疏：「進賢，諸臣舊在位有德行者，并草萊有德行未遇爵命者進之，使稱才仕用。」又禮記儒行：「儒有內稱不辟親，外舉不辟怨，程功積事，推賢而進達之，不望其報。」孔穎達疏：「言儒者欲舉人之時，必程效其功，積累其事，知其事堪可，乃推而進達之，不妄舉人也。」

〔一三〕激濁揚清：亦作「揚清激濁」，喻懲惡揚善。晉書武帝紀：「（泰始四年六月詔）若長吏在官公廉，慮不及私，正色直節，不飾名譽者，及身行貪穢，諂黷求容，公節不立，而私門日富者，並謹察之。揚清激濁，舉善彈違，此朕所以垂拱總綱，責成於良二千石也。」

〔一四〕師範僚友：爲同僚好友所效法。「師範」，學習之楷模，引申爲效法。後漢書文苑傳趙壹傳：「壹報曰：『君學成師範，縉紳歸慕，仰高希驥，歷年滋多。』」又文心雕龍才略：「（司馬）相如好書，師範屈（原）宋（玉），洞入夸豔，致名辭宗。」

〔一五〕存：存身，保全性命。易繫辭下：「尺蠖之屈，以求信也。龍蛇之蟄，以存身也。」孔穎達疏：「龍蛇之蟄以存身者，言靜以求動也。蛟蛇初蟄是靜也，以此存身是後動也，言動必因靜也。」

〔一六〕有常：固定不變。荀子天論：「天行有常，不爲堯存，不爲桀亡。」楊倞注：「天自有常行之道也。」

法家之業〔一〕，本于制度〔二〕，待乎成功而效。法以禁姦，姦止乃效。其道前苦而後治〔三〕，嚴而爲衆。初布威嚴，是以勞苦。終以道化〔四〕，是以民治。故其未達也，爲衆人之所忌。姦黨樂亂，忌法者衆。已試也〔五〕，爲上下之所憚。憲防肅然〔六〕，內外振悚。其功足以立法成治，民不爲非，治道乃成。其弊也，爲群枉之所讎〔七〕。法行寵貴，終受其害。其爲業也，有敝而不常用〔八〕，明君乃能用之彊，明不繼世〔九〕，故法不常用。故功大而不終。是以商君車裂〔一〇〕，吴起支解〔一一〕。

〔一〕法家之業：本書卷上流業「建法立制，彊國富人，是謂法家，管仲、商鞅是也」，「法家之材，司寇之任也」。

〔二〕制度：禮制法規。漢書嚴安傳：「是以天下人民逐利無已，犯法者衆。臣願爲民制度，以防其淫，使貧富不相燿，以和其心。」

〔三〕前苦而後治：謂法制建立進程，前期治理艱難，後期將獲和諧之政。韓非子六反：「故法之爲道，前苦而長利。仁之爲道，偷樂而後窮。聖人權其輕重，出其大利，故用法之相忍，而棄仁人之相憐也。學者之言，皆曰輕刑，此亂亡之術也。凡賞罰之必者，勸禁也。賞厚則所欲之得也疾，罰重則所惡之禁也急。夫欲利者必惡害，害者利之反也，反於所欲，焉得無惡。欲治者必惡亂，亂者治之反也，是故欲治甚者其賞必厚矣，其惡亂甚者其罰必重矣。今取於輕刑者，其惡亂不甚也，其欲治又不甚也。此非特無術也，又乃無行。」

〔四〕道化：道德教化。南齊書皇后傳：「史臣曰：后妃之德，著自風謠，義起閨房，而道化天下。」

〔五〕已試：謂已有任官履歷。詩小雅大東：「私人之子，百僚是試。」毛傳：「私人，私家人也。是試，用於百官也。」

〔六〕憲防：法令、禁律。後漢書質帝紀：「（本初元年正月詔）頃者，州郡輕慢憲防，競逞殘暴，造設科條，陷入無罪。或以喜怒驅逐長吏，恩阿所私，罰枉仇隙，至令守闕訴訟，前後不絕。」

〔七〕爲群枉之所讎：謂枉法者視法如寇讎。「枉」，邪曲，不正直。論語爲政：「哀公問曰：『何爲則民服？』孔子對曰：『舉直錯諸枉，則民服；舉枉錯諸直，則民不服。』」邢昺疏：「錯，置也。舉正直之人用之，廢置諸邪枉之人，則民服其上也。」又漢書楚元王傳附劉向傳：「讒邪之所以並進者，由上多疑心，既已用賢人而行善政，如或譖之，則賢人退而善政還。夫執狐疑之心者，來讒賊之口；持不斷之意者，開群枉之門。讒邪進則衆賢退，群枉盛則正士消。」顔師古注：「枉，曲也。」

〔八〕有敝而不常用：謂有時放棄，故不常用。「敝」，棄。禮記郊特牲：「大古冠布，齊則緇之。其緌也，孔子曰：『吾未之聞也，冠而敝之可也。』」鄭玄注「太古無飾，非時人緌也。雜記曰：『大白緇布之冠，不緌。』大白即太古。白布冠，今喪冠也。齊則緇之者，鬼神尚幽闇也。唐虞以上曰太古也」，「此重古而冠之耳。三代改制，齊冠不復用也，以白布冠質以爲喪冠也」。陸德明釋文：「敝，本亦作弊，婢世反。徐又房列反，弃也，復扶又反。」

〔九〕繼世：世代相承傳。孟子萬章上：「匹夫而有天下者，德必若舜禹，而又有天子薦之者，故仲尼不有天下。繼世而有天下，天之所廢必若桀紂者也，故益、伊尹、周公不有天下。」趙岐注：「仲尼無天子之薦，故不得以有天下。繼世之君，雖無仲尼之德，襲父之位，非匹夫，故得有天下也。」

〔一〇〕商君車裂：「商君」即商鞅。史記商君列傳：「秦孝公卒，太子立。公子虔之徒告商君欲反，發吏捕商君。商君亡至關下，欲舍客舍，客人不知其是商君也，曰：『商君之法，舍人無驗者坐之。』商君喟然歎曰：『嗟乎，爲法之敝一至此哉！』去之魏。魏人怨其欺公子卬而破魏師，弗受。商君欲之他國。魏人曰：『商君，秦之賊。秦彊而賊入魏，弗歸，不可。』遂内秦。商君既復入秦，走商邑，與其徒屬發邑兵北出擊鄭。秦發兵攻商君，殺之於鄭黽池。秦惠王車裂商君以徇，曰：『莫如商鞅反者！』遂滅商君之家。」本書卷上流業：「建法立制，彊國富人，是謂法家，管仲、商鞅是也。」

〔一二〕吴起支解：吴起，衛國左氏（今山東定陶西）人。幼學兵法，初仕魯、魏爲將，魏文侯用爲西河守，武侯時遭讒害，遂入楚。楚悼王以爲令尹，主持變法，楚乃富强。悼王死，宗室大臣作亂而攻吴起，被殺害。史記卷六五有傳。戰國策秦策三：「吴起爲楚悼罷無能，廢無用，損不急之官，塞私門之請，壹楚國之俗，南攻揚、越，北并陳、蔡，破横散從，使馳説之士無所開其口。功已成矣，卒支解。」鮑彪注：「斷其四支。按起傳，宗室大臣射刺起死。」

術家之業〔一〕，出於聰思〔二〕，待於謀得而章〔三〕。斷於未行，人無信者，功成事效，而後乃彰也。其道先微而後著〔四〕，精而且玄。計謀微妙，其始至精。終始合符〔五〕，是以道著。其未達也，爲衆人之所不識；謀在功前，衆何由識。其用也，爲明主之所珍。暗主昧然〔六〕，豈能貴之。其功足以運籌通變〔七〕，變以求通〔八〕，故能成其功。其退也，藏於隱微〔九〕。計出微密，是以不露。其爲業也，奇而希用〔一〇〕，主計神奇，用之者希也。故或沈微而不章〔一一〕。世希能用，道何由章？

〔一〕術家之業：本書卷上流業「思通道化，策謀奇妙，是謂術家，范蠡、張良是也」，「術家之材，三孤之任也」。

〔二〕聰思：四庫本作「聰明」。本書卷上流業劉昞注稱術家「智慮無方」。

〔三〕謀得而章：「謀得」，劉昞注謂之「功成事效」。「得」，成功。「章」，彰顯。

〔四〕道先微而後著：「道」，此言謀略、主張。論語衛靈公：「道不同，不相爲謀。」邢昺疏：「此章言人之爲事必須先謀，若道同者共謀，則情審不誤。若道不同而相爲謀，則事不成也。」「著」，彰顯。楚辭遠遊：「與化去而不見兮，名聲著而日延。」王逸注：「姓字彌章，流千億也。」

〔五〕終始合符：結果與預期相契合。「符」，符節。説文竹部：「符，信也。漢制以竹，長六寸，分而相合。」段玉裁注：「周禮：『門關用符節。』注曰：『符節者，如今宫中諸官詔符也。』」

〔六〕暗主：亦作「闇主」，與「明主」對言，謂昏昧之君主。荀子臣道：「故明主好同，而闇主好獨。」楊倞注：「獨，謂自任其智。」

〔七〕其功足以運籌通變：謂有智謀，有心計。文選班孟堅公孫弘傳贊：「運籌則桑弘羊。」李善注：「桑弘羊以心計爲侍中。」吕延濟注：「運籌則心計也。」

〔八〕變以求通：易繫辭上：「通變之謂事。」韓康伯注：「物窮則變，變而通之，事之所由生也。」孔穎達疏：「物之窮極，欲使開通，須知其變化乃得通也。凡天下之事，窮則須變，萬事乃生，故云通變之謂。」

〔九〕藏於隱微：因潛藏而隱約細微。文選司馬長卿上書諫獵：「蓋聞明者遠見於未萌，而智者避危於無形，禍固多藏於隱微，而發於人所忽者也。」

〔一〇〕奇而希用：史記陳丞相世家：「其明年，以護軍中尉從攻反者韓工信於代。卒至平城，爲匈奴所圍，七日不得食。高帝用陳平奇計，使單于閼氏，圍以得開。高帝既出，其計秘，世莫得聞。」

〔一一〕沈微：隱而不露。「沈」同「沉」，沉淪。「微」，隱匿。

智意之業〔一〕，本于原度〔二〕，其道順而不忤。將順時宜，何忤之有。故其未達也，爲衆人之所容矣。庶事不逆，善者來親。已達也，爲寵愛之所嘉。與衆同和，内外美之。其功足以讚明計慮〔三〕，媚順於時〔四〕，言計是信也。其敝也，知進而不退，不見忌害，是以慕進也。或離正以自全。用心多媚，故違於正。其爲業也，諂而難持〔五〕，韜情諂智〔六〕，非雅正之倫也。故或先利而後害。知進忘退，取悔之道〔七〕。

〔一〕智意之業：本書卷上流業：「術家之流，不能創制垂則，而能遭變用權，權智有餘，公正不足，是謂智意，陳平、韓安國是也。」劉昞注言智意「能鍊衆疑」。

〔二〕原度：推原，測度。本書卷上體別：「韜譎之人，原度取容，不戒其術之離正，而以盡爲愚，貴其虚。是故可與讚善，難與矯違。」

〔三〕讚明計慮：「讚明」，佐助彰明。孔子家語本姓解：「孔子生於衰周，先王典籍錯亂無紀，而乃論百家之遺記，考正其義，祖述堯舜，憲章文武，删詩述書，定禮理樂，制作春秋，讚明易道，垂訓後嗣，以爲法式。」「計慮」，計議謀慮。韓非子主道：「人主之道，靜退以爲寶，不自操事而知拙與巧，不自計慮而知福與咎。」

〔四〕媚順於時：討好時主，左右逢源。

〔五〕諝而難持：言其機謀難以持久。「諝」，才智。文選陸士衡辨亡論上：「謀無遺諝，舉不失策。」李善注：「廣雅曰：『諝，智也。』」

〔六〕韜情：本書卷上體别：「多智韜情，權在譎略，失在依違。」劉昞注：「隱違生於韜情。」

〔七〕取悔之道：自取悔尤。白居易集卷六一忠州刺史謝上表：「臣性本疏愚，識惟褊狹，早蒙採録，擢在翰林。僅歷五年，每加塵忝，竟無一事，上答聖明。及移秩宮寮，卑冗疏賤，不能周慎，自取悔尤。猶蒙聖慈，曲賜容貸，尚加禄食，出佐潯陽。」

臧否之業〔一〕，本乎是非〔二〕，其道廉而且砭〔三〕。清而不雜〔四〕，砭去纖芥〔五〕。故其未達也，爲衆人之所識，清潔不汙，在幽而明〔六〕。已達也，爲衆人之所稱〔七〕。業常明白，出則受譽。其功足以變察是非〔八〕，理清道潔，是非不亂。其敝也，爲詆訶之所怨〔九〕。詆訶之徒，不樂聞過。其爲業也，峭而不裕〔一〇〕，峭察於物，何能寬裕。故或先得而後離衆。清亮爲時所稱〔一一〕，理峭爲衆所憚。

〔一〕臧否之業：本書卷上流業「清節之流，不能弘恕，好尚譏訶，分别是非，是謂臧否，子夏之徒是也」，「臧否之材，師氏之佐也」。

〔二〕是非：褒貶，評論。史記太史公自序：「余聞董生曰：『周道衰廢，孔子爲魯司寇，諸侯害之，大夫壅之。孔子知言之不用，道之不行也，是非二百四十二年之中，以爲天下儀表，貶天子，退諸侯，討大夫，以達王事而已矣。』」索隱：「案：是非謂褒貶諸侯之得失也。」

〔三〕道廉而且砭：清正廉潔，針砭時弊。

〔四〕清而不雜：「不雜」，原作「混雜」，與「清」義相悖，今據四庫本改。

〔五〕纖芥：亦作「纖介」，細小。戰國策齊策四：「孟嘗君爲相數十年，無纖介之禍者，馮諼之計也。」鮑彪注：「介，獨也。獨則不衆，故爲微細之詞。一説喻草芥也。」

〔六〕在幽而明：昏暗處得見光明。春秋繁露竹林：「春秋記天下之得失，而見所以然之故。甚幽而明，無傳而著，不可不察也。」

〔七〕稱：稱揚。論語憲問：「子曰：『驥不稱其力，稱其德也。』」邢昺疏：「此章疾時尚力取勝，而不重德。驥是古之善馬，名人不稱其任重致遠之力，但稱其調良之德也。馬尚如是，人亦宜然。」

〔八〕變察：「變」通「辯」，「辯察」謂雄辯而詳審。韓非子外儲説左下：「辯察於辭，清潔於貨，習人情，夷吾不如弦商。」

〔九〕詆訶：詆毁。此指「詆訶之徒」。文選曹子建與楊德祖書：「劉季緒才不能逮於作者，而好詆訶文章，掎摭利病。」李善注：「説文曰：『訶，大言也。』又曰：『掎，偏引也。』」

〔一〇〕峭而不裕：苛刻而不寬容。史記袁盎鼂錯列傳：「錯爲人陗直刻深。」索隱：「峭，七笑反。峭，峻也。」「裕」，寬裕，寬容。書洛誥：「彼裕我民，無遠用戾。」僞孔傳：「彼天下被寬裕之政，則我民無遠用來，言皆來。」

〔一二〕清亮：此謂品行純正。後漢書袁安傳附忠傳：「初平中，爲沛相，乘葦車到官，以清亮稱。及天下大亂，忠弃官客會稽上虞。」

伎倆之業〔一〕，本于事能〔二〕，其道辨而且速〔三〕。伎計如神，是以速辨。其未達也，爲衆人之所異；伎能出衆，故雖微而顯。已達也，爲官司之所任〔四〕。遂事成功〔五〕，政之所務。其功足以理煩糾邪，釋煩理邪，亦須伎倆。其敝也，民勞而下困〔六〕。上不端而下困。其爲業也，細而不泰〔七〕，故爲治之末也〔八〕。道不平弘，其能太乎？

〔一〕伎倆之業：本書卷上流業「法家之流，不能創思遠圖，而能受一官之任，錯意施巧，是謂伎倆，張敞、趙廣漢是也」，「伎倆之材，司空之任也」。劉昞注：「錯意施巧，故掌冬官。」

〔二〕事能：辨事能力，即所謂「錯意施巧」。本書卷中材能：「權奇之能，伎倆之材也。故在朝也，則司空之任，爲國則藝事之政。」

〔三〕其道辨而且速：「辨」，明白清楚。呂氏春秋卷一五順說：「宋王謂左右曰『辨矣。客之以說服寡人也。』」

〔四〕官司之所任：被官府所任用。「官司」，本指百官，引申爲官府。抱朴子外篇酒誡：「曩者既年荒穀貴，人有醉者相殺，牧伯因此輒有酒禁，嚴令重申，官司搜索，收執榜徇者相辱，制鞭而死者太半。」

〔五〕遂事：事已完成。論語八佾：「哀公問社於宰我。宰我對曰：『夏后氏以松，殷人以柏，周人以栗，曰使民戰栗。』子聞之，曰：『成事不說，遂事不諫，既往不咎。』」何晏集解：「包曰：事已遂，不可復諫止。」

〔六〕民勞而下困：本書卷中材能：「伎倆之政，宜於治富，以之治貧，則民勞而下困。」劉昞注舉例說：「易貨改鑄，民失業矣。」

〔七〕泰：亦作「太」。廣韻泰韻：「泰，大也。」

〔八〕治之末：治國之道之末流。莊子天道：「本在於上，末在於下。要在於主，詳在於臣。三軍五兵之運，德之末也。賞罰利害，五刑之辟，教之末也。禮法度數，形名比詳，治之末也。鐘鼓之音，羽旄之容，樂之末也。哭泣衰絰，隆殺之服，哀之末也。此五末者，須精神之運，心術之動，然後從之者也。」郭慶藩集釋：「禮法者，五禮之法也。數者，計算；度，丈尺；形者，容儀；名者，字諱；比者，校當；詳者，定審。用此等法以養蒼生，治乖淳古，故爲治末也。」

接識第七

推己接物，俱識同體〔一〕。兼能之士，乃達群材〔二〕。

夫人初甚難知，貌厚情深〔三〕，難得知也。而士無衆寡〔四〕，皆自以爲知人〔五〕。故以己觀人，則以爲可知也。己尚清節〔六〕，則凡清節者，皆己之所知。觀人之察人，則以爲不識也。夫何哉？由己之所尚在於清節，人之所好在於利欲，曲直不同於他，便謂人不識物也。是故能識同體之善，性長思謀，則善策略之士。而或失異量之美〔七〕。遵法者雖美，乃思謀之所不取。

〔一〕同體：體性一致，喻指同類。呂氏春秋卷四誣徒：「人之情不能親其所怨，不能譽其所惡，學業之敗也，道術之廢也，從此生矣。善教者則不然，視徒如己，反己以教，則得教之情也。所加於人，必可行於己。若此，則師徒同體。」高誘注：「體，行也。」

〔二〕達：通曉。論語鄉黨：「康子饋藥，拜而受之。曰：『丘未達，不敢嘗。』」劉寶楠正義：「達，猶曉也。言不曉此藥治何疾，恐飲之反有害也。」

〔三〕貌厚情深：莊子列禦寇：「孔子曰：『凡人心險於山川，難於知天。天猶有春秋冬夏旦暮之期，人者厚貌深情。故有貌愿而益，有長若不肖，有順懁而達，有堅而縵，有緩而釬。故其就義若渴者，其去義若熱。』」本書卷中八觀：「夫人厚貌深情，將欲求之，必觀其辭旨，察其應贊。」

〔四〕士：此指讀書人。漢書食貨志上：「士農工商，四民有業。學以居位曰士，闢土殖穀曰農，作巧成器曰工，通財鬻貨曰商。」

〔五〕知人：漢書五行志上：「書云：『知人則悊，能官人。』」顏師古注：「虞書咎繇謨之辭。悊，智也。能知其材則能官之，所以爲智也。」

〔六〕清節：本書卷上流業：「有清節家。」劉昞注：「行爲物範。」

〔七〕異量：多寡不同，此謂人之不同類型。論衡實知：「賢者才多，聖人智多，所知同業，多少異量。」

何以論其然？夫清節之人〔一〕，以正直爲度〔二〕。故其歷衆材也〔三〕，能識性行之常〔四〕，度在正直，故悦有恒之人〔五〕。而或疑法術之詭〔六〕。謂守正足以致治〔七〕，何以法術爲也。法制之人〔八〕，以分數爲度〔九〕。故能識較方直之量〔一〇〕，度在法分〔一一〕，故悦方直之人。而不貴變化之術。謂法分足以濟業，何以術謀爲也。術謀之人〔一二〕，以思謨爲度〔一三〕。故能成策略之奇，度在思謀，故貴策略之人。而不識遵法之良〔一四〕。謂思謨足以化民〔一五〕，何以法制爲也。器能之人〔一六〕，以辨護爲度。故能識方略之規，度在辨護，故悦方計之人。而不知制度之原〔一七〕。謂方計足以立功，何以制度爲也。智意之人〔一八〕，以原意爲度〔一九〕。故能識韜諝之權〔二〇〕，度在原意，故悦韜諝之人。而不貴法教之常〔二一〕。謂原意足以爲正，何以法理爲也。伎倆之人〔二二〕，以邀功爲度〔二三〕。故能識進趣之功〔二四〕，度在邀功，故悦功能之人。而不通道德之化。謂伎能足以成事，何以道德爲也。臧否之人〔二五〕，以伺察爲度。故能識訶砭之明〔二六〕，度在伺察，故悦譴訶之人〔二七〕。而不暢倜儻之異〔二八〕。謂譴訶乃成教，何以寬弘爲也。言語之人〔二九〕，以辨析爲度。故能識捷給之惠〔三〇〕，度在剖析，故悦敏給之人。而不知含章之美〔三一〕。謂辨論事乃理，何以含章爲也。是以互相非駮〔三二〕，莫肯相是。人皆自以爲是，誰肯道人之是。取同體也，則接論而相得〔三三〕。性能苟同，則雖胡、越〔三四〕，接響而情通。取異體也，雖歷久而不知。性能苟異，則雖比肩〔三五〕，歷年而逾疏矣。

〔一〕清節之人：本書卷上流業：「若夫德行高妙，容止可法，是謂清節之家。」又本書卷中材能：「是故自任之能，清節之材也。故在朝也，則家宰之任，爲國則矯直之政。」又本書卷中利害：「夫清節之業，著於儀容，發於德行，未用而章，其道順而有化。故其未達也，爲衆人之所進；既達也，爲上下之所敬。」

〔二〕以正直爲度：「度」，法度。左傳昭公三年：「公室無度。」杜預注：「無法度。」

〔三〕歷：閱視，引申爲考察。爾雅釋詁下：「歷……相也。」又禮記郊特牲：「然後簡其車賦，而歷其卒伍。」王引之經義述聞：「歷謂閱視之也。」

〔四〕性行之常：「性行」，本性，德行。論衡率性：「論人之性，定有善有惡。其善者固自善矣，其惡者故可教告率勉，使之爲善。凡人君父審觀臣子之性，善則養育勸率，無令近惡。近惡則輔保禁防，令漸於善。善漸于惡，惡化于善，成爲性行。」

〔五〕有恒之人：即有常德之人。論語述而：「子曰：『善人，吾不得而見之矣，得見有恒者，斯可矣。』」邢昺疏：「善人，即君子也。恒，常也。又見善人之君，吾不得而見之矣，得見有常德之君，斯亦可矣。」

〔六〕法術：法制與術謀。晉書傅玄傳：「近者魏武好法術，而天下貴刑名。」

〔七〕守正：篤守正道。漢書楚元王傳附劉向傳：「君子獨處守正，不橈衆枉。」顔師古注：「橈，屈也，不爲衆曲而自屈也。」

〔八〕法制之人：即「法家」。本書卷上流業「建法立制，彊國富人，是謂法家，管仲、商鞅是也」，「法家之材，司寇之任也」。劉昞注：「掌以刑法，禁制姦暴。」

〔九〕分數：法度，規範。晉書傅玄傳：「臣聞先王分士農工商以經國制事，各一其業而殊其務。自士已上子弟，爲之立太學以教之，選明師以訓之，各隨其才優劣而授用之。農以豐其食，工以足其器，商賈以通其貨。故雖天下之大，兆庶之衆，無有一人游手。分數之法，周備如此。」

〔一〇〕方直之量：端方正直之材能。「量」，氣度，才幹。三國志蜀書諸葛亮傳：「劉備以亮有殊量，乃三顧亮於草廬之中。」本書卷中材能：「夫能出於材，材不同量。材能既殊，任政亦異。」

〔一一〕法分：猶法度，法制，如君臣之别，臣之職分，民之法律。管子明法解：「明主者，使下盡力而守法分，故群臣務尊主，而不敢顧其家。臣主之分明，上下之位審，故大臣各處其位而不敢相貴。亂主則不然，法制廢而不行。故群臣得務益其家，君臣無分，上下無别，故群臣得務相貴。如此者，非朝臣少也，衆不爲用也。」

〔一二〕術謀之人：當即「術家」。本書卷上流業「思通道化，策謀奇妙，是謂術家，范蠡、張良是也」，「術家之材，三孤之任也」。劉昞注：「掌以廟謨，佐公論政。」

〔一三〕思謨：即思謀，謀略。「謨」通「謀」。書皋陶謨僞孔傳：「謨，謀也。皋陶爲帝舜謀。」

〔一四〕不識遵法之良：「不識」，長短經卷一知人引人物志作「或失」。

〔一五〕化民：教化民衆。禮記學記：「發慮憲，求善良，足以謏聞，不足以動衆。就賢體遠，足以動衆，未足以化民。君子如欲化民成俗，其必由學乎？」

〔一六〕器能之人：本書卷上流業：「兼有三材，三材皆微，其德足以率一國，其法足以正鄉邑，其術足以權事宜，是謂器能，子產、西門豹是也。」

〔一七〕制度之原：謂建立法制之本原（重要性）。「制度」，猶法制，禮俗之總稱。書周官：「又六年，王乃時巡，考制度于四岳。」僞孔傳：「周制，十二年一巡守，春東，夏南，秋西，冬北，故曰時巡。考正制度禮法于四岳之下，如虞帝巡守然。」

〔一八〕智意之人：本書卷上流業「術家之流，不能創制垂則，而能遭變用權，權智有餘，公正不足，是謂智意，陳平、韓安國是也」，「智意之材，冢宰之佐也」。又卷中材能：「人事之能，智意之材也。」又卷中利害：「智意之業，本於原度，其道順而不忤。故其未達也，爲衆人之所容矣；已達也，爲寵愛之所嘉。其功足以讚明計慮，其敝也，知進而不退，或離正以自全。其爲業也，諝而難持，故或先利而後害。」

〔一九〕原意：窮究本意。漢書薛宣傳：「春秋之義，原心定罪。」顔師古注：「原謂尋其本也。」

〔二〇〕韜諝：「諝」謂機智、計謀。淮南子本經訓：「逮至衰世，人衆財寡，事力勞而養不足，於是忿爭生，是以貴仁。仁鄙不齊，比周朋黨，設詐諝，懷機械巧故之心，而性失矣。」高誘注：「諝，謀也。」

〔二一〕法教：法理教化。三國志魏書王朗傳：「朗上疏曰：『夫帝王之居，外則飾周衛，內則重禁門，將行則設兵而後出幄，稱警而後踐墀，張弧而後登輿，清道而後奉引，遮列而後轉轂，静室而後息駕，皆所以顯至尊，務戒慎，垂法教也。』」

〔二二〕伎倆之人：本書卷上流業：「法家之流，不能創思遠圖，而能受一官之任，錯意施巧，是謂伎倆，張敞、趙廣漢是也。」又卷中材能：「權奇之能，伎倆之材也。」又卷中利害：「伎倆之業，本于事能，其道辨而且速。其未達也，爲衆人之所異；已達也，爲官司之所任。其功足以理煩糾邪，其敝也，民勞而下困。」

〔二三〕邀功：追求功勞。「邀」，求取。論衡自然：「舜、禹承安繼治，任賢使能，恭己無爲而天下治。舜禹承堯之安，堯則天而行，不作功邀名，無爲之化自成，故曰『蕩蕩乎，民無能名焉』。」

〔二四〕進趣：猶進取（功名）。後漢書韋彪傳：「建武末，舉孝廉，除郎中，以病免，復歸教授。安貧樂道，恬於進趣，三輔諸儒莫不慕仰之。」

〔二五〕臧否之人：本書卷上流業：「清節之流，不能弘恕，好尚譏訶，分别是非，是謂臧否，子夏之徒是也。」又卷中材能：「司察之能，臧否之材也。」又卷中利害：「臧否之業，本乎是非，其道廉而且砭。故其未達也，爲衆人之所識；已達也，爲衆人之所稱。其功足以變察是非，其敝也，爲詆訶之所怨。」

〔二六〕訶砭：呵斥貶責。

〔二七〕譴訶：譴責，呵斥。後漢紀安帝紀上：「（樂城王萇驕淫失度，冀州刺史奏萇罪至不道，尚書侍郎泠宏議）臣聞周官議親，惷愚見赦。萇不殺無辜，以譴訶爲非，無赫赫大惡，可裁削奪損其租賦，令得改過自新，革心向道。」

〔二八〕倜儻：言行灑脱而不受禮俗約束。三國志魏書王衛二劉傅傳：「瑀子籍，才藻豔逸，而倜儻放蕩，行己寡欲，以莊周爲模則。」

〔二九〕言語之人：即本書卷上流業所説「有口辨」者，劉昞注：「應對給捷。」又卷上體別：「辨博之人，論理贍給。不戒其辭之汎濫，而以楷爲繫，遂其流。是故可與汎序，難與立約。」又卷上流業「辯不入道，而應對資給，是謂口辯，樂毅、曹丘生是也」，「辯給之材，行人之任也」。

〔三〇〕捷給之惠：「捷給」，應對敏捷，滔滔不絶。史記張釋之馮唐列傳：「夫絳侯、東陽侯稱爲長者，此兩人言事曾不能出口，豈斆此嗇夫諜諜，利口捷給哉！」「惠」，通「慧」，聰慧。後漢書孔融傳：「（陳）煒曰：『夫人小而聰了，大未必奇。』融應聲曰：『觀君所言，將不早惠乎？』」

〔三一〕含章之美：謂内在美質。易坤卦：「含章可貞。」孔穎達疏：「章，美也。」

〔三二〕非駮：非難，辨駁。「駮」，同「駁」。晉書儒林傳董景道傳：「三禮之義，專遵鄭氏。著禮通論非駁諸儒，演廣鄭旨。」

〔三三〕相得：彼此投合。

〔三四〕胡越：胡地在北，越地在南，相隔殊遠。淮南子俶真訓：「夫目視鴻鵠之飛，耳聽琴瑟之聲，而心在雁門之間，一身之中，神之分離剖判，六合之内，一舉而千萬里。是故自其異者視之，肝膽胡、越；自其同者視之，萬物一圈也。」高誘注：「肝膽論近，胡、越論遠。」

〔三五〕比肩：肩並肩，言相距之近。淮南子說山訓：「三人比肩，不能外出户。」高誘注：「户不容故也。」

凡此之類，皆謂一流之材也〔一〕。故同體則親，異體則疏〔二〕。若二至已上，亦隨其所兼，以及異數〔三〕。法家兼術，故能以術輔法。故一流之人，能識一流之善。以法治者，所以舉不過法。二流之人，能識二流之美。體法術者，法術兼行。盡有諸流，則亦能兼達衆材。體通八流〔四〕，則八材當位〔五〕，物無不理。故兼材之人與國體同〔六〕。謂八材之人，始進陳言，冢宰之官，察其所以。欲觀其一隅，則終朝足以識之〔七〕。將究其詳，則三日而後足。何謂三日而後足？夫國體之人，兼有三材〔八〕，故談不三日，不足以盡之。一以論道德，二以論法制，三以論策術，然後乃能竭其所長，而舉之不疑。在上者兼明八材，然後乃能盡其所進，用而無疑矣。

〔一〕一流之材：「一流」，猶「一至」，指偏材之人。本書卷上九徵論「人物情性志氣」，命爲「九徵」，「九徵有違，則偏雜之材也。三度不同，其德異稱。故偏至之材，以材自名。兼材之人，以德爲目。兼德之人，更爲美號」，「一至謂之偏材。偏材，小雅之稱也」。劉昞注：「偏材荷一至之名，兼材居德儀之目，兼德體中庸之度。」

〔二〕同體則親異體則疏：莊子在宥：「世俗之人，皆喜人之同乎己，而惡人之異於己也。」郭慶藩集釋：「染習之人，迷執日久，同己喜懽，異己嫌惡也。」

〔三〕異數：品類、等次不同者。左傳莊公十八年：「王命諸侯，名位不同，禮亦異數。」

〔四〕八流：即本書卷上流業所謂「八業」：清節、法家、術家、國體、器能、臧否、伎倆、智意。「凡此八業，皆以三材爲本。」

〔五〕八材：即本書卷中材能所謂「清節之材」「治家之材」「術家之材」「智意之材」「譴讓之材」「伎倆之材」「臧否之材」「豪傑之材」。

〔六〕與國體同：即與國體之人同屬一類。本書卷上流業：「兼有三材，三材皆備，其德足以厲風俗，其法足以正天下，其術足以謀廟勝，是謂國體，伊尹、呂望是也。」又卷中材能：「至於國體之人，能言能行，故爲衆材之雋也。」

〔七〕終朝：一上午，言時間不長。詩小雅采綠：「終朝采綠，不盈一匊。」毛傳：「自旦及食時爲終朝。兩手曰匊。」按，古人一日兩餐，朝食在日出之後，隅中之前。

〔八〕兼有三材：「三材」即下文三日所論之「道德」「法制」和「策術」。本書卷上流業稱國體之人「兼有三材，三材皆備」，劉昞注：「德與法、術皆純備也。」又云：「凡此八業，皆以三材爲本。」劉昞注：「非德無以正法，非法無以興術，是以八業之建，常以三材爲本。」

然則何以知其兼偏〔一〕，而與之言乎〔二〕？察言之時，何以識其偏材？何以識其兼材也？其爲人也，務以流數杼人之所長〔三〕，而爲之名目〔四〕，如是者兼也〔五〕。每因事類，杼盡人之所能，爲之名目，言不容口〔六〕。好陳己善〔七〕，欲人稱之，己之有善，因事自說，又欲令人言常稱己。不欲知人之所有，如是者偏也。人之有善，耳不樂聞，人稱之，口不和也。不欲知人之所有〔八〕，則言無不疑。聞法則疑其刻削，聞術則疑其詭詐。是故以深說淺，益深益異。淺者意近，故聞深埋而心逾衒〔九〕。是以商君說帝王之道不入〔一〇〕，則以彊兵之義示之。異則相返〔一一〕，反則相非。聞深則心衒，焉得而相是？是以李兑塞耳而不聽蘇秦之說〔一二〕。是故多陳處直〔一三〕，則以爲見美〔一四〕。以其多方疑似見美也。靜聽不言，則以爲虛空。待時來語，疑其無實。抗爲高談〔一五〕，則爲不遜。辭護理高〔一六〕，疑其淩己。遜讓不盡〔一七〕，則以爲淺陋。卑言寡氣，疑其淺薄。言稱一善，則以爲不博。未敢多陳，疑其陋狹。歷發衆奇〔一八〕，則以爲多端。偏舉事類，則欲以釋之，復以爲多端。先意而言〔一九〕，則以爲分美。言合其意，疑分己美。因失難之，則以爲不喻。欲補其失，反不喻也。說以對反，則以爲較己〔二〇〕。欲反其事而明言，乃疑其較也。博以異雜，則以爲無要〔二一〕。控盡所懷〔二二〕，謂之無要。論以同體，然後乃悅。弟兄忿肆，爲陳管、蔡之事〔二三〕，則欣暢而和悅。於是乎有親愛之情，稱舉之譽。苟言之同，非徒親愛而已，乃至譽而舉之。此偏材之常失。意常婣護〔二四〕，欲人同己，己不必得，何由暫得〔二五〕。

〔一〕 兼偏：即「兼材」（兼材之人）和「偏材」（偏至之材）。見本書卷上九徵。

〔二〕與之言：論語衛靈公：「子曰：『可與言而不與言，失人。不可與言而與之言，失言。知者不失人，亦不失言。』」邢昺疏：「若中人以上，可以語上，是可與言，而不與言，是失於彼人也。若中人以下，不可以語上，而已與之言，則失於己言也。惟知者明於事，二者俱不失。」

〔三〕務以流數杼人之所長：注重稱道衆家之長。「流數」，此前未見用例，劉昞注釋爲「事類」。疑「流」指「人流之業」（本書卷中利害謂「人流之業，各有利害」，其例則有清節之業、法家之業、術家之業、智意之業、臧否之業、伎倆之業），業流非一，故得稱「數」也。「杼」，通「抒」，抒發。楚辭九章惜誦：「惜誦以致愍兮，發憤以杼情。」

〔四〕名目：稱讚。三國志魏書王衛二劉傅傳：「評曰：昔文帝、陳王以公子之尊，博好文采，同聲相應，才士並出，惟粲等六人最見名目。」

〔五〕如是者兼也：「者」字原闕，今據長短經卷一知人引人物志補。如此與下文「如是者偏也」句式蓋同。

〔六〕言不容口：謂滿口稱讚。漢書爰盎傳：「盎雖居家，景帝時時使人問籌策。梁王欲求爲嗣，盎進説，其後語塞。梁王以此怨盎，使人刺盎。刺者至關中，問盎，稱之皆不容口。」顔師古注：「稱美其德，口不能容也。」

〔七〕好陳己善：原作「如陳以美」，四庫本作「如陳己美」，今據長短經卷一知人引人物志改。劉昞注此句作「己之有善，因事自説」，可證長短經所引爲是。

〔八〕不欲知人之所有：「之所有」三字原闕，今據漢魏叢書本補。按，四庫本亦闕，四庫考證卷五二以爲當據漢魏叢書本補。

〔九〕衒：眩惑，迷惑。拾遺記卷二夏禹：「夫神迹難求，幽暗罔辨，希夷髣髴之間，聞見以之衒惑。」

〔一〇〕商君説帝王之道不入：史記商君列傳：「公孫鞅聞秦孝公下令國中求賢者，將修繆公之業，東復侵地，迺遂西入秦，因孝公寵臣景監以求見孝公。孝公既見衛鞅，語事良久，孝公時時睡，弗聽。罷而孝公怒景監曰：『子之客妄人耳，安足用邪！』景監以讓衛鞅。衛鞅曰：『吾説公以帝道，其志不開悟矣。』後五日，復求見鞅。鞅復見孝公，益愈，然而未中旨。罷而孝公復讓景監，景監亦讓鞅。鞅曰：『吾説公以王道而未入也。請復見鞅。』鞅復見孝公，孝公善之而未用也。罷而去。孝公謂景監曰：『汝客善，可與語矣。』鞅曰：『吾説公以霸道，其意欲用之矣。誠復見我，我知之矣。』衛鞅復見孝公。公與語，不自知厀之前於席也。語數日不厭。景監曰：『子何以中吾君？吾君之驩甚也。』鞅曰：『吾説君以帝王之道比三代，而君曰：「久遠，吾不能待。且賢君者，各及其身顯名天下，安能邑邑待數十百年以成帝王乎？」欲吾以彊國之術説君，君大説之耳。然亦難以比德於殷周矣。』」正義：「説者以五帝三王之事比至孝公，以三代帝王之道方興。孝公曰『太久遠，吾不能』。」

〔一一〕返：違反，違背。齊民要術種穀：「順天時，量地利，則用力少而成功多。任情返道，勞而無獲。」

〔一二〕李兑塞耳而不聽蘇秦之説：「耳」字原作一空格，今據四庫本補。李兑，戰國趙臣，趙惠文王初年，兑與公子成同掌國政。蘇秦，戰國燕臣，得燕昭王親信，奔走於齊、趙、魏等國進行游説，主張合縱攻秦，史記卷六九有傳。戰國策趙策一：「蘇秦説李兑曰：『雒陽乘軒里蘇秦家貧親老，無罷車駑馬，桑輪蓬篋，羸縢負書擔橐，觸塵埃，蒙霜露，越漳河，足重繭，日百而舍，造外闕，願見於前，口道天下之事。』李兑曰：『先生以鬼之言見我則可，若以人之事，兑盡知之矣。』蘇秦對曰：『臣固以鬼之言見君，非以人之言也。』李兑見之，蘇秦曰：『……今君殺主父而族之，君之立於天下，危於累卵。君聽臣計則生，不聽臣計則死。』李兑曰：『先生就舍，明日復來見兑也。』蘇秦出。李兑舍人謂李兑曰：『臣竊觀君與蘇公談也，其辯過君，其博過君，君能聽蘇公之計乎？』李兑曰：『不能。』舍人曰：『君即不能，願君堅塞兩耳，無聽其談也。』明日復見，終日談而去。舍人出送蘇君，蘇秦謂舍人曰：『昨日我談粗而君動，今日精而君不動，何也？』舍人曰：『先生之計大而規高，吾君不能用也。乃我請君塞兩耳，無聽談者。雖然，先生明日復來，吾請資先生厚用。』明日來，抵掌而談。李兑送蘇秦明月之珠、和氏之璧、黑貂之裘、黄金百鎰。蘇秦得以爲用，西入於秦。」

〔一三〕處直：猶處置（舉措）。三國志魏書東夷傳：「其北方近郡諸國差曉禮俗，其遠處直如囚徒奴婢相聚。」

〔一四〕見美：表現出己之所長。

〔一五〕抗：用意猛奮。本書卷上材理：「抗厲之人，不能迴撓。」劉昞注：「用意猛奮，志不旋屈。」

〔一六〕辭護：議論縝密，有如設防。

〔一七〕遜讓不盡：出於謙遜禮讓，不願盡展其才。史記滑稽列傳：「褚先生曰：『臣幸得以經術爲郎，而好讀外家傳語，竊不遜讓，復作故事滑稽之語六章。』」

〔一八〕歷發衆奇：劉昞釋爲「偏（徧）舉事類」，也就是一一稱引諸家之説。「歷」，盡，遍。書盤庚下：「今予其敷心腹腎腸，歷告爾百姓于朕志。」孔穎達疏：「歷，偏（遍）。」

〔一九〕先意：即「先意承志」，亦作「先意承旨」，本謂孝子先父母之意而承順其志，後泛指揣摩人意，諂媚逢迎。三國志吴書賀邵傳：「是以正士摧方，而庸臣苟媚，先意承旨，各希時趣，人執反理之評，士吐詭道之論，遂使清流變濁，忠臣結舌。」本書卷上材理：「聰叡資給，不以先人。」

〔二〇〕較己：與己比高低。「較」，比較，較量。

〔二一〕無要：不得要領。「要」，關鍵。

〔二二〕控盡所懷：吐盡心裏話。廣韻送韻：「控……告也。」

〔二三〕管蔡之事：即管叔鮮、蔡叔度亂國之事。史記管蔡世家：「管叔鮮、蔡叔度者，周文王子而武王弟也……武王已克殷紂，平天下，封功臣昆弟，於是封叔鮮於管，封叔度於蔡，二人相紂子武庚禄父，治殷遺民……武王既崩，成王少，周公旦專王室。管叔、蔡叔疑周公之爲不利於成王，乃挾武庚以作亂。周公旦承成王命伐誅武庚，殺管叔，而放蔡叔，遷之，與車十乘，徒七十人從。」

〔二四〕婟護：此前未見用例，依單字串講，疑當是恨人所長，護己之短。「婟」，同「嫭」。廣雅釋詁：

「婞……妬也。」王念孫疏證「婟，嫪也。婟與婞同」，「廣韻：『嫪，吝物也。』義與妬竝相近」。本書卷上材理：「寫人之所懷，扶人之所能，不以事類犯人之所婟。」又卷中八觀：「犯其所乏則婟，以惡犯婟則妬。」

〔二五〕何由暫得：「暫」，四庫本作「常」。

英雄第八〔一〕

自非平淡，能各有名。英爲文昌，雄爲武稱。

夫草之精秀者爲英〔二〕，獸之特群者爲雄。物尚有之，況於人乎！故人之文武茂異〔三〕，取名於此。文以英爲名，武以雄爲號。是故聰明秀出謂之英〔四〕，膽力過人謂之雄，此其大體之別名也。若校其分數〔五〕，則互相須〔六〕，英得雄分，然後成章。雄得英分，然後成剛。各以二分〔七〕，取彼一分，然後乃成。膽者雄之分，智者英之分。英有聰明，須膽而後成；雄有膽力，須知然後立〔八〕。

〔一〕英雄：湯用彤讀人物志：「英雄者，漢魏間月旦人物所有名目之一也。天下大亂，撥亂反正則需英雄。漢末豪俊並起，群欲平定天下，均以英雄自許，故王粲著有漢末英雄傳。」（湯用彤學術論文集，第二〇〇頁。）又錢穆略述劉邵人物志：「在三國時，一般人又多喜歡講『英雄』，因亂世需英雄也。如曹操嘗語劉備曰：『今天下英雄，惟使君與操耳。』即時人尚英雄之證。據劉邵人物志意見，『英』，乃指其人之聰明；『雄』，乃指其人之膽力。如張良柔弱似婦人女子，乃英而不雄；

韓信則是雄而不英。然英才之人不能使用雄才，雄才之人亦不能使用英才。必求其人聰明、膽力相兼，方可謂之英雄。若不得已而必須分别論之，則英才較雄才爲高。然必兼英與雄，始可用天下英雄之才，而得建成大業也。」（中國學術思想史論叢（三），第五九頁。）

〔二〕草之精秀者爲英：草木之精華在於花。以喻人，則稱其傑出者爲「英才」。孟子盡心上：「孟子曰：『君子有三樂，而王天下不與存焉。父母俱存，兄弟無故，一樂也。仰不愧於天，俯不怍於人，二樂也。得天下英才而教育之，三樂也。』」又荀子正論：「堯、舜者，天下之英也。」楊倞注：「鄭康成注禮記云：『英謂俊選之尤者。』」能改齋漫録卷七茂才英俊英雄：「唐孔穎達嘗引辨名記云：『倍人曰茂，十人曰選，倍選曰雋，千人曰英，倍英曰賢，萬人曰傑，倍傑曰聖。』」

〔三〕茂異：才德超出時輩者。漢書何武傳：「是時，宣帝循武帝故事，求通達茂異士，召見武等於宣室。」

〔四〕秀出：特異突出。後漢書方術傳謝夷吾傳：「竊見鉅鹿太守會稽謝夷吾，出自東州，厥土塗泥，而英姿挺特，奇偉秀出。」

〔五〕校其分數：考察其比例（英與雄）。「校」，考核。荀子君道：「日月積久，校之以功。」

〔六〕互相須：互相需要，互爲補充。「互相」，原作「牙則」，今據四庫本改。

〔七〕二分：一分爲二。文選郭景純江賦：「源二分於崌崍，流九派乎潯陽。」李善注：「山海經曰：『岷山東北百四十里崍山，江水出焉；又東百五十里崌山，江水出焉。而東流注于大江。』郭璞曰：『崍山，中江所出也。岷山，北江所出也。』」

〔八〕 知：同「智」，智慧。

何以論其然？夫聰明者，英之分也〔一〕，不得雄之膽，則說不行〔二〕。智而無膽，不能正言〔三〕。膽力者，雄之分也，不得英之智，則事不立。勇而無謀，不能立事。是故英以其聰謀始〔四〕，以其明見機〔五〕，智以謀事之始，明以見事之機。待雄之膽行之〔六〕；不決則不能行。雄以其力服衆，以其勇排難，非力，衆不服；非勇，難不排。待英之智成之，智以制宜，巧乃可成。然後乃能各濟其所長也。譬金待水而成利功〔七〕，物得水然後成養功。若聰能謀始，而明不見機，乃可以坐論〔八〕，而不可以處事。智能坐論，而明不見機，何事務之能處？聰能謀始，明能見機，而勇不能行，可以循常，而不可以慮變。明能循常，勇不能行，何應變之能爲？若力能過人，而勇不能行，可以爲力人〔九〕，未可以爲先登〔一〇〕。力雖絶群，膽雄不決，何先鋒之能爲？力能過人，勇能行之，而智不能斷事，可以爲先登，未足以爲將帥。力能先登，臨事無謀，何將帥之能爲？必聰能謀始，明能見機，膽能決之，然後可以爲英，張良是也〔一一〕。氣力過人，勇能行之，智足斷事，乃可以爲雄，韓信是也〔一二〕。體分不同〔一三〕，以多爲目〔一四〕，故英雄異名。張良英智多，韓信雄膽勝。然皆偏至之材〔一五〕，人臣之任也〔一六〕。

〔一〕分：資質。文選盧子諒贈劉琨并書：「在木闕不材之資，處鴈乏善鳴之分。」李善注：「晉灼漢書注曰：『資，材量也。分謂己所當得也。』」

〔二〕説：學説、主張。孟子滕文公下：「楊、墨之道不息，孔子之道不著，是邪説誣民，充塞仁義也。仁義充塞，則率獸食人，人將相食。」趙岐注：「言仁義塞則邪説行，獸食人則人相食，此亂之甚也。」

〔三〕正言：猶直言。管子法法：「人主不周密，則正言直行之士危。」房玄齡注：「所謂君不密則失臣。」

〔四〕謀始：初始時要計畫周密（以免後患）。易訟卦：「君子以作事謀始。」孔穎達疏：「物既有訟言，君子當防此訟源。凡欲興作其事，先須謀慮其始。若初始分職分明，不相干涉，即終無所訟也。」

〔五〕見機：本書卷上材理：「明能見機，謂之達識之材。」

本書卷上材理：「思能造端，謂之構架之材。」

〔六〕待：需要，必須。史記天官書：「（太史公曰）至天道命，不傳；傳其人，不待告；告非其人，雖言不著。」正義：「待，須也。言天道性命，忽有志事，可傳授之則傳，其大指微妙，自在天性，不須深告語也。」

〔七〕金待水而成利功：此謂淬火使鋒利。文選王子淵聖主得賢臣頌：「清水淬其鋒。」劉良注：「淬謂燒刃令熱漬於水中也。」

〔八〕坐論：此謂坐而論道。周禮冬官考工記：「國有六職，百工與居一焉，或坐而論道，或作而行之。」

〔九〕力人：有力之人，大力士。左傳宣公十五年：「魏顆敗秦師于輔氏，獲杜回，秦之力人也。」

〔一〇〕先登：先於衆人而登，指先鋒。韓非子内儲説上倒言：「明日且攻亭，有能先登者，仕之國大夫，賜之上田上宅。」又史記樊酈滕灌列傳：「（酈）商將卒四千人屬沛公於岐。從攻長社，先登，賜爵封信成君。」

〔一一〕張良：本書卷上流業：「思通道化，策謀奇妙，是謂術家，范蠡、張良是也。」又本書卷下七繆：「是以張良體弱而精彊，爲衆智之雋也。」

〔一二〕韓信：本書卷上流業：「膽力絶衆，材略過人，是謂驍雄，白起、韓信是也。」又本書卷下七繆：「是以驥子發足，衆士乃誤；韓信立功，淮陰乃震。」

〔一三〕體分：兼指素質（後天所得）與秉賦（先天具有）。

〔一四〕目：名目，名稱。水經注漾水：「漢武帝元鼎六年開，以爲武都郡。天池大澤在西，故以都爲目矣。」

〔一五〕偏至之材：本書卷上九徵「然皆偏至之材，以勝體爲質者也」，「故偏至之材，以材自名；兼材之人，以德爲目」。

〔一六〕人臣之任：本書卷上流業：「凡此十二材，皆人臣之任也。」

故英可以爲相，制勝于近。雄可以爲將。揚威于遠。若一人之身，兼有英、雄，則能長世〔一〕，高祖〔二〕、項羽是也〔三〕。然英之分以多於雄，而英不可以少也。英以致智，智能役雄，何可少也。英分少，則智者去之。故項羽氣力蓋世〔四〕，明能合變〔五〕，膽烈無前，濟江焚糧〔六〕。而不能聽采奇異，有一范增不用〔七〕，是以陳平之徒皆亡歸。高祖英分多，故群雄服之，英材歸之，兩得其用。雄既服矣，英又歸之。故能吞秦破楚，宅有天下〔八〕。

〔一〕長世：稱雄於世。

〔二〕高祖：即漢高祖劉邦，字季，沛縣豐（今江蘇豐縣）人。秦末，響應陳勝、吴廣起事，稱沛公。前二〇六年，率軍攻入咸陽，秦滅亡。同年，項羽入關，大封諸侯，封劉邦爲漢王，羽自立爲楚王。歷經五年楚、漢之争，以項羽失敗告終。前二〇二年，劉邦建立漢朝。見史記卷八、漢書卷一。

〔三〕項羽：即項籍，字羽，下相（今江蘇宿遷西南）人。世爲楚將。秦二世元年（前二〇九），隨叔父項梁在吴（今江蘇蘇州）起義。秦亡後，自立爲西楚霸王。楚、漢之争中失敗，突破垓下之圍，行至烏江自刎。見史記卷七、漢書卷三一。

〔四〕項羽氣力蓋世：言項羽威武超群。史記項羽本紀：「項王軍壁垓下，兵少食盡，漢軍及諸侯兵圍之數重。夜聞漢軍四面皆楚歌，項王乃大驚曰：『漢皆已得楚乎？是何楚人之多也！』項王則夜起，飲帳中。有美人名虞，常幸從，駿馬名騅，常騎之。於是項王乃悲歌忼慨，自爲詩曰：『力拔山兮氣蓋世，時不利兮騅不逝。騅不逝兮可奈何，虞兮虞兮奈若何！』」

〔五〕合變：合乎時變，隨機應變。文選班孟堅答賓戲：「因勢合變，遇時之容，風移俗易，乖迕而不可通者，非君子之法也。」李善注：「項岱曰：『容，宜也。或因際會之勢，合變譎之事，遇時獨暫得容也。』」

〔六〕濟江焚糧：即破釜沉舟，決一死戰。按「江」當作「河」，此指漳水。史記項羽本紀：「項羽已殺卿子冠軍，威震楚國，名聞諸侯。乃遣當陽君、蒲將軍將卒二萬渡河，救鉅鹿。戰少利，陳餘復請兵。項羽乃悉引兵渡河，皆沈船，破釜甑，燒廬舍，持三日糧，以示士卒必死，無一還心。於是至則圍王離，與秦軍遇，九戰，絶其甬道，大破之，殺蘇角，虜王離。」

〔七〕范增：居鄛（今安徽桐城南）人。項羽謀士，封歷陽侯，尊爲亞父。屢勸項羽殺劉邦，羽不聽。後羽中離間計，削奪增權，增憤而離去，病卒於途。事見史記項羽本紀、漢書項籍傳。

〔八〕宅有天下：居有天下，統治天下。「宅」，居。晉書恭帝紀：「安帝崩，劉裕矯稱遺詔曰：『唯我有晉，誕膺明命，業隆九有，光宅四海。』」

然則英、雄多少，能自勝之數也〔一〕。勝在於身，則能勝物。徒英而不雄，則雄材不服也。內無主於中〔二〕，外物何由入？徒雄而不英，則智者不歸往也。無名以接之〔三〕，智者何由往？故雄能得雄，不能得英。兕虎自成群也〔四〕。英能得英，不能得雄。鸞鳳自相親也〔五〕。故一人之身，兼有英、雄，乃能役英與雄。能役英與雄，故能成大業也。武以服之，文以綏之〔六〕，則業隆當年，福流後世。

〔一〕自勝之數：「自勝」，自我勝出。老子第三十三章：「勝人者有力，自勝者强。」王弼注：「勝人者，有力而已矣。未若自勝者，無物以損其力。用其智於人，未若用其智於己也。用其力於人，未若用其力於己也。明用於己則物無避焉，力用於己則物無改焉。」

〔二〕內無主於中：莊子天運：「中無主而不止，外無正而不行。」郭慶藩集釋「若使中心無受道之主，假令聞於聖説，亦不能止住於胸懷」，「中既無受道之心，故外亦無正於己者，故不可行也」。

〔三〕無名以接之：論語子路：「名不正，則言不順；言不順，則事不成。」邢昺疏：「夫事以順成，名由言舉。名若不正，則言不順序，言不順序，則政事不成。」

〔四〕兕虎：兕與虎。「兕」，一説即犀牛。爾雅釋獸：「兕，似牛。」郭璞注：「一角，青色，重千斤。」

〔五〕鸞鳳：鸞與鳳。鸞是傳説中之瑞鳥。説文鳥部：「鸞，赤神靈之精也。赤色五采，雞形，鳴中五音，頌聲作則至。」

〔六〕綏：安撫，安定。詩大雅民勞：「民亦勞止，汔可小康。惠此中國，以綏四方。」鄭箋：「汔，幾也。康、綏皆安也。惠，愛也。今周民罷勞矣，王幾可以小安之乎？愛京師之人，以安天下。京師者，諸夏之根本。」

八觀第九〔一〕

群材異品，志各異歸。觀其通否〔二〕，所格者八〔三〕。

八觀者，一曰觀其奪救〔四〕，以明間雜〔五〕。或慈欲濟恤〔六〕，而恡奪其仁〔七〕，或救濟廣厚，而乞醯爲惠〔八〕。二曰觀其感變〔九〕，以審常度〔一〇〕。觀其愠作〔一一〕，則常度可審。三曰觀其至質〔一二〕，以知其名。徵質相應〔一三〕，覩色知名。四曰觀其所由〔一四〕，以辨依似。依訐似直〔一五〕，倉卒難明。察其所安，昭然可辨。五曰觀其愛敬〔一六〕，以知通塞。純愛則物親而情通，純敬則理疎而情塞。六曰觀其情機〔一七〕，以辨恕惑。得其所欲則恕，違其所欲則惑。七曰觀其所短，以知所長。訐刺雖短，而長於爲直。八曰觀其聰明，以知所達。雖體衆材，而材不聰明，事事蔽塞，其何能達。

〔一〕八觀：湯用彤讀人物志：「劉邵有見於相人之難，形容動作均有僞似。故必檢之行爲，久而得之……人物志八觀之説，均驗其所爲。而劉邵主都官考課之議，作七十二條及説略一篇，則人物志之輔翼也。」（湯用彤學術論文集，第一九八頁。）

〔二〕通否：猶否泰，謂命運好壞、仕途遷降之類。晉書涼武昭王李玄盛傳：「（玄盛）手令誡其諸子曰：『吾自立身，不營世利。經涉累朝，通否任時。初不役智，有所要求。今日之舉，非本願也。』」

〔三〕格：推究事物之理。禮記大學：「致知在格物，物格而后知至。」

〔四〕奪救：此乃下文「惡情奪正」與「善情救惡」之縮略語。「奪」，擾亂；「救」，補救。禮記仲尼燕居：「仲尼燕居，子張、子貢、言游侍，縱言至於禮。子曰：『居，女三人者，吾語女禮，使女以禮周流，無不徧也。』子貢越席而對曰：『敢問何如？』子曰：『敬而不中禮謂之野，恭而不中禮謂之給，勇而不中禮謂之逆。』子曰：『給奪慈仁。』」鄭玄注：「奪猶亂也。巧言足恭之人，似慈仁，實鮮仁。特言是者，感子貢也。子貢辨，近於給。」孔穎達疏：「子曰給奪慈仁者，言捷給之人，貌爲恭敬，似慈愛寬仁，而實不慈仁，但其貌奪亂真慈仁也。」

〔五〕間雜：參渾不純。本書卷上九徵：「一至一違，謂之間雜。間雜，無恒之人也。」劉昞注：「善惡參渾，心無定是。無恒之操，胡可擬議。」

〔六〕濟恤：救濟。抱朴子外篇行品：「無濟恤之仁心，輕告絶於親舊者，薄人也。」

〔七〕惡奪其仁：「其仁」，原作「某人」，四庫本作「其仁」。按下文「然則惡而不仁者，則惡奪之也」，則「其仁」是，「某人」非，今據四庫本改。

〔八〕乞醯爲惠：論語公冶長：「子曰：『孰謂微生高直？或乞醯焉，乞諸其鄰而與之。』」邢昺疏：「此孔子言其不直之事。醯，醋也。諸，之也。或有一人就微生高乞醯，時自無之，即可答云無，高乃乞之其四鄰以應求者，用意委屈，非爲直人也。」

〔九〕感變：因感應而産生之變化，即下文「觀辭察應」。列子周穆王：「不識感變之所起者，事至則惑其所由然；識感變之所起者，事至則知其所由然。」張湛注：「夫變化云爲皆有因而然，事以未來而不尋其本者，莫不致惑。誠識所由，雖譎怪萬端，而心無所駭也。」

〔一〇〕常度：猶常態。後漢書吴漢傳：「諸將見戰陳不利，或多惶懼，失其常度。漢意氣自若，方整厲器械，激揚士吏。」

〔一一〕愠怍：「愠」，惱怒。詩邶風柏舟：「憂心悄悄，愠于群小。」毛傳：「愠，怒也。」「怍」，慚愧。論語憲問：「子曰：『其言之不怍，則爲之也難。』」邢昺疏：「怍，作慙也。人若内有其實，則其言之不怍。然則内積其實者，爲之也甚難。」

〔一二〕觀其至質：「至質」，原作「志質」，今據下文「何謂觀其至質」改。下云：「凡偏材之性，二至以上，則至質相發。」劉昞注以「至」爲「質氣」，猶素質、資質。則「至」謂人之稟賦、天賦，故稱「所至之多少」。

〔一三〕徵質相應：外貌與氣質相表裏。「徵」，外在形貌、性情；「質」，内在稟賦、資質。本書卷上九徵：「性之所盡，九質之徵也。」

〔一四〕所由：所經歷，所從來，所依據之類。論語爲政：「子曰：『視其所以，觀其所由，察其所安，人焉廋哉？人焉廋哉？』」邢昺疏：「此章言知人之法也……觀其所由者，由，經也，言觀其所經從。」

〔一五〕依訐似直：論語陽貨：「子貢曰：『君子亦有惡乎？』子曰：『有惡：惡稱人之惡者，惡居下流而訕上者，惡勇而無禮者，惡果敢而窒者。』曰：『賜也亦有惡乎？』『惡徼以爲知者，惡不孫以爲勇者，惡訐以爲直者。』」何晏集解：「訐，謂攻發人之陰私。」本篇下文：「直而好訐者，偏也。訐而不直者，依也。」劉昞注：「純訐似直，所以爲依。」

〔一六〕愛敬：實則指仁與禮。孟子離婁下：「孟子曰：『君子所以異於人者，以其存心也。君子以仁存心，以禮存心。仁者愛人，有禮者敬人。愛人者，人常愛之。敬人者，人常敬之。』」趙岐注：「存，在也。君子之在心者，仁與禮也。愛敬施行於人，人亦必反報之於己也。」錢穆略述劉邵人物志：「劉邵又從功利觀點來講人之德性，謂其最可寶貴者，應在『愛』與『敬』兩項。因凡人皆喜歡得他人之『愛』與『敬』，故此二者乃人之最高道德性格也。因若任何人能愛敬人，則能動獲人心，道無不通，如此自然所遇無不順利。」（中國學術思想史論叢（三），第五九頁。）

〔一七〕情機：此前未見用例，依單字串講，當是情性變化之根源，故劉昞注以「得其所欲」與「違其所欲」爲解。「機」，動因。禮記大學：「一家仁，一國興仁。一家讓，一國興讓。一人貪戾，一國作亂。其機如此。」鄭玄注：「一家、一人謂人君也。戾之言利也。機，發動所由也。」

何謂觀其奪救，以明間雜？夫質有至有違〔一〕，剛質無欲〔二〕，所以爲至。貪情或勝，所以爲違。若至勝違〔三〕，則惡情奪正，若然而不然〔四〕。以欲勝剛，以此似剛而不剛。故仁出於慈〔五〕，有慈而不仁者。仁必有恤〔六〕，有仁而不恤者。厲必有剛〔七〕，有厲而不剛者。若夫見可憐則流涕，慈心發於中。將分與則悋嗇，是慈而不仁者。爲仁者必濟恤。覩危急則惻隱，仁情動於內。將赴救則畏患，是仁而不恤者。爲恤者必赴危。處虛義則色厲〔八〕，精厲見於貌。顧利慾則內荏，是厲而不剛者。爲剛者必無慾。然則慈而不仁者，則悋奪之也。愛財傷於慈。仁而不恤者，則懼奪之也。恇怯損於仁〔九〕。厲而不剛者，則慾奪之也。利慾害於剛。故曰慈不能勝悋，無必其能仁也〔一〇〕。愛則不施，何於仁之能爲〔一一〕？仁不能勝懼，無必其能恤也。畏懦不果，何恤之能行？厲不能勝慾，無必其能剛也。情存利慾，何剛之能成？是故不仁之質勝，則伎力爲害器〔一二〕。仁質既弱，而有伎力，此害己之器也。貪悖之性勝〔一三〕，則彊猛爲禍梯〔一四〕。廉質既負〔一五〕，而性强猛，此禍己之梯也。亦有善情救惡，不至爲害。惡物宜翦而除，純善之人憐而救之，此稠厚之人〔一六〕，非大害也。愛惠分篤〔一七〕，雖傲狎不離〔一八〕。平生結交，情厚分深，雖原壤夷俟而不相棄〔一九〕，無大過也。助善著明，雖疾惡無害也。如殺無道以就有道〔二〇〕，疾惡雖甚，無大非也。救濟過厚，雖取人〔二一〕，不貪也。取人之物，以有救濟，雖譏在乞醯，非大貪也。是故觀其奪救，而明間雜之情，可得知也。或畏悋奪慈仁，或救過濟其分〔二二〕，而平淡之主順而恕。

〔一〕質有至有違：「質」，本性。按，本書卷上九徵以仁、禮、信、義、智爲人之五質，「五質恒性，故謂之五常矣」。並稱「一至一違，謂之間雜」，所謂「有至有違」即此。

〔二〕剛質無欲：論語公冶長：「子曰：『吾未見剛者。』或對曰：『申棖。』子曰：『棖也慾，焉得剛？』」邢昺疏「剛謂質直而理者也」，「情慾既多，或私佞媚，安得剛乎」。

〔三〕至勝違：疑「至」下闕「不」字，當作「至不勝違」。按，劉昞注「剛質無欲，所以爲至。貪情或勝，所以爲違」，則「至」謂「無欲」（剛），「違」謂「貪情」（欲）。若以「至勝違」爲句，則是正盛邪衰，何來「惡情奪正」之反説？唯有作「至不勝違」，即「貪情或勝」，「惡情奪正」始於理爲順。

〔四〕若然而不然：即似是而非。

〔五〕慈：左傳文公十八年：「高辛氏有才子八人，伯奮、仲堪、叔獻、季仲、伯虎、仲熊、叔豹、季貍，忠肅共懿，宣慈惠和，天下之民謂之『八元』。」孔穎達疏：「慈者，愛出於心，恩被於物也。」

〔六〕恤：救濟。周禮地官大司徒：「以保息六養萬民：一曰慈幼，二曰養老，三曰振窮，四曰恤貧，五曰寬疾，六曰安富。」鄭玄注：「恤貧，貧無財業稟貸之。」

〔七〕厲必有剛：按，本書每以「厲」「剛」並稱，以爲二者可互濟。如卷上體別：「是故厲直剛毅，材在矯正，失在激訐。」又本篇下文：「剛者不厲，無以濟其剛。既悦其剛，不可非其厲。厲也者，剛之徵也。」

〔八〕處虛義則色厲：「虛義」，空談道義。「色厲」，聲色俱厲，義憤填膺貌。論語陽貨：「子曰：『色厲而內荏，譬諸小人，其猶穿窬之盜也與？』」

〔九〕恇怯：怯弱貌。説文心部：「恇，㹤也。」段玉裁注：「犬部曰：『㹤，多畏也。』杜林作『怯』。」又三國志魏書董卓傳裴松之注引王沈魏書：「（卓婿中郎將牛）輔恇怯失守，不能自安。常把辟兵符，以鈇鑕致其旁，欲以自彊。」

〔一〇〕無必：不一定，未必。國語晉語一：「（驪姬曰）今夫以君爲紂，若紂有良子，而先喪紂，無章其惡而厚其敗。鈞之死也，無必假手於武王，而其世不廢，祀至於今，吾豈知紂之善否哉？」

〔一一〕何於仁之能爲：「能爲」，原作「爲能」，今據四庫本改。按，劉昞注下文「無必其能恤也」「無必其能剛也」，分别作「何恤之能行」「何剛之能成」，若作「爲能」，則與彼「能行」「能成」失對。

〔一二〕伎力：技能與勇力。白虎通姓名：「所以有氏者何？所以貴功德，賤伎力。或氏其官，或氏其事，聞其氏即可知其德，所以勉人爲善也。」

〔一三〕貪悖：此前未見用例，依單字串講，當是貪財枉法之意。

〔一四〕禍梯：招致禍患之緣由。史記趙世家：「（李兑謂肥義曰）子任重而勢大，亂之所始，禍之所集也，子必先患。仁者愛萬物而智者備禍於未形，不仁不智，何以爲國？子奚不稱疾毋出，傳政於公子成？毋爲怨府，毋爲禍梯。」

〔一五〕廉質既負：缺少清廉之性。

〔一六〕稠厚：此前未見用例，依單字串講，當是稠密厚重之意，用以喻人，猶言敦厚。

〔一七〕分篤：情分深厚。「篤」，論語泰伯：「君子篤於親，則民興於仁。」邢昺疏：「篤，厚也。」

〔一八〕傲狎：此前未見用例，依單字串講，當是桀傲輕慢。「狎」，輕慢。左傳昭公二十年：「水懦弱，民狎而翫之，則多死焉。」杜預注：「狎，輕也。」

〔一九〕原壤夷俟：論語憲問：「原壤夷俟。子曰：『幼而不孫弟，長而無述焉，老而不死，是爲賊。』以杖叩其脛。」何晏集解：「馬曰：原壤，魯人，孔子故舊。夷，踞；俟，待也。踞待孔子。」邢昺疏：

「原壤聞孔子來，乃申兩足箕踞以待孔子也……孔子見其無禮，故以此言責之。孫，順也。言原壤幼少不順弟於長上，及長無德，行不稱述，今老而不死，不脩禮敬，則爲賊害……以杖擊其腳脛，令不踞也。」

〔一〇〕殺無道以就有道：論語顏淵：「季康子問政於孔子曰：『如殺無道，以就有道，何如？』孔子對曰：『子爲政，焉用殺？子欲善而民善矣。君子之德風，小人之德草。草上之風，必偃。』」何晏集解：「孔曰：就，成也。欲多殺以止姦。」

〔一一〕雖取人：雖取之於人。

〔一二〕救過濟其分：疑「過濟」二字誤倒，應作「救濟過其分」，於理始順，即上文「救濟過厚」之意。

何謂觀其感變，以審常度？夫人厚貌深情，將欲求之，必觀其辭旨〔一〕，察其應贊〔二〕。視發言之旨趣，觀應和之當否。夫觀其辭旨，猶聽音之善醜；音唱而善醜別。察其應贊，猶視智之能否也。聲和而能否別。故觀辭察應，足以互相別識。彼唱此和，是非相舉。然則論顯揚正〔三〕，白也〔四〕。辭顯唱正，是曰明白。不善言應，玄也〔五〕。默而識之，是曰玄也。經緯玄白，通也。明辨是非，可謂通理。移易無正〔六〕，雜也。理不一據，言意渾雜。先識未然，聖也〔七〕。追思玄事，叡也〔八〕。見事過人，明也。以明爲晦，智也。心雖明之，常若不足。微忽必識〔九〕，妙也。理雖至微，而能察之。

美妙不味〔一〇〕，踈也。心致昭然，是曰踈朗。測之益深，實也。心有實智，探之愈精，猶泉滋中出，測之益深也。假合炫耀〔一一〕，虛也。道聽塗說〔一二〕，久而無實，猶池水無源，洩而虛竭。自見其美〔一三〕，不足也。智不贍足，恐人不知，以自伐〔一四〕。不伐其能，有餘也。不畏不知〔一五〕。故曰凡事不度〔一六〕，必有其故。色貌失實，必有憂喜之故。憂患之色，乏而且荒〔一七〕。憂患在心，故形色荒。疾疢之色〔一八〕，亂而垢雜〔一九〕。黄黑色雜，理多塵垢。喜色，愉然以懌。愠色，厲然以揚。妬惑之色，冒昧無常。粗白粗赤，憤憤在面。及其動作，蓋並言辭〔二〇〕。色既發揚〔二一〕，言亦從之。是故其言甚懌，而精色不從者，中有違也〔二二〕。心恨而言强和，色貌終不相從。其言有違，而精色可信者〔二三〕，辭不敏也〔二四〕。言不自盡，故辭雖違，而色貌可信。言未發而怒色先見者，意憤溢也。憤怒填胸者，未言而色貌已作。言已發而怒氣送之者〔二五〕，彊所不然也。欲强行不然之事，故怒氣助言。凡此之類，徵見於外〔二六〕，不可奄違〔二七〕。心懽而怒容，意恨而和貌。雖欲違之，精色不從。心動貌從。感愕以明〔二八〕，雖變可知。情雖在內，感愕發外。千形萬貌，粗可知矣。是故觀其感變，而常度之情可知。觀人辭色，而知其心。物有常度，然後審矣。

〔一〕辭旨：亦作「辭指」，謂言辭之要義及感情。漢書元后傳：「其辭指甚哀，太后聞之爲垂涕，不御食。」

〔二〕應贊：應和，應對。

〔三〕論顯揚正：論點鮮明，激揚正道。文苑英華卷六五六王勃上吏部裴侍郎啓：「國家應千載之期，恢百王之業，天地静默，陰陽順序，方欲激揚正道，大庇生人，黜非聖之書，除不稽之論。」

〔四〕白：明白暢達。荀子王霸：「故用國者，義立而王，信立而霸，權謀立而亡。三者，明主之所謹擇也，仁人之所務白也。」楊倞注：「白，明白也。」

〔五〕玄：玄默，沉静不語，不善言對。三國志吴書張温傳：「争名者嫉其才，玄默者非其譚。」

〔六〕移易無正：此謂經常改變觀點，一無常理可循，劉昞注謂之「理不一據」。「移易」，變换，改動。淮南子氾論訓：「去其所害，就其所利，常故不可循，器械不可因也，則先王之法度有移易者矣。」高誘注：「循，隨也。當時之可改則改之。」

〔七〕聖：無所不通。書大禹謨：「益曰：『都！帝德廣運，乃聖乃神，乃武乃文。』」僞孔傳：「益因舜言又美堯也。廣謂所覆者大，運謂所及者遠。聖，無所不通，神妙無方。文，經天地。武，定禍亂。」

〔八〕叡：同「睿」，明智，通達。吕氏春秋卷二六審時：「耳目聰明，心意叡智。」高誘注：「叡，明也。」

〔九〕微忽：若有若無，微細貌。大戴禮記文王官人：「微忽之言，久而可復。」王聘珍解詁：「盧注云：『微忽，謂微細及忽然之語。』」又作「忽微」。漢書律曆志上：「及黄鐘爲宫，則太族、姑洗、林鐘、南吕皆以正聲應，無有忽微。」顔師古注：「孟康曰：『忽微，若有若無，細於髮者也。謂正聲無有殘分也。』」

〔一〇〕不昧：不晦暗，劉昞注謂之「心致昭然」。老子第十四章：「視之不見名曰夷，聽之不聞名曰希，搏之不得名曰微。此三者不可致詰，故混而爲一。其上不皦，其下不昧。」河上公注：「言一在天，下不昧。昧，有所闇冥。」

〔一一〕假合：以假作真。文選陸士龍答張士然：「歡舊難假合，風土豈虛親。感念桑梓域，髣髴眼中人。」呂延濟注：「歡舊既殊，風土又異，不可假合虛親也。感此憶桑梓，而思見親識也。眼中人謂親識也。」

〔一二〕道聽塗説：論語陽貨：「子曰：『道聽而塗説，德之棄也。』」邢昺疏：「此章疾時人不習而傳之也。塗亦道也。言聞之於道路，則於道路傳而説之，必多謬妄，爲有德者所棄也。」

〔一三〕自見其美：「自見」，自我表現。「見」同「現」。文選司馬遷報任少卿書：「乃如左丘無目，孫子斷足，終不可用。退而論書策，以舒其憤，思垂空文以自見。」李善注：「自見己情。」

〔一四〕自伐：自我吹噓，自誇其功。莊子山木：「昔吾聞之大成之人曰：『自伐者無功，功成者名墮，名成者虧。』」郭慶藩集釋：「恃功名以爲已成者，未之嘗全。」

〔一五〕不畏不知：論語學而：「子曰：『不患人之不己知，患不知人也。』」邢昺疏：「凡人之情，多輕易於知人，而患人不知己。」

〔一六〕不度：不合常理。

〔一七〕荒：迷亂。書五子之歌：「內作色荒，外作禽荒。」僞孔傳：「迷亂曰荒。」

〔一八〕疾疢之色：病容。「疢」，熱病。左傳襄公二十三年：「季孫之愛我，疾疢也。」楊伯峻春秋左傳注：「疾、疢同義詞。」

〔一九〕垢雜：長短經卷一知人引人物志作「垢理」。「垢理」，塵垢入腠理（皮膚紋理）。

〔二〇〕蓋並言辭：上句謂有動作，此則謂連同話語亦如此。

〔二一〕發揚：焕發。吕氏春秋卷二三過理：「容貌充滿，顔色發揚。」高誘注：「光明也。」

〔二二〕中有違：内心所想與言辭不符。

〔二三〕精色：猶神色。「精」，通「睛」。本書卷上九徵：「夫色見於貌，所謂徵神。徵神見貌，則情發於目。」

〔二四〕辭不敏：言辭不爽利。

〔二五〕言已發而怒氣送之者：「已發」，原作「將發」，今據長短經卷一知人引人物志改。按，此句與上「言未發而怒色先見者」對言，若作「將發」則與「未發」重複，此作「已發」近是。

〔二六〕徵：徵驗，迹象。荀子富國：「觀國之强弱貧富有徵。」楊倞注：「徵，驗，言其驗先見也。」

〔二七〕奄違：此前未見用例，依單字串講，當是掩藏，違背。「奄」，通「掩」。晏子春秋内篇諫上：「隱情奄惡，蔽諂其上，故雖有至聖大賢，豈能勝若讒哉？」

〔二八〕感愕以明：其驚恐貌已表明心中有鬼。「感愕」，此前未見用例，依單字串講，當是内心驚恐不安。

何謂觀其至質，以知其名？凡偏材之性，二至以上〔一〕，則至質相發，而令名生矣〔二〕。二至，質氣之謂也。質直氣清，則善名生矣。是故骨直氣清〔三〕，則休名生焉〔四〕。骨氣相應，名是以美。氣清力勁〔五〕，則烈名生焉〔六〕。氣既清矣，力勁則烈。勁智精理，則能名生焉〔七〕。智既勁矣，精理則能稱。智直彊慤〔八〕，則任名生焉〔九〕。直而又美，是以見任。集于端質，則令德濟焉〔一〇〕。質徵端和，善德乃成。加之學，則文理灼焉〔一一〕。圭玉有質，瑩則成文。是故觀其所至之多少，而異名之所生可知也。尋其質氣，覽其清濁，雖有多少之異，異狀之名斷可知之。

〔一〕二至以上：本書卷中接識曾歷數「清節之人」「法制之人」「術謀之人」「器能之人」「智意之人」「伎倆之人」「臧否之人」「言語之人」之稟賦優劣，認爲他們各以己之所長「互相非駁，莫肯相是」，「凡此之類，皆謂一流之材也」，换言之，認定他們就是「一至」之材。下文又説：「若二至已上，亦隨其所兼，以及異數。故一流之人，能識一流之善。二流之人，能識二流之美。」劉昞注更舉例以明之，謂「法家兼術，故能以術輔法」。

〔二〕令名：美名。史記秦始皇本紀：「阿房宮未成，成，欲更擇令名名之。」

〔三〕骨直氣清：本書卷上九徵：「是故骨植而柔者，謂之弘毅。弘毅也者，仁之質也。氣清而朗者，謂之文理。文理也者，禮之本也。」

〔四〕休名：美名。書冏命：「發號施令，罔有不臧。下民祇若，萬邦咸休。」僞孔傳：「言文、武發號施令，無有不善。下民敬順其命，萬國皆美其化。」

〔五〕氣清力勁：本書卷上九徵：「筋勁而精者，謂之勇敢。勇敢也者，義之決也。」

〔六〕烈名：猶威名。國語晉語九：「君有烈名，臣無叛質。」韋昭注：「烈，明也。」

〔七〕能名：有善理政之名。後漢書侯霸傳：「再遷爲執法刺姦，糾案執位者，無所疑憚。後爲淮平大尹，政理有能名。」

〔八〕智直彊愨：「智直」，本書卷上九徵「色平而暢者，謂之通微。通微也者，智之原也」，「其爲人也，若質素平澹，中叡外朗，筋勁植固，聲清色懌，儀正容直，則九徵皆至，則純粹之德也」。「彊愨」，本書卷上九徵：「故仁，目之精，愨然以端。勇，膽之精，曄然以彊。」

〔九〕任名：有自任（敢擔當）之名。漢書佞幸傳石顯傳：「後果有上書告顯顓命矯詔開宮門，天子聞之，笑以其書示顯。顯因泣曰：『陛下過私小臣，屬任以事，群下無不嫉妬欲陷害臣者，事類如此非一，唯獨明主知之。愚臣微賤，誠不能以一軀稱快萬衆，任天下之怨，臣願歸樞機職，受後宮掃除之役，死無所恨。』」顏師古注：「任猶當也。」

〔一〇〕令德濟焉：成爲道德高尚之人。後漢書蔡邕傳：「（邕上封事曰）太子官屬，宜搜選令德，豈有但取丘墓凶醜之人？其爲不祥，莫與大焉。」

〔一一〕文理灼焉：禮義威儀愈加光彩奪目。「文理」，指禮義威儀。荀子禮論：「孰知夫禮義文理之所以養情也……文理繁，情用省，是禮之隆也。文理省，情用繁，是禮之殺也。」楊倞注「無禮義文理，則縱情性，不知所歸也」，「文理謂威儀，情用謂忠誠，若享獻之禮，賓主百拜，情唯主敬，文過於情，是禮之隆盛也」。

何謂觀其所由，以辨依似？夫純訐性違〔一〕，不能公正。質氣俱訐，何正之有？依訐似直〔二〕，以訐訐善。以直之訐，訐及良善〔三〕。純宕似流〔四〕，不能通道。質氣俱宕，何道能通？依宕似通〔五〕，行傲過節。似通之宕，容傲無節。故曰直者亦訐，訐者亦訐，其訐則同，其所以爲訐則異。直人之訐，訐惡憚非〔六〕。純訐之訐〔七〕，訐善刺是。通者亦宕，宕者亦宕，其宕則同，其所以爲宕則異。通人之宕簡而達道，純宕傲僻以自恣〔八〕。然則何以别之？直而能温者，德也〔九〕。温和爲直〔一〇〕，所以爲德。直而好訐者，偏也。性直過訐，所以爲偏。訐而不直者，依也〔一一〕。純訐似直，所以爲依。道而能節者，通也〔一二〕。以道自節，所以爲通。通而時過者，偏也。性通時過，所以爲偏。宕而不節者，依也。純宕似通〔一三〕，所以爲依。偏之與依，志同質違〔一四〕，所謂似是而非也。質同通直，或偏或依。是故輕諾似烈而寡信〔一五〕，不量己力，輕許死人，臨難畏怯，不能殉命。多易似能而無效〔一六〕，不顧材能，自謂能辦〔一七〕，受事猖獗〔一八〕，作無效驗。進鋭似精而去速〔一九〕，情躁之人〔二〇〕，不能久任。訶者似察而事煩〔二一〕，譴訶之人，每多煩亂。訐施似惠而無成〔二二〕，當時似給，終無所成。面從似忠而退違〔二三〕。阿順目前，却則自是。此似是而非者也。紫色亂朱〔二四〕，聖人惡之。亦有似非而是者：事同於非，其功實則是。大權似姦而有功，伊去太甲〔二五〕，以成其功。大智似愚而内明，終日不違〔二六〕，内實分别。博愛似虛而實厚，汎愛無私，似虛而實。正言似訐而情忠〔二七〕。譬帝桀紂〔二八〕，至誠忠愛。夫察似明非，御情之反〔二九〕，欲察似類，審則是非，御取人情，反覆明之。有似理訟，其實難別也。故聖人參訊廣訪，與衆共之〔三〇〕。非天下之至精〔三一〕，其孰能得其實？若其實可得，何憂乎驩兜〔三二〕，何遷乎有苗〔三三〕？是以昧旦晨興〔三四〕，揚明仄陋〔三五〕，語之三槐〔三六〕，詢之九棘。故聽言信貌，或失其真；言訥貌惡，仲尼失之子羽〔三七〕。詭情御反〔三八〕，或失其賢。疑非人情，公孫失之卜式〔三九〕。賢否之察，實在所依。雖其難知，即當尋其所依而察之。是故觀其所依，而似類之質可知也〔四〇〕。雖其不盡得其實，然察其所依似，則其體氣粗可幾矣〔四一〕。

〔一〕純訐性違：一味揭發他人隱私者，性情邪惡。論語陽貨：「惡訐以爲直者。」邢昺疏：「惡訐以爲直者，訐謂攻發人之陰私也。人之爲直當自直己，若攻發他人陰私之事，以成己之直者，亦可惡也。」「違」，邪惡。國語周語上：「今虢公動匱百姓以逞其違，離民怒神而求利焉，不亦難乎？」韋昭注：「違，邪也。」

〔二〕依訐似直：下文「直者亦訐，訐者亦訐，其訐則同，其所以爲訐則異」，正説明在「所以爲訐」（動機）上二者有別。

〔三〕訐及良善：「訐」，原作「計」，今據四庫本改。「訐」之所以「似直」而非「直」，其要害在於直者以訐自直，而訐者則用以危害他人（良善）。

〔四〕純宕似流：質氣全然放蕩，如水之橫流。「宕」，此謂言行不拘正理。後漢書孔融傳：「時年飢兵興，（曹）操表制酒禁，融頻書爭之，多侮慢之辭。既見操雄詐漸著，數不能堪，故發辭偏宕，多致乖忤。」李賢注：「偏邪跌宕，不拘正理。」

〔五〕依宕似通：謂「宕」之散漫近於通達，實則似是而非，下文「通者亦宕，宕者亦宕，其宕則同，其所以爲宕則異」，可見「其所以爲宕」（動機）正是「宕」「通」之分野。

〔六〕憚：憎惡。廣韻翰韻：「憚……忌惡也。」

〔七〕純訐之訐：「之」，原作「爲」，今據四庫本改。

〔八〕傲僻：亦作「敖辟」，傲慢而邪僻。禮記樂記：「子夏對曰：『鄭音好濫淫志，宋音燕女溺志，衛音趨數煩志，齊音敖辟喬志。此四者皆淫於色而害於德，是以祭祀弗用也。』」孔穎達疏：「齊音敖辟喬志者，言齊音既敖很辟越，所以使人意志驕逸也。」

〔九〕直而能温者德也：書舜典命夔典樂，教胄子，其要求是「直而温，寬而栗，剛而無虐，簡而無傲」，又皋陶謨稱人有「九德」，其一即「直而温」，僞孔傳：「行正直而氣温和。」本書卷上九徵：「是故温直而擾毅，木之德也。」

〔一〇〕温和爲直：疑「爲直」當作「正直」，見前注引尚書僞孔傳。

〔一一〕依也：「依」即上文「依訐」，「依訐似直，以訐訐善」。

〔一二〕道而能節者通也：「通」即上文「通道」，若能以道義約束自己，其行自然近乎「通」。

〔一三〕純宕似通：「似」，原作「自」，今據四庫本改。上文明言「純宕似流，不能通道」，此言「自通」，顯然有誤。

〔一四〕志同質違：意念相同而本質相悖。「志」，情志，意念。左傳昭公二十五年：「民有好惡喜怒哀樂，生于六氣。是故審則宜類，以制六志。」杜預注：「爲禮以制好惡喜怒哀樂六志，使不過節。」孔穎達疏「民有六志，其志無限。是故人君爲政，審法時之所宜，事之所類，以至民之六志，使之不過節也」，「此六志，禮記謂之六情。在己爲情，情動爲志，情志一也，所從言之異耳」。

〔一五〕輕諾：輕許諾言。老子第六十三章：「夫輕諾必寡信，多易必多難，是以聖人猶難之。」河上公注：「不重言也。」

〔一六〕多易：將諸事看得容易，盲目出手。老子第六十三章：「多易必多難。」河上公注：「不慎患也。」

〔一七〕自謂能辦：「自」，原作「日」，今據四庫本改。

〔一八〕猖獗：亦作「猖蹷（蹶）」，任意横行。北齊書儒林傳孫靈暉傳：「（南陽王）綽所爲猖蹷，靈暉唯默默憂顇，不能諫止。」

〔一九〕進鋭：疾速升遷。「鋭」，迅疾。孟子盡心上：「孟子曰：『於不可已而已者，無所不已；於所厚者薄，無所不薄也。其進鋭者，其退速。』」趙岐注：「不審察人而過進不肖越其倫，悔而退之必速矣。」

〔二〇〕情躁：原作「精躁」，今據四庫本改。南齊書謝超宗傳：「風聞征北諮議參軍謝超宗，根性浮險，率情躁薄。」

〔二一〕訶者：即「好尚譏訶」之人。本書卷上流業：「清節之流，不能弘恕，好尚譏訶，分別是非，是謂臧否，子夏之徒是也。」又本書卷中接識：「臧否之人，以伺察爲度。故能識訶砭之明，而不暢倜儻之異。」劉昞注：「謂譴訶乃成教，何以寬弘爲也。」

〔二二〕訐施似惠而無成：「訐」，長短經卷一知人引人物志作「許」，困學齋雜録（元鮮于樞撰）亦作「許」。「訐」又或爲「訏」之誤。説文言部：「訏，詭譌也。」可通。「無成」，長短經卷一知人引人物志作「無終」。

〔二三〕面從：當面順從。書益稷：「予違汝弼，汝無面從，退有後言。」僞孔傳：「我違道，汝當以義輔正我。無得面從我，違而退後有言我不可弼。」

〔二四〕紫色亂朱：論語陽貨：「子曰：『惡紫之奪朱也，惡鄭聲之亂雅樂也，惡利口之覆邦家者。』」何晏集解：「孔曰：朱，正色，紫，間色之好者，惡其邪好而奪正色。」

〔二五〕伊去太甲：「伊」，伊尹，一作伊摯，尹是官名，伊、摯是名。本爲有莘氏女陪嫁之人，商湯用爲小臣，助商滅夏，掌國政。湯卒，又輔佐外丙、仲壬二君。仲壬卒，太甲即位，不遵湯法，被伊尹放逐，三年後迎之復位。一説伊尹放逐太甲自立，太甲還，殺伊尹。孟子萬章上：「伊尹相湯以王於天下，湯崩，太丁未立，外丙二年，仲壬四年。太甲顛覆湯之典刑，伊尹放之於桐。三年，太甲悔過，自怨自艾，於桐處仁遷義。三年，以聽伊尹之訓己也，復歸于亳。」又史記殷本紀：「帝太甲既立三年，不明，暴虐，不遵湯法，亂德，於是伊尹放之於桐宮。三年，伊尹攝行政當國，以朝諸侯。帝太甲居桐宮三年，悔過自責，反善，於是伊尹迺迎帝太甲而授之政。帝太甲修德，諸侯咸歸殷，百姓以寧。」

〔二六〕終日不違：論語爲政：「子曰：『吾與回言終日，不違，如愚。退而省其私，亦足以發，回也不愚。』」何晏集解：「不違者，無所怪問。於孔子之言，默而識之，如愚。」

〔二七〕正言：合乎正道之論。老子第七十八章：「天下莫柔弱於水，而攻堅强者莫之能勝，其無以易之。弱之勝强，柔之勝剛，天下莫不知，莫能行。是以聖人云：『受國之垢，是謂社稷主。受國不祥，是謂天下王。』正言若反。」河上公注：「此乃正直之言，世人不知，以爲反言。」

〔二八〕譬帝桀紂：史記張丞相列傳：「(周)昌爲人彊力，敢直言，自蕭、曹等皆卑下之。昌嘗燕時入奏事，高帝方擁戚姬，昌還走，高帝逐得，騎周昌項，問曰：『我何如主也？』昌仰曰：『陛下即桀紂之主也。』於是上笑之，然尤憚周昌。」

〔二九〕御情之反：反復考慮其中之人情世態。「御」，治理、掌握。

〔三〇〕參訊廣訪與衆共之：順從民意。禮記王制：「司寇正刑明辟，以聽獄訟，必三刺……疑獄，氾與衆共之。衆疑，赦之，必察小大之比以成之。」鄭玄注「(三刺)以求民情斷其獄訟之中，一曰訊群臣，二曰訊群吏，三曰訊萬民」，「小大猶輕重。已行故事曰比」。

〔三一〕非天下之至精：易繫辭上：「子曰：『知變化之道者，其知神之所爲乎？』易有聖人之道四焉：以言者尚其辭，以動者尚其變，以制器者尚其象，以卜筮者尚其占。是以君子將有爲也，將有行也，問焉而以言，其受命也如響，無有遠近幽深，遂知來物。非天下之至精，其孰能與於此！』」孔穎達疏：「言易之功深如此，若非天下萬事之内至極精妙，誰能參與於此，與易道同也。」

〔三二〕驩兜：堯舜時部落首領。書舜典：「放驩兜于崇山。」僞孔傳：「黨於共工，罪惡同。崇山，南裔。」陸德明釋文：「驩，呼端反。兜，丁侯反。左傳：『帝鴻氏有不才子，掩義隱賊，好行凶德，醜類惡物。頑嚚不友，是與比周，天下之民謂之渾敦。』杜預云：『即驩兜也。帝鴻，黄帝也。』」

〔三三〕有苗：亦稱「三苗」，堯舜時部落名。書舜典：「竄三苗于三危。」僞孔傳：「三苗，國名，縉雲氏之後，爲諸侯，號饕餮。三危，西裔。」陸德明釋文：「左傳：『縉雲氏有不才子，貪于飲食，冒于貨賄，侵欲崇侈，不可盈厭，聚斂積實，不知紀極，不念孤寡，不恤窮匱，天下之民以比三凶，謂之饕餮。』杜預云：『縉雲，黄帝時官名，非帝子孫，故以比三凶也。』貪財曰饕，貪食曰餮。」

〔三四〕昧旦晨興：早起。「昧旦」，天將明未明之時。孔子家語顔回：「孔子在衛，昧旦晨興。」

〔三五〕揚明仄陋：舉明德之人於仄陋之處。書堯典：「帝曰：『咨！四岳，朕在位七十載，汝能庸命，巽朕位。』岳曰：『否德忝帝位。』曰：『明明揚側陋。』師錫帝曰：『有鰥在下，曰虞舜。』」僞孔傳：「堯知子不肖，有禪位之志，故明舉明人在側陋者，廣求賢也。」孔穎達疏「帝又言曰，汝當明白舉其明德之人於僻隱鄙陋之處，何必在位之臣乃舉之也。於是朝廷衆臣乃與帝之明人曰，有無妻之鰥夫在下民之内，其名曰虞舜，言側陋之處有此賢人」，「文王世子論舉賢之法云：『或以事舉，或以言揚。』揚亦舉也」。

〔三六〕三槐：「三槐九棘」指三公九卿，代指朝官。周禮秋官朝士：「朝士掌建邦外朝之灋，左九棘，孤卿大夫位焉，群士在其後。右九棘，公侯伯子男位焉，群吏在其後。面三槐，三公位焉，州長衆庶在其後。」鄭玄注：「樹棘以爲位者，取其赤心而外刺，象以赤心三刺也。槐之言懷也，懷來人於此，欲與之謀。」

〔三七〕仲尼失之子羽：史記仲尼弟子列傳：「澹臺滅明，武城人，字子羽。少孔子三十九歲。狀貌甚惡。欲事孔子，孔子以爲材薄。既已受業，退而修行，行不由徑，非公事不見卿大夫。南游至江，從弟子三百人，設取予去就，名施乎諸侯。孔子聞之，曰：『吾以言取人，失之宰予；以貌取人，失之子羽。』」

〔三八〕詭情御反：違背實情，按其反面處理。「詭」，違反。管子四時：「刑德合於時則生福，詭則生禍。」

〔三九〕公孫失之卜式：漢書卜式傳：「時漢方事匈奴，式上書，願輸家財半助邊。上使使問式：『欲爲官乎？』式曰：『自小牧羊，不習仕宦，不願也。』使者曰：『家豈有寃，欲言事乎？』式曰：『臣生與人亡所争，邑人貧者貸之，不善者教之，所居，人皆從式，式何故見寃！』使者曰：『苟，子何欲？』式曰：『天子誅匈奴，愚以爲賢者宜死節，有財者宜輸之，如此而匈奴可滅也。』使者以聞。上以語丞相（公孫）弘，弘曰：『此非人情。不軌之臣不可以爲化而亂法，願陛下勿許。』上不報，數歲乃罷式。式歸，復田牧。」

〔四〇〕 似類：猶類似。韓非子內儲説下：「似類之事，人主之所以失誅，而大臣之所以成私也。」

〔四一〕 則其體氣粗可幾矣：「則」，原作「身」，今據四庫本改。「體氣」，猶氣質。三國志吴書王蕃傳：「蕃體氣高亮，不能承顔順指，時或迕意，積以見責。」「幾」，考察。禮記玉藻：「御瞽幾聲之上下。」鄭玄注：「瞽，樂人也。幾，猶察也，察其哀樂。」

何謂觀其愛敬，以知通塞？蓋人道之極〔一〕，莫過愛敬。愛生於父子，敬立於君臣。是故孝經以愛爲至德，起父子之親，故爲至德。以敬爲要道〔二〕。終君臣之義，故爲道之要。易以感爲德〔三〕，氣通生物，人得之以利養。以謙爲道〔四〕。尊卑殊別，道之次序。老子以無爲德〔五〕，施化無方〔六〕，德之則也。以虛爲道〔七〕。寂寞無爲，道之倫也〔八〕。禮以敬爲本〔九〕，禮由陰作〔一〇〕，肅然清淨。樂以愛爲主〔一一〕。樂由陽來〔一二〕，歡然親愛〔一三〕。然則人情之質，有愛敬之誠，方在哺乳，愛敬生矣。則與道德同體，動獲人心〔一四〕，而道無不通也。體道脩德，故物順理通。然愛不可少於敬，少於敬，則廉節者歸之〔一五〕，廉人好敬，是以歸之。而衆人不與。衆人樂愛，愛少，是以不與。愛多於敬，則雖廉節者不悦，而愛接者死之〔一六〕。廉人寡，常人衆。衆人樂愛致其死，則事成業濟。是故愛之爲道，不可少矣。何則？敬之爲道也，嚴而相離，其勢難久。動必肅容，過之不久〔一七〕。逆旅之人〔一八〕，不及温和而歸也。愛之爲道也，情親意厚，深而感物。煦渝篤密〔一九〕，感物甚深〔二〇〕，是以翳桑之人，倒戈報德〔二一〕。是故觀其愛敬之誠，而通塞之理可得而知也。篤於慈愛，則温和而上下之情通。務在禮敬，則嚴肅而外内之情塞。然必愛敬相須〔一二〕，不可一時而無。然行其二義者，常當務令愛多敬少，然後肅穆之風可得希矣〔一三〕。

〔一〕人道：爲人之道。易繫辭下：「易之爲書也，廣大悉備。有天道焉，有人道焉，有地道焉，兼三材而兩之，故六。六者非它也，三材之道也。」

〔二〕孝經以愛爲至德以敬爲要道：孝經士章：「資於事父以事母而愛同，資於事父以事君而敬同。故母取其愛，而君取其敬，兼之者父也。故以孝事君則忠，以敬事長則順。忠順不失，以事其上，然後能保其禄位而守其祭祀。蓋士之孝也。」

〔三〕易以感爲德：易咸卦：「天地感而萬物化生。聖人感人心，而天下和平。觀其所感，而天地萬物之情可見矣。」孔穎達疏：「聖人感人心而天下和平者，聖人設教，感動人心，使變惡從善，然後天下和平。觀其所感，而天地萬物之情可見矣者，結歎咸道之廣大則包天地，小則該萬物。感物而動，謂之情也。天地萬物皆以氣類共相感應，故觀其所感，而天地萬物之情可見矣。」

〔四〕以謙爲道：易謙卦：「天道下濟而光明，地道卑而上行。天道虧盈而益謙，地道變盈而流謙，鬼神害盈而福謙，人道惡盈而好謙。謙尊而光，卑而不可踰，君子之終也。」孔穎達疏「天道虧盈而益謙者，從此已下，廣説謙德之美，以結君子能終之義也」，「言君子能終其謙之善事，又獲謙之終福，故云君子之終也」。

〔五〕老子以無爲德：史記老子韓非列傳「老子者，楚苦縣厲鄉曲仁里人也，姓李氏，名耳，字聃，周守藏室之史也」，「老子脩道德，其學以自隱無名爲務」。老子第十一章：「三十輻共一轂，當其無，有車之用。埏埴以爲器，當其無，有器之用。鑿户牖以爲室，當其無，有室之用。故有之以爲利，無之以爲用。」王弼注：「木、埴、壁，所以成三者，而皆以無爲用也。言無者，有之所以爲利，皆賴無以爲用也。」又第四十章：「天下萬物生於有，有生於無。」王弼注：「天下之物皆以有爲生，有之所始，以無爲本。將欲全有，必反於無也。」

〔六〕無方：無極限。莊子天運：「動於無方，居於窈冥。」郭慶藩集釋：「夫至樂之本，雖復無聲，而應動隨時，實無方所，斯寂而動之也。」

〔七〕以虚爲道：老子第五章：「天地之間，其猶橐籥乎？虚而不屈，動而愈出。」王弼注：「橐，排橐也。籥，樂籥也。橐籥之中空洞，無情無爲，故虚而不得窮屈，動而不可竭盡也。」又第十六章：「致虚極，守静篤。萬物並作，吾以觀復。」王弼注「言致虚，物之極篤；守静，物之真正也」，「以虚静觀其反復。凡有起於虚，動起於静，故萬物雖並動作，卒復歸於虚静，是物之極篤也」。

〔八〕寂寞無爲道之倫也：莊子天道：「夫虚静恬淡寂漠無爲者，天地之平而道德之至，故帝王聖人休焉。休則虚，虚則實，實者倫矣。」郭慶藩集釋「倫，理也」，「既休慮息心，乃與虚空合德。與虚空合德，則會於真實之道。真實之道，則自然之理也」。

〔九〕禮以敬爲本：禮記曲禮上：「曲禮曰：毋不敬……道德仁義，非禮不成。教訓正俗，非禮不備。分争辨訟，非禮不決。君臣、上下、父子、兄弟，非禮不定。宦學事師，非禮不親。班朝治軍，涖官行法，非禮威嚴不行。禱祠祭祀，供給鬼神，非禮不誠不莊。是以君子恭敬撙節，退讓以明禮。」鄭玄注：「禮主於敬。」

〔一〇〕禮由陰作：禮記郊特牲：「樂由陽來者也，禮由陰作者也。陰陽和而萬物得。」孔穎達疏：「樂由陽來者也者，此明樂也，陽，天也，天氣化，故作樂象之。樂以氣爲化，是樂由陽來者也。陽化謂五聲八音也。禮由陰作者也者，陰，地也，地以形生，故制禮象之。禮以形爲教，是禮由陰作也。形教謂尊卑、大小、拜伏之事也。」

〔一一〕樂以愛爲主：禮記樂記：「大樂與天地同和，大禮與天地同節。和故百物不失，節故祀天祭地。明則有禮樂，幽則有鬼神。如此，則四海之內合敬同愛矣。禮者殊事，合敬者也。樂者異文，合愛者也。禮樂之情同，故明王以相沿也。」

〔一二〕樂由陽來：見前「禮由陰作」注。

〔一三〕「何謂觀其愛敬」至「歡然親愛」：陳寅恪云：「世説文學篇：『殷荆州曾問遠公：「易以何爲體？」答曰：「易以感爲體。」』宋王應麟困學紀聞引此云：『愚謂易言虛而不言無，與老氏異。』」（讀書札記二集，第一三〇頁。）

〔一四〕動獲人心：「動」，輒，常常。三國志蜀書諸葛亮傳裴松之注引漢晉春秋：「（後出師表）論安言計，動引聖人。」

〔一五〕廉節者：清廉而有節操者。荀子君道：「然後明分職，序事業，材技官能，莫不治理，則公道達而私門塞矣，公義明而私事息矣。如是，則德厚者進而佞説者止，貪利者退而廉節者起。」

〔一六〕愛接者死之：受到愛敬之人甘願去死。「愛接者」，愛敬之受惠者，故劉昞注謂「衆人樂愛致其死」。

〔一七〕過之不久：「久」，四庫本作「及」。

〔一八〕逆旅：此言旅居。陶淵明集卷七自祭文：「陶子將辭逆旅之館，永歸於本宅。」

〔一九〕煦渝篤密：「煦渝」，四庫本作「煦嫗」。「煦渝」同「煦愉」「煦媮」，和悦貌。「篤密」，猶濃密、濃厚。

〔二〇〕感物甚深：「甚深」，原作「深感」，今據四庫本改。

〔二一〕翳桑之人倒戈報德：此人困餓中受趙盾（宣子）救濟，後反戈一擊解趙盾之圍。左傳宣公二年：「初，宣子田於首山，舍于翳桑，見靈輒餓，問其病。曰：『不食三日矣。』食之，舍其半，問之。曰：『宦三年矣，未知母之存否，今近焉，請以遺之。』使盡之，而爲之簞食與肉，寘諸橐以與之。既而與爲公介，倒戟以禦公徒而免之。問何故。對曰：『翳桑之餓人也。』問其名居，不告而退，遂自亡也。」楊伯峻春秋左傳注：「倒戟猶言倒戈，晉世家云『反擊靈公之伏士』，以『反擊』釋『倒戟』，是也……公徒即伏甲，以其爲徒兵（非車兵），故云『公徒』。免之，免趙盾於禍，晉世家云：『伏士不能進，而竟脱盾。』」

〔二二〕相須：相互配合。漢書律曆志上：「規者，所以規圜器械，令得其類也。矩者，所以矩方器械，令不失其形也。規矩相須，陰陽位序，圜方乃成。」

〔三〕肅穆之風可得希矣：「肅穆」，莊敬和睦。文選丘希範侍宴樂游苑選張徐州應詔詩：「參差別念舉，肅穆恩波被。」呂向注：「肅穆謂和穆也，言天子恩波和睦而被及。」「希」，企求。後漢書盧植傳：「請謁希爵，一宜禁塞。」李賢注：「希，求也。」

何謂觀其情機，以辨恕惑？夫人之情有六機〔一〕：杼其所欲則喜，爲有力者譬烏獲〔二〕，其心莫不忻焉。不杼其所能則怨，爲辨給者稱三緘〔三〕，其心莫不忿然。以自伐歷之則惡，抗己所能，以歷衆人，衆人所惡。以謙損下之則悅〔四〕，卑損下人，人皆喜悅。犯其所乏則婟，人皆悅己所長，惡己所短。故稱其所短，則婟戾忿肆〔五〕。以惡犯婟則妬。自伐其能，人所惡也。稱人之短，人所婟也。今伐其所能，犯人所婟，則妬害生也。此人性之六機也。夫人情莫不欲遂其志，志之所欲，欲遂己成。故烈士樂奮力之功〔六〕，遭難而力士奮。善士樂督政之訓，政脩而善士用。能士樂治亂之事〔七〕，治亂而求賢能〔八〕。術士樂計策之謀〔九〕，廣算而求其策。辨士樂陵訊之辭〔一〇〕，賓贊而求辨給〔一一〕。貪者樂貨財之積，貨財積，則貪者容其求。幸者樂權勢之尤〔一二〕。權勢之尤，則幸者竊其柄〔一三〕。苟贊其志，則莫不欣然。是所謂杼其所欲則喜也。所欲之心杼盡，復何怨乎？若不杼其所能，則不獲其志，不獲其志則戚〔一四〕。憂己才之不展。是故功力不建，則烈士奮；奮，憤不能盡其材也。德行不訓〔一五〕，則正人哀〔一六〕；哀不得行其化。政亂不治，則能者歎〔一七〕；歎不得用其能。敵能未弭〔一八〕，則術人思〔一九〕；思不得運其奇。貨財不積，則貪者憂〔二〇〕；憂無所收其利。權勢不尤，則幸者悲。悲不得弄其權。是所謂不杼其能則怨也。所能不杼〔二一〕，其能悦也？人情莫不欲處前〔二二〕，故惡人之自伐。皆欲居物先，故惡人之自伐也。自伐，皆欲勝之類也。是故自伐其善，則莫不惡也。惡其有勝己之心。是所謂自伐歷之則惡也。是以達者終不自伐〔二三〕。人情皆欲求勝，故悦人之謙。謙所以下之，下有推與之意〔二四〕。是故人無賢愚，接之以謙，則無不色懌。不問能否，皆欲勝人。是所謂以謙下之則悦也。是以君子終日謙謙〔二五〕。人情皆欲掩其所短，見其所長〔二六〕。稱其所長則悦，稱其所短則慍。是故人駮其所短，似若物冒之〔二七〕。情之憤悶，有若覆冒。是所謂駮其所乏則媢也。覆冒純塞，其心媢戾。人情陵上者也〔二八〕，見人勝己，皆欲陵之。陵犯其所惡，雖見憎，未害也。雖惡我自伐，未甚疾害也。若以長駮短，是所謂以惡犯媢，則妬惡生矣。以己之長，駮人之短而取其害，是以達者不爲之也。凡此六機，其歸皆欲處上。物之自大，人人皆爾。是以君子接物，犯而不校〔二九〕。知物情好勝，雖或以小犯己，終不校拒也。不校則無不敬下，所以避其害也。務行謙敬，誰害之哉！小人則不然。既不見機，不達妬害之機。而欲人之順己，謂欲人無違己。以佯愛敬爲見異〔三〇〕，孔光逡巡〔三一〕，董賢欣喜〔三二〕。以偶邀會爲輕〔三三〕，謂非本心，忿其輕己。苟犯其機，則深以爲怨。小人易悦而難事〔三四〕。是故觀其情機，而賢鄙之志可得而知也。賢明志在退下，鄙劣志在陵上。是以平淡之主御之以正〔三五〕，訓貪者之所憂，戒幸者之所悲。然後物不自伐，下不陵上，賢否當位，治道有序。

〔一〕人之情有六機：人之情緒表達有六種徵象。「機」，先兆，徵象。司空表聖文集卷八連珠：「蓋聞變可揣機，明難辨勢。」

〔二〕烏獲：戰國時大力士。史記秦本紀：「武王有力好戲，力士任鄙、烏獲、孟説皆至大官。」

〔三〕爲辨給者稱三緘：「辯給」，本書卷上材理：「辨給之人，辭煩而意鋭，推人事，則精識而窮理，即大義，則恢愕而不周。」「三緘」，三緘其口。説苑敬慎：「孔子之周，觀於太廟。右陛之前，有金人焉，三緘其口，而銘其背曰：『古之慎言人也。戒之哉！戒之哉！無多言，多言多敗；無多事，多事多患……』孔子顧謂弟子曰：『記之！此言雖鄙，而中事情。』」

〔四〕謙損：謙退，謙讓。潛夫論遏利：「是故無功庸於民而求盈者，未嘗不力顛也；有勳德於民而謙損者，未嘗不光榮也。」

〔五〕婟戾：下文劉昞注亦稱「其心婟戾」，然「婟戾」一詞，此前未見用例，依單字串講，當是嫉恨乖背。「戾」，乖謬，違反。荀子榮辱：「争貨財，無辭讓，果敢而振，猛貪而戾，恈恈然唯利之見，是賈盜之勇也。」楊倞注：「戾，乖背也。」

〔六〕烈士：剛毅力勁，有志於功業者。莊子秋水：「白刃交於前，視死若生者，烈士之勇也。」又宋書樂志三：「驥老伏櫪，志在千里。烈士暮年，壯心不已。」本篇上文：「氣清力勁，則烈名生焉。」

〔七〕能士：應即所謂「器能」之人。荀子王霸：「故百里之地，其等位爵服，足以容天下之賢士矣；其官職事業，足以容天下之能士矣。」楊倞注：「能士者，才藝也。」本篇上文：「勁智精理，則能名生焉。」又本書卷上流業：「兼有三材，三材皆微，其德足以率一國，其法足以正鄉邑，其術足以權事宜，是謂器能，子產、西門豹是也。」

〔八〕治亂而求賢能：書説命中：「惟治亂在庶官，官不及私，昵惟其能，爵罔及惡，德惟其賢。」僞孔傳：「言所官得人則治，失人則亂。」

〔九〕術士：應即所謂「術家」。本書卷上流業：「思通道化，策謀奇妙，是謂術家，范蠡、張良是也。」劉昞注「術家」：「智慮無方。」

〔一〇〕辨士樂陵訊之辭：「辨士」應即本書卷上流業「有口辨」者，劉昞注：「應對給捷。」「陵訊」，此前未見用例，依單字串講，當是反應迅捷，言辭犀利之意。「訊」，通「迅」。漢書揚雄傳上：「（甘泉賦）猋駭雲訊，奮以方攘。」顏師古注：「訊亦奮訊也……訊音信。」

〔一一〕賓贊：五百家注昌黎文集卷一四鄆州溪堂詩：「公暨賓贊，稽經諏律。」注：「孫曰：賓贊謂幕僚。」

〔一二〕幸者樂權勢之尤：受寵幸者樂見當權者有過失，以便上下其手，從中弄權（下文：「權勢不尤，則幸者悲。」）。「尤」，罪過，過失。論語爲政：「子張學干禄。子曰：『多聞闕疑，慎言其餘，則寡尤；多見闕殆，慎行其餘，則寡悔。言寡尤，行寡悔，禄在其中矣。』」何晏集解：「包曰：尤，過也。疑則闕之，其餘不疑，猶慎言之則少過。」

〔一三〕柄：權柄。文選陳孔璋爲袁紹檄豫州：「曩者彊秦弱主，趙高執柄，專制朝權，威福由己。」呂延濟注：「弱主，二世也。趙高，秦相也。柄，國之機要也。威福，賞罰也。」

〔一四〕戚：憂患，悲哀。詩小雅小明：「心之憂矣，自詒伊戚。」毛傳：「戚，憂也。」

〔一五〕德行不訓：言教化不能順利實施。「訓」，通「順」，順從。書洪範：「凡厥庶民，極之敷言，是訓是行，以近天子之光。」僞孔傳：「凡其衆民中心之所陳言，凡順是行之，則可以近益天子之光明。」

〔一六〕則正人哀：「正人」，正直之人。書冏命：「昔在文武，聰明齊聖。小大之臣，咸懷忠良。其侍御僕從，罔匪正人。」僞孔傳：「雖給侍進御僕役從官，官雖微，無不用中正之人。」「哀」，原作「哀哀」，今據四庫本删一「哀」字。

〔一七〕則能者歎：「歎」，原作「歎歎」，今據四庫本删一「歎」字。

〔一八〕敵能未弭：敵之强勢尚未消解。「能未」，四庫本作「未能」，亦通。「弭」，停止，消除。左傳成公十六年：「若之何？憂猶未弭。」杜預注：「弭，息也。」

〔一九〕則術人思：「思」，原作「思思」，今據四庫本删一「思」字。

〔二〇〕則貪者憂：「憂」，原作「憂憂」，今據四庫本删一「憂」字。

〔二一〕所能不矜：「能」，原作「怨」，按正文作「不矜其能」，注當從之，今據四庫本改。

〔二二〕處前：處於人前，争爲人先。老子第六十六章：「江海所以能爲百谷王者，以其善下之，故能爲百谷王。是以聖人欲上民，必以言下之；欲先民，必以身後之。是以聖人處上而民不重，處前而民不害。是以天下樂推而不厭，以其不争，故天下莫能與之争。」河上公注：「聖人在民前，不以光明蔽後，民親之若父母，無有欲害之心也。」

〔二三〕達者：與「達人」「達士」「達材」義同，謂智能通達之人。左傳昭公七年：「吾聞將有達者，曰孔丘，聖人之後也……臧孫紇有言曰：『聖人有明德者，若不當世，其後必有達人。』」孔穎達疏：「聖人謂殷湯也。不當世謂不得在位爲國君也。上文具言考父之德，知此聖人之後有明德而不得在世當大位者，止謂正考父也。既是聖人之後，而又有明德，身無貴位，必慶隆子孫，故言其後必有達人，謂知能通達之人。」

〔二四〕推與：猶讓與。三國志魏書公孫瓚傳裴松之注引吴書：「嘗有失牛者，骨體毛色與虞牛相似，因以爲是，虞便推與之。」

〔二五〕君子終日謙謙：易謙卦：「謙謙君子，卑以自牧也。」孔穎達疏：「卑以自牧者，牧，養也。解謙謙君子之義，恒以謙卑自養其德也。」

〔二六〕見：同「現」，被看見，顯現。論語泰伯：「天下有道則見，無道則隱。」

〔二七〕似若物冒之：「冒」，即覆蓋，一如被掩蓋，被壓抑。故劉昞注謂「情之憤悶，有若覆冒」。詩邶風日月：「日居月諸，下土是冒。」毛傳：「冒，覆也。」

〔二八〕陵上：凌駕於他人之上，不甘處於低位。國語周語中：「夫人性，陵上者也。不可蓋也。」韋昭注：「如能在人上者，人欲勝陵之也，故君子尚禮讓，而天下莫敢陵也。」

〔二九〕犯而不校：即使受到冒犯也不計較。論語泰伯：「曾子曰：『以能問於不能，以多問於寡，有若無，實若虛，犯而不校。昔者吾友嘗從事於斯矣。』」何晏集解：「包曰：校，報也。言見侵犯，不報。」

〔三〇〕見異：被特殊看待，優遇。漢書谷永傳：「（奏書謝大將軍王鳳）昔豫子吞炭壞形以奉見異，齊客隕首公門以報恩施，知氏、孟嘗猶有死士，何況將軍之門！」顔師古注：「豫讓也。爲智伯報讎，欲殺趙襄子，恐人識之，故吞炭以變其聲，釁面以壞其形，云『智伯國士遇我』故也。」

〔三一〕孔光逡巡：孔光字子夏，孔子十四世孫。漢成帝時爲尚書令，守法度，修故事，凡典樞機十餘年。後爲御史大夫、丞相。哀帝即位，爲大司徒。王莽擅權，徙爲太傅、太師。漢書卷八一有傳。「逡巡」，遲疑徘徊，欲行又止貌。漢書董賢傳：「初，丞相孔光爲御史大夫，時賢父恭爲御史，事光。及賢爲大司馬，與光並爲三公，上故令賢私過光。光雅恭謹，知上欲尊寵賢，及聞賢當來也，光警戒衣冠出門待，望見賢車乃卻入。賢至中門，光入閤，既下車，乃出拜謁，送迎甚謹，不敢以賓客均敵之禮。賢歸，上聞之喜，立拜光兩兄子爲諫大夫常侍。賢繇是權與人主侔矣。」

〔三二〕董賢：字聖卿，雲陽（今陝西淳化西北）人。初爲太子舍人，哀帝立，隨例遷爲郎，倍受寵倖。二十二歲，官至大司馬，封高安侯，主持朝政。哀帝死，伏辜自殺。見漢書卷九三佞幸傳。

〔三三〕偶：同輩，同類。史記黥布列傳：「布已論輸麗山。麗山之徒數十萬人，布皆與其徒長豪桀交通，迺率其曹偶，亡之江中爲群盜。」索隱：「曹，輩也。偶，類也。謂徒輩之類。」

〔三四〕小人易悦而難事：論語子路：「子曰：『君子易事而難説也。説之不以道，不説也，及其使人也，器之。小人難事而易説也。説之雖不以道，説也，及其使人也，求備焉。』」邢昺疏：「此章論君子小人不同之事也。子曰君子易事而難説也者，言君子不責備於一人，故易事，不受妄説，故難説也。説之不以道，不説也。及其使人也，器之者，此覆明難説易事之理，言君子有正德，若人説己不以道而妄説，則不喜説也，是以難説。度人才器而官之，不責備，故易事。小人難事而易説也者，小人反君子故也。説之雖不以道，説也。及其使人也，求備焉者，此覆明易説難事之理。以小人爲人説媚，雖不以道而妄説之亦喜説，故易説也。及其使人也，責備於一人焉，故難事也。」

〔三五〕平淡之主：劉昞本篇前注：「平淡之主順而恕。」「平淡」，亦作「平澹」。本書卷上九徵：「凡人之質量，中和最貴矣。中和之質，必平淡無味，故能調成五材，變化應節。」又：「其爲人也，若質素平澹，中叡外朗，筋勁植固，聲清色懌，儀正容直，則九徵皆至，則純粹之德也。」

何謂觀其所短，以知所長？夫偏材之人，皆有所短〔一〕。智不能周也。故直之失也訐〔二〕，刺訐傷於義，故其父攘羊，其子證之〔三〕。剛之失也厲〔四〕，剛切傷於理，故諫君不從，承之以劍〔五〕。和之失也愞〔六〕，愞弱不及道，故宫之奇爲人撓〔七〕，不能强諫。介之失也拘〔八〕。拘愚不達事，尾生守信〔九〕，死於橋下。夫直者不訐，無以成其直。既悦其直，不可非其訐。用人之直，恕其訐也。訐也者，直之徵也。非訐不能爲直。剛者不厲，無以濟其剛。既悦其剛，不可非其厲。用人之剛，恕其厲也。厲也者，剛之徵也。非厲不能爲剛。和者不愞，無以保其和。既悦其和，不可非其懦。用人之和，恕其愞也。愞也者，和之徵也。非懦不能爲和。介者不拘，無以守其介。既悦其介，不可非其拘。用人之介，恕其拘也。拘也者，介之徵也。非拘不能爲介。然有短者，未必能長也。純訐之人，未能正直〔一〇〕。有長者，必以短爲徵。純和之人，徵必愞弱。是故觀其徵之所短，而其材之所長可知也。欲用其剛，必采之於厲。

〔一〕皆有所短：本書卷中材能「凡偏材之人，皆一味之美。故長於辦一官，而短於爲一國」，「凡此之能，皆偏材之人也。故或能言而不能行，或能行而不能言」。

〔二〕直之失也訐：本篇上文：「故曰直者亦訐，訐者亦訐，其訐則同，其所以爲訐則異。」劉昞注：「直人之訐，訐惡憚非；純訐之訐，訐善刺是。」

〔三〕其父攘羊其子證之：論語子路：「葉公語孔子曰：『吾黨有直躬者，其父攘羊，而子證之。』孔子曰：『吾黨之直者異於是。父爲子隱，子爲父隱，直在其中矣。』」邢昺疏「有因而盜曰攘。言因羊來入己家，父即取之，而子言於失羊之主，證父之盜」，「子苟有過，父爲隱之，則慈也；父苟有過，子爲隱之，則孝也。孝慈則忠，忠則直也，故曰直在其中矣」。

〔四〕剛之失也厲：本書卷上體別：「是故厲直剛毅，材在矯正，失在激訐。」又卷上材理：「抗厲之人，不能迴撓。論法直，則括處而公正；説變通，則否戾而不入。」

〔五〕承之以劍：用伍子胥事。史記吴太伯世家：「十一年，復北伐齊。越王句踐率其衆以朝吴，厚獻遺之。吴王喜，唯子胥懼，曰：『是棄吴也。』諫曰：『越在腹心，今得志於齊，猶石田，無所用。且盤庚之誥有顛越勿遺，商之以興。』吴王不聽，使子胥於齊，子胥屬其子於齊鮑氏，還報吴王。吴王聞之，大怒，賜子胥屬鏤之劍以死。將死，曰：『樹吾墓上以梓，令可爲器。抉吾眼置之吴東門，以觀越之滅吴也。』」集解：「屬鏤，劍名。賜使自刎。」

〔六〕和之失也悷：本書卷上材理：「温柔之人，力不休彊。味道理，則順適而和暢。擬疑難，則濡悷而不盡。」

〔七〕宫之奇爲人撓：「撓」，四庫本作「懦」。「撓」，懦弱。漢書佞幸傳贊：「主疾無嗣，弄臣爲輔，鼎足不彊，棟幹微撓。」顔師古注：「撓，弱也。」此用春秋晉國假道於虞以伐虢事，宫之奇爲虞國大夫，性賢而懦。左傳僖公二年：「晉荀息請以屈産之乘與垂棘之璧假道於虞以伐虢。公曰：『是吾寶也。』對曰：『若得道於虞，猶外府也。』公曰：『宫之奇存焉。』對曰：『宫之奇之爲人也，懦而不能强諫。且少長於君，君暱之。雖諫，將不聽。』乃使荀息假道於虞……虞公許之，且請先伐虢。宫之奇諫，不聽，遂起師。夏，晉里克、荀息帥師會虞師，伐虢，滅下陽。」

〔八〕介之失也拘：本書卷上體别「清介廉潔，節在儉固，失在拘扃」，「狷介之人，砭清激濁，不戒其道之隘狹，而以普爲穢，益其拘」。

〔九〕尾生守信：史記蘇秦列傳：「信如尾生，與女子期於梁下，女子不來，水至不去，抱柱而死。有信如此，王又安能使之步行千里卻齊之彊兵哉？」

〔一〇〕 純訐之人未能正直：本篇上文：「純訐性違，不能公正。」

何謂觀其聰明，以知所達？夫仁者，德之基也〔一〕。載德而行。義者，德之節也〔二〕。制德之所宜也。禮者，德之文也〔三〕。禮，德之文理也。信者，德之固也〔四〕。固，德之所執也。智者，德之帥也〔五〕。非智不成德。夫智出於明，明達乃成智。明之於人，猶晝之待白日，夜之待燭火。火日所以照晝夜，智達所以明物理。其明益盛者，所見及遠，火日愈明，所照愈遠。智達彌明，理通彌深。及遠之明難。聖人猶有不及。是故守業勤學，未必及材。生知者上〔六〕，學能者次。材藝精巧，未必及理。因習成巧，淺於至理。理義辨給，未必及智。理成事業，昧于玄智〔七〕。智能經事〔八〕，未必及道。役智經務，去道遠矣。道思玄遠〔九〕，然後乃周〔一〇〕。道無不載〔一一〕，故無不周。是謂學不及材，材不及理，理不及智，智不及道。道智玄微，故四變而後及。道也者，回復變通。理不繫一，故變通之。是故別而論之〔一二〕：各自獨行，則仁爲勝〔一三〕；仁者濟物之資，明者見理而已。合而俱用，則明爲將〔一四〕。仁者待明，其功乃成。故以明將仁，則無不懷〔一五〕。威以使之，仁以恤之。以明將義，則無不勝。示以斷割之宜。以明將理，則無不通。理若明練〔一六〕，萬事乃達。然則苟無聰明，無以能遂〔一七〕。暗者昧時〔一八〕，何能成務成遂。故好聲而實不克則恢〔一九〕，恢，迂遠於實。好辯而理不至則煩，辭煩而無正理。好法而思不深則刻〔二〇〕，刻過於理。好術而計不足則僞。僞〔二一〕，誣詐也。是故鈞材而好學〔二二〕，明者爲師。比力而爭〔二三〕，智者爲雄。等德而齊〔二四〕，達者稱聖〔二五〕。聖之爲稱，明智之極名也〔二六〕。是以動而爲天下法〔二七〕，言而爲萬世範。居上位而不亢〔二八〕，在下位而不悶〔二九〕。是以觀其聰明，而所達之材可知也。

〔一〕德之基：道德之基礎，道德之承載者。詩大雅抑：「温温恭人，維德之基。」鄭箋：「寬柔之人，温温然，則能爲德之基止。言内有其性，乃可以有爲德也。」又鹽鐵論論功：「高皇帝受命平暴亂，功德巍巍，惟天同大焉。而文景承緒潤色之。及先帝征不義，攘無德，以昭仁聖之路，純至德之基，聖王累年仁義之積也。」

〔二〕節：法度，準則。禮記曲禮上：「禮不踰節，不侵侮，不好狎。」

〔三〕文：文理。本書卷上九徵：「氣清而朗者，謂之文理。文理也者，禮之本也。」

〔四〕德之固：易繫辭下「德之固也」，韓康伯注：「固，不傾移也。」

〔五〕帥：起主導作用的事物。孟子公孫丑上：「夫志，氣之帥也。氣，體之充也。」趙岐注：「志，心所念慮也。氣，所以充滿形體爲喜怒也。志帥氣而行之，度其可否也。」

〔六〕生知者上：論語季氏：「孔子曰：『生而知之者，上也；學而知之者，次也；困而學之，又其次也；困而不學，民斯爲下矣。』」孔穎達疏：「此章勸人學也。生而知之者上也者，謂聖人也。」

〔七〕玄智：高深之智慧。「玄」，荀子正論：「上周密則下疑玄矣。」楊倞注：「玄謂幽深難知。」

〔八〕經事：猶經略，籌畫治理。

〔九〕道思玄遠：謂深邃微妙之哲理。三國志魏書荀彧傳裴松之注引晉陽秋：「（傳）暇善名理而（荀）粲尚玄遠，宗致雖同，倉卒時或有格而不相得意。」

〔一〇〕周：周遍，完備。易繫辭上：「知周乎萬物，而道濟天下。」

〔一一〕道無不載：莊子天地：「夫道，覆載萬物者也，洋洋乎大哉！」

〔一二〕別而論之：謂將前文仁、義、禮、信、智另作一番比較，其視角有二，一是「各自獨行」，二是「合而俱用」。

〔一三〕仁爲勝：若各自獨立，在仁、義、禮、信、智五德中，「仁」則居於首位。仁是孔子思想之核心，也是其理想人生道德之最高境界。論語里仁：「子曰：『參乎！吾道一以貫之。』曾子曰：『唯。』子出，門人問曰：『何謂也？』曾子曰：『夫子之道，忠恕而已矣。』」楊伯峻試論孔子：「『吾道』就是孔子自己的整個思想體系，而貫穿這個思想體系的，必然是它的核心。分別講是『忠恕』，概括講是『仁』。」（論語譯注卷首）

〔一四〕明爲將：「將」，扶助。詩周南樛木：「樂只君子，福履將之。」鄭箋：「將，猶扶助也。」具言之，即下文「以明將仁」「以明將義」「以明將理」之意。錢穆略述劉邵人物志：「故劉邵講道德主要乃兼功利觀點講。他說如『仁』字，在單獨講時是好的，但合起來講，則仁不如『明』。若其不明而僅有仁，則成無明，此説實亦有理。故孔子講『仁』，必另加上一『智』字。後人太偏講道德，便失卻孔子仁、智兼重之義。仁、智必相兼，聰明與平淡二者亦必相兼，此皆劉邵論人物之重要點。」（中國學術思想史論叢（三），第五九頁。）

〔一五〕懷：歸附。書皋陶謨：「知人則哲，能官人。安民則惠，黎民懷之。」僞孔傳：「哲，智也。無所不知，故能官人。惠，愛也。愛則民歸之。」

〔一六〕明練：明暢，練達。三國志魏書滿田牽郭傳：「（評曰）田豫居身清白，規格明練。」

〔一七〕遂：順遂，成功。墨子脩身：「名不徒生，而譽不自長，功成名遂，名譽不可虚假反之身者也。」

〔一八〕昧時：昧於時，猶言不識時務。唐摭言卷四師友：「隴西李舟與齊相國映友善，映爲將相，舟爲布衣，而舟致書於映，以交不以貴也。時映左遷於夔，舟書曰：『（前略）忽承足下出守夔國，於蒼生之望，則爲不幸，爲足下謀之，則名遂身退，斯又爲佳。僕昧時者，謹以爲賀。』」

〔一九〕好聲而實不克則恢：「不克」，不能。詩齊風南山：「析薪如之何，匪斧不克。」毛傳：「克，能也。」鄭箋：「此言析薪必待斧乃能也。」「恢」，廣，劉昞注引申爲「迂遠」。

〔二〇〕刻：刻薄，嚴苛。漢書藝文志：「法家者流，蓋出於理官，信賞必罰，以輔禮制。易曰『先王以明罰飭法』，此其所長也。及刻者爲之，則無教化，去仁愛，專任刑法而欲以致治，至於殘害至親，傷恩薄厚。」顔師古注：「薄厚者，變厚爲薄。」

〔二一〕僞：原作「詭」，按正文作「僞」，劉昞注亦當從之，今據四庫本改。

〔二二〕鈞材：同等資質。「鈞」，同「均」。孟子滕文公上：「夫仁政，必自經界始。經界不正，井地不鈞，穀祿不平。」

〔二三〕比力：同等力量。「比」，比肩，並列。淮南子說山訓：「三人比肩，不能外出户。」高誘注：「户不容故也。」

〔二四〕齊：列，並列。淮南子原道訓：「耳聽朝歌北鄙靡靡之樂，齊靡曼之色。」高誘注：「齊，列也。靡曼，美色也。」

〔二五〕達者稱聖：說文耳部：「聖，通也。」段玉裁注：「邶風：『母氏聖善。』傳云：『聖，叡也。』小雅：『或聖或不。』傳云：『人有通聖者，有不能者。』周禮：『六德教萬民，智、仁、聖、義、忠、和。』注云：『聖通而先識。』洪範曰：『睿作聖。』凡一事精通，亦得謂之聖。」

〔二六〕明智之極名也：「名」，原作「明」，蓋涉上而誤，今據四庫本改。「極名」即最高稱呼，謂明智之最高稱呼爲「聖」。

〔二七〕動而爲天下法：禮記中庸：「故君子之道，本諸身，徵諸庶民，考諸三王而不繆，建諸天地而不悖，質諸鬼神而無疑，百世以俟聖人而不惑。質諸鬼神而無疑，知天也。百世以俟聖人而不惑，知人也。是故君子動而世爲天下道，行而世爲天下法，言而世爲天下則。」鄭玄注：「知天、知人，謂知其道也。鬼神，從天地者也。易曰：『故知鬼神之情狀，與天地相似。』聖人則之，百世同道。」

〔二八〕居上位而不亢：易乾卦：「是故居上位而不驕，在下位而不憂。」孔穎達疏：「是故居上位而不驕者，謂居下體之上位而不驕也，以其知終，故不敢懷驕慢。」又禮記中庸：「故君子尊德性而道問學，致廣大而盡精微，極高明而道中庸，温故而知新，敦厚以崇禮。是故居上不驕，爲下不倍。國有道，其言足以興；國無道，其默足以容。詩曰：『既明且哲，以保其身。』其此之謂與？」

〔二九〕悶：煩悶。易乾卦：「不成乎名，遯世無悶。」孔穎達疏：「不成乎名者，言自隱默，不成就於令名使人知也。遯世無悶者，謂逃遯避世，雖逢無道，心無所悶。」

人物志校箋　卷下

七繆第十

人物之理，妙而難明。以情鑒察，繆猶有七〔一〕。

七繆：一曰察譽〔二〕，有偏頗之繆。徵質不明，故聽有偏頗也。二曰接物〔三〕，有愛惡之惑。或情同，忘其惡。或意異，違其善也。三曰度心〔四〕，有小大之誤。或小知而大無成，或小暗而大無明。四曰品質〔五〕，有早晚之疑。有早智而速成者，有晚智而晚成者。五曰變類〔六〕，有同體之嫌。材同勢均則相競，材同勢傾則相敬。六曰論材〔七〕，有申壓之詭〔八〕。藉富貴，則惠施而名申。處貧賤，則乞求而名壓。七曰觀奇，有二尤之失〔九〕。妙尤含藏〔一〇〕，直尤虛瑰〔一一〕，故察難中也。

〔一〕繆：通「謬」，荒謬，錯誤。禮記仲尼燕居：「子曰：『禮也者，理也。樂也者，節也。君子無理不動，無節不作。不能詩，於禮繆。不能樂，於禮素。薄於德，於禮虛。』」鄭玄注：「繆，誤也。」

〔二〕察譽：考察其聲譽。

〔三〕接物：考察其交游。文選司馬子長報任少卿書：「曩者辱賜書，教以順於接物，推賢進士爲務。」李周翰注：「曩，昔；教，示也。言教示接於人物，推讓賢才，以進用士子爲務，謂遷爲中書令。」

〔四〕度心：考察其心智。「度」，忖度。詩小雅巧言：「他人有心，予忖度之。」

〔五〕品質：猶「品人」，考察其材質。宋書恩倖傳序：「漢末喪亂，魏武始基，軍中倉卒，權立九品，蓋以論人才優劣，非爲世族高卑。因此相沿，遂爲成法。自魏至晉，莫之能改，州都郡正，以才品人，而舉世人才，升降蓋寡。」

〔六〕變類：考察其類別。「變」，通「辨」，明辨。下文言之已詳：「是故性同而材傾，則相援而相賴也。性同而勢均，則相競而相害也。此又同體之變也。」

〔七〕論材：考察其財勢，劉昞注謂「藉富貴」「處貧賤」可證。「材」，通「財」。別雅（清吳玉搢撰）卷一：「錢材，錢財也。資財，資材也。漢史晨（饗孔子廟）後碑：『還所斂民錢材。』字原云：『義作財。』漢書鼂錯傳：『今以陛下神明德厚，資財不下五帝。』師古曰：『資，質也。謂天子之材質。』二字互異如此。又孟子『有達財者』，亦以『財』爲『材』。二字古蓋通用無別也。」

〔八〕詭：差異。淮南子說林訓：「衡雖正必有差，尺寸雖齊必有詭。」

〔九〕二尤：謂「妙尤」（尤妙之人）和「直尤」（尤虚之人）。湯用彤讀人物志：「劉邵立論謂有二尤。尤妙之人，含精於內，外無飾姿。尤虚之人，碩言瑰姿，內實乖反。前者實爲超奇，後者只系常人。超奇者以內藴不易測，常人以外異而誤別。拔取奇尤，本可越序。但天下內有超奇之實者本少，外冒超奇之名者極多。故取士，與其越序，不如順次。越序徵辟則失之多，順次察舉則失較少。依劉邵之意，品藻之術蓋以常士爲準，而不可用於超奇之人也。」（湯用彤學術論文集，第一九九頁。）

〔一〇〕含藏：藴藏，有内涵。周禮春官大宗伯：「以貍沈祭山林川澤。」鄭玄注：「祭山林曰埋，川澤曰沈，順其性之含藏。」孔穎達疏：「以其山林無水，故埋之，川澤有水，故沈之，是其順性之含藏也。」

〔一一〕虚瑰：此前未見用例，依單字串講，當是虚浮瑰異，徒有其表。下文形容「尤虚之人」，「碩言瑰姿，内實乖反」，即此意。

夫采訪之要〔一〕，不在多少。事無巨細，要在得正。然徵質不明者〔二〕，信耳而不敢信目〔三〕。目不能察，而信於耳。故人以爲是，則心隨而明之。人以爲非，則意轉而化之。信人毁譽，故向之所是，化而爲非。雖無所嫌〔四〕，意若不疑〔五〕？信毁譽者，心雖無嫌，意固疑矣。且人察物，亦自有誤。愛憎兼之，其情萬原〔六〕。明既不察，加之愛惡是非，是疑豈可勝計。不暢其本〔七〕，胡可必信！去愛憎之情，則實理得矣。是故知人者，以目正耳。雖聽人言，常正之以目〔八〕。不知人者，以耳敗目。親見其誠，猶信毁而棄之。故州閭之士〔九〕，皆譽皆毁〔一〇〕，未可爲正也。或衆附阿黨〔一一〕，或獨立不群。交遊之人，譽不三周〔一二〕，未必信是也。交結致譽，不三周。色貌取人〔一三〕，而行違之。夫實厚之士〔一四〕，交遊之間，必每所在肩稱〔一五〕。言忠信，行篤敬，雖蠻貊之邦行矣〔一六〕。上等援之〔一七〕，下等推之。轡貊推之，況州里乎？苟不能周，必有咎毁〔一八〕。行不篤敬者，或諂諛得上而失於下，或阿黨得下而失於上。故偏上失下，則其終有毁。非之者多，故不能終。偏下失上，則其進不傑〔一九〕。衆雖推之，上不信異。故誠能三周，則爲國所利，此正直之交也。由其正直，故名有利。故皆合而是〔二〇〕，亦有違比〔二一〕。或違正阿黨，或合而是之。皆合而非，或在其中。或特立不群，故合而非之。若有奇異之材，則非衆所見。奇逸絶衆，衆何由識？而耳所聽采，以多爲信。不能審查其材，但信衆人言也。是繆於察譽者也。信言察物，必多繆失。是以聖人如有所譽，必有所試〔二二〕。

〔一〕采訪：搜求訪察。曹魏選拔人才，推行九品中正制，中正官專事尋求人才，訪察民間品議。三國志魏書劉放傳裴松之注引晉陽秋：「楚（許按：楚爲劉放孫，字子荆。）鄉人王濟，豪俊公子也，爲本州大中正。訪問闕求楚品狀，濟曰：『此人非卿所能名。』自狀之曰：『天才英博，亮拔不群。』楚位至討虜護軍、馮翊太守。」廿二史劄記卷八九品中正：「魏文帝初定九品中正之法，郡邑設小中正，州設大中正，由小中正品第人才，以上大中正，大中正核實，以上司徒，司徒再核，然後付尚書選用。」

〔二〕徵質：見本書卷上九徵之「九徵」「五質」説。

〔三〕信耳而不敢信目：即貴所聞而賤所見。文選張平子東京賦：「安處先生於是似不能言，憮然有間，乃莞爾而笑曰：『若客所謂，末學膚受，貴耳而賤目者也。』」李善注：「桓子新論曰：『世咸尊古卑今，貴所聞，賤所見。』」

〔四〕嫌：厭惡，不滿。荀子正名：「離道而内自擇，是猶以兩易一也，奚得？其累百年之欲，易一時之嫌，然且爲之，不明其數也。」楊倞注：「累，積也。嫌，惡也。此謂不以道求富貴，終遇禍也。」

〔五〕意若不疑：心中怎能不生懷疑。劉昞注謂「意固疑矣」。「若」，此處用於疑問。

〔六〕萬原：多種原因。

〔七〕暢其本：「暢」，伸展，疏導。「本」，根本。

〔八〕雖聽人言常正之以目：即觀其行，以所見正所聞。論語公冶長：「子曰：『始吾於人也，聽其言而信其行。今吾於人也，聽其言而觀其行。』」

〔九〕州閭：猶鄉里，鄉黨。禮記曲禮上：「夫爲人子者，三賜不及車馬。故州閭鄉黨稱其孝也，兄弟親戚稱其慈也，僚友稱其弟也，執友稱其仁也，交遊稱其信也。」鄭玄注：「不敢重受賜者，心也，如此而五者備有焉。周禮：『二十五家爲閭，四閭爲族，五族爲黨，五黨爲州，五州爲鄉。』僚友，官同者。執友，志同者。」

〔一〇〕皆譽皆毁：論語子路：「子貢問曰：『鄉人皆好之，何如？』子曰：『未可也。』『鄉人皆惡之，何如？』子曰：『未可也。不如鄉人之善者好之，其不善者惡之。』」又孟子梁惠王下：「王曰：『吾何以識其不才而舍之？』（孟子）曰：『國君進賢，如不得已，將使卑踰尊，疏踰戚，可不慎與？左右皆曰賢，未可也；諸大夫皆曰賢，未可也；國人皆曰賢，然後察之；見賢焉，然後用之。左右皆曰不可，勿聽；諸大夫皆曰不可，勿聽；國人皆曰不可，然後察之；見不可焉，然後去之。』」

〔一一〕阿黨：結黨營私。漢書高五王傳：「（贊曰）自吴楚誅後，稍奪諸侯權，左官附益阿黨之法設。」顔師古注：「張晏曰：『諸侯有罪，傅相不舉奏，爲阿黨。』」

〔一二〕三周：此謂中正、州閭各方面品議相合。「周」，合。楚辭離騷：「雖不周於今之人兮，願依彭咸之遺則。」王逸注：「周，合也。彭咸，殷賢大夫。」三國志魏書夏侯玄傳：「太傅司馬宣王問以時事，玄議以爲：『夫官才用人，國之柄也，故銓衡專於臺閣，上之分也，孝行存乎閭巷，優劣任之鄉人，下之叙也。夫欲清教審選，在明其分叙，不使相涉而已。

〔一三〕色貌取人：孔子家語子路初見：「澹臺子羽有君子之容，而行不勝其貌。宰我有文雅之辭，而智不充其辯。孔子曰：『里語云：「相馬以輿，相士以居。」弗可廢矣。』以容取人，則失之子羽，以辭取人，則失之宰予。』」

〔一四〕實厚之士：忠實敦厚之人，即孔子所謂「言忠信，行篤敬」（論語衛靈公）者。三國志魏書王肅傳：「廢禮復興，光宣聖緒，誠所謂名美而實厚者也。」

〔一五〕肩稱：猶並稱。「肩」，比肩。唐摭言卷一〇載應不捷聲價益振：「太和二年，裴休等二十三人登制科。時劉蕡對策萬餘字，深究治亂之本，又多引春秋大義，雖公孫弘、董仲舒不能肩也。」

〔一六〕雖蠻貊之邦行矣：論語衛靈公：「子張問行。子曰：『言忠信，行篤敬，雖蠻貊之邦，行矣。言不忠信，行不篤敬，雖州里，行乎哉？』」邢昺疏：「孔子答言，必當言盡忠誠，不欺於物，行唯敦厚，而常謹敬，則雖蠻貊遠國，其道行矣。反此，雖州里近處，而行乎哉，言不可行也。」「蠻貊」，謂四夷遠國。書武成：「華夏蠻貊，罔不率俾。」孔穎達疏：「冕服采章對被髮左衽，則爲有光華也。釋詁云：『夏，大也。』故大國曰夏。華夏謂中國也。言蠻貊，則戎夷可知也。言華夏及四夷皆相率而充己，使奉天成命，欲其共伐紂也。」

〔一七〕援：援引，舉薦。禮記儒行：「儒有內稱不辟親，外舉不辟怨，程功積事，推賢而進達之，不望其報，君得其志，苟利國家，不求富貴。其舉賢援能有如此者。」

〔一八〕呰毀：詆毀。三國志魏書牽招傳：「（韓）忠曰：『我遼東在滄海之東，擁兵百萬，又有扶餘、濊貊之用，當今之勢，彊者爲右，曹操獨何得爲是也？』招呵忠曰：『曹公允恭明哲，翼戴天子，伐叛柔服，寧靜四海，汝君臣頑嚚，今恃險遠，背違王命，欲擅拜假，侮弄神器，方當屠戮，何敢慢易呰毀大人！』」

〔一九〕其進不傑：「傑」，傑起，卓異而起。「不傑」者反是，此以爲乃「偏下失上」之過。三國志蜀書楊戲傳：「順期挺生，傑起龍驤。」

〔二〇〕皆合而是：衆人合而稱是，猶言共推某人。反之，即「皆合而非」。

〔二一〕違比：此前未見用例，依單字串講，當是違正比周，即違反正道，阿黨爲姦。論語爲政：「子曰：『君子周而不比，小人比而不周。』」邢昺疏：「忠信爲周，阿黨爲比。言君子常行忠信，而不私相阿黨。小人則反是。」

〔二二〕必有所試：論語衛靈公：「子曰：『吾之於人也，誰毀誰譽？如有所譽者，其有所試矣。』」邢昺疏：「言所稱譽者，輒試以事，不虛譽而已也。」

夫愛善疾惡，人情所常。不問賢愚，情皆同之也。苟不明質〔一〕，或疎善善非〔二〕，非者見善，善者見疎。豈故然哉？由意不明。何以論之？夫善非者，雖非猶有所是。既有百非，必有一是。以其所是，順己所長，惡人一是，與己所長同也。則不自覺情通意親，忽忘其惡。以與己同，忘其百非，謂矯駕爲至孝，殘桃爲至忠〔三〕。善人雖善，猶有所乏。雖有百善，或有一短。以其所乏，不明己長，善人一短，與己所長異也。以其所長，輕己所短，則不自知志乖氣違〔四〕，忽忘其善。以與己異，百善皆棄，謂曲杖爲匕首，葬楯爲反具耶〔五〕？是惑於愛惡者也。徵質暗昧者，其於接物，常以愛惡惑異其正。

〔一〕質：人之「材質」，本書卷上九徵分爲「五質」：「骨植而柔者，謂之弘毅。弘毅也者，仁之質也」；「氣清而朗者，謂之文理。文理也者，禮之本也」；「體端而實者，謂之貞固。貞固也者，信之基也」；「筋勁而精者，謂之勇敢。勇敢也者，義之決也」；「色平而暢者，謂之通微。通微也者，智之原也」。「五質恒性，故謂之五常矣。」劉昞注：「五性不同，各有所禀。」

〔二〕疎善善非：「疎善」，劉昞注謂之「善者見疎」；「善非」，劉昞注謂之「非者見善」，意即善惡不分，親疏顛倒。

〔三〕矯駕爲至孝殘桃爲至忠：用彌子瑕事。韓非子說難：「昔者彌子瑕有寵於衛君。衛國之法，竊駕君車者罪刖。彌子瑕母病，人聞，有夜告彌子，彌子矯駕君車以出。君聞而賢之，曰：『孝哉！爲母之故，忘其犯刖罪。』異日，與君遊於果園，食桃而甘，不盡，以其半啗君。君曰：『愛我哉！忘其口味，以啗寡人。』及彌子色衰愛弛，得罪於君，君曰：『是固嘗矯駕吾車，又嘗啗我以餘桃。』故彌子之行未變於初也，而以前之所以見賢而後獲罪者，愛憎之變也。」

〔四〕志乖氣違：志趣不合。

〔五〕葬楯爲反具：用周亞夫（條侯）事。史記絳侯周勃世家：「條侯子爲父買工官尚方甲楯五百被可以葬者。取庸苦之，不予錢。庸知其盜買縣官器，怒而上變告子，事連汙條侯。書既聞上，上下吏。吏薄責條侯，條侯不對。景帝罵之曰：『吾不用也。』召詣廷尉。廷尉責曰：『君侯欲反邪？』亞夫曰：『臣所買器，乃葬器也，何謂反邪？』吏曰：『君侯縱不反地上，即欲反地下耳。』吏侵之益急。初，吏捕條侯，條侯欲自殺，夫人止之，以故不得死，遂入廷尉。因不食五日，嘔血而死。」

夫精欲深微〔一〕，質欲懿重〔二〕，志欲弘大，心欲嗛小〔三〕。精微，所以入神妙也。麄則失神。懿重，所以崇德宇也〔四〕。躁則失身。志大，所以戡物任也〔五〕。小則不勝。心小，所以慎咎悔也〔六〕。大則驕陵。故詩詠文王「小心翼翼」〔七〕，「不大聲以色」〔八〕，小心也〔九〕；言不貪求大名聲見於顏色。「王赫斯怒」，「以對于天下」〔一〇〕，志大也。故能誅紂，定天下，以致太平。由此論之，心小志大者，聖賢之倫也。心小，故以服事殷。志大，故三分天下有其二〔一一〕。心大志大者，豪傑之雋也。志大而心又大，故名豪雋。心大志小者，傲蕩之類也〔一二〕。志小而心闊遠，故爲傲蕩之流也。心小志小者，拘愞之人也〔一三〕。心近志短，豈能弘大？衆人之察，或陋其心小，見沛公燒絶棧道〔一四〕，謂其不能定天下。或壯其志大。見項羽號稱强楚，便謂足以匡諸侯〔一五〕。是誤於小大者也。由智不能察其度，心常誤於小大。

〔一〕精：精神，思想。本書卷上九徵：「故曰物生有形，形有神精。」劉昞注：「不問賢愚，皆受氣質之稟性陰陽，但智有精粗，形有淺深耳。」

〔二〕懿重：此前未見用例，依單字串講，當是美善厚重。易小畜卦：「君子以懿文德。」孔穎達疏「懿，美也」，「喻君子之人，但修美文德，待時而發」。

〔三〕心欲嗛小：謹小慎微。「嗛」，太平御覽卷三六〇引人物志作「謙」，謙虛謹慎。

〔四〕德宇：器量，氣度。長短經卷一知人引人物志作「德守」，謂道德操守，亦通。世説新語賞譽：「山濤以下，魏舒以上。」劉孝標注引晉陽秋：「（王）濟有人倫鑒識，其雅俗是非，少所優潤。見（王）湛，歎服其德宇。時人謂湛上方山濤不足，下比魏舒有餘。」

〔五〕戡物任：太平御覽卷三六〇引人物志作「堪任物」。「戡」，同「堪」，勝任。「物任」，選任。江文通集卷七拜中書郎表：「仕通物任，官登郎掾。此實曜靈之私照，而微臣之厚幸也。」

〔六〕咎悔：災禍。文選陳孔璋檄吴將校部曲文：「是以大雅君子，於安思危，以遠咎悔，小人臨禍懷佚，以待死亡。二者之量，不亦殊乎？」

〔七〕小心翼翼：詩大雅大明：「維此文王，小心翼翼。昭事上帝，聿懷多福。厥德不回，以受方國。」鄭箋：「小心翼翼，恭慎貌。昭，明；聿，述；懷，思也。方國，四方來附者。此言文王之有德。」孔穎達疏：「釋訓云：『翼翼，恭也。』故知恭慎貌。人度量欲其心之大，謹慎欲其心之小，見其終常戒懼出於性。然表記引此詩乃云：『有君民之大德，有事君之小心。』是也。」

〔八〕不大聲以色：詩大雅皇矣：「帝謂文王：予懷明德，不大聲以色，不長夏以革。不識不知，順帝之則。」毛傳：「懷，歸也。不大聲見於色。革，更也。不以長大有所更。」鄭箋：「夏，諸夏也。天之言云我歸人君，有光明之德，而不虛廣言語以外作容貌，不長諸夏以變更王法者，其爲人不識古，不知今，順天之法而行之者。此言天之道尚誠實，貴性自然。」

〔九〕小心也：上言「心小，所以慎咎悔也」，下言「心小志大者，聖賢之倫也」，疑此「小心也」當作「心小也」。

〔一〇〕王赫斯怒以對于天下：詩大雅皇矣：「密人不恭，敢距大邦，侵阮徂共。王赫斯怒，爰整其旅，以按徂旅，以篤于周祜，以對于天下。」鄭箋「阮也、徂也、共也，三國犯周而文王伐之。密須之人乃敢距其義兵，違正道，是不直也」，「赫，怒意；斯，盡也。五百人爲旅。對，答也。文王赫然與其群臣盡怒曰：『整其軍旅，而出以却止徂國之兵衆，以厚周當王之福，以答天下鄉周之望。』」孔穎達疏：「有密國之人乃不恭其職，敢拒逆我大國，乃侵我周之阮地，遂復往侵於共邑。抗拒大國，侵其邑境，是不恭也。密人既不恭如此，故文王與其群臣赫然而盡怒。於是整齊其師旅，以止此密人往旅地之寇。密人侵共，復往侵旅，故興兵以止其寇也。所以必伐密者，以厚於周之祜福，以遂於天下之心。」

〔一一〕心小故以服事殷志大故三分天下有其二：此言周文王心小志大有至德，故爲聖賢。逸周書程典解：「文王合六州之侯，奉勤於商。」孔晁注：「三分天下有其二，以伏事殷也。」論語泰伯：「舜有臣五人而天下治。武王曰：『予有亂臣十人。』孔子曰：『才難，不其然乎？唐虞之際，於斯爲盛。有婦人焉，九人而已。三分天下有其二，以服事殷。周之德，可謂至德也已矣。』」

〔一二〕傲蕩：性格倔强，行爲放蕩。隋書地理志中：「滎陽古之鄭地，梁郡梁孝故都，邪僻傲蕩，舊傳其俗。今則好尚稼穡，重於禮文，其風皆變於古。」

〔一三〕拘懦之人：拘謹而軟弱的人，近於本書前文所説「懼慎之人」「温柔之人」。本書卷上體別：「懼慎之人，畏患多忌，不戒其懦於爲義，而以勇爲狎，增其疑。」又材理：「温柔之人，力不休彊。味道理，則順適而和暢。擬疑難，則濡懦而不盡。」

〔一四〕沛公燒絶棧道：史記高祖本紀：「四月，兵罷戲下，諸侯各就國。漢王之國，項王使卒三萬人從，楚與諸侯之慕從者數萬人，從杜南入蝕中。去輒燒絶棧道，以備諸侯盜兵襲之，亦示項羽無東意。」索隱：「按系家，是用張良計也。棧道，閣道也。音士諫反。包愷音士版反。崔浩云：『險絶之處，傍鑿山巖，而施版梁爲閣。』」

〔一五〕匡諸侯：論語憲問：「子曰：『管仲相桓公，霸諸侯，一匡天下，民到于今受其賜。微管仲，吾其被髮左衽矣。』」何晏集解：「馬曰：『匡，正也。天子微弱，桓公帥諸侯以尊周室，一正天下。』」

夫人材不同，成有早晚。有早智而速成者，質清氣朗，生則秀異，故童烏、蒼舒總角曜奇也〔一〕。有晚智而晚成者，質重氣遲，則久乃成器，故公孫含道〔二〕，老而後章。有少無智而終無所成者，質濁氣暗，終老無成，故原壤年老，聖人叩脛而不能化。有少有令材遂爲雋器者〔三〕。幼而通理，長則愈明，故常林發奇於應賓〔四〕，效德於公相〔五〕。四者之理，不可不察。當察其早晚，隨時而用之。夫幼智之人，材智精達，然其在童髦皆有端緒〔六〕。仲尼戲陳俎豆〔七〕，鄧艾指圖軍旅〔八〕。故文本辭繁〔九〕，初辭繁者，長必文麗。辯始給口〔一〇〕，幼給口者，長必辯論也。仁出慈恤，幼慈恤者，長必矜人〔一一〕。施發過與〔一二〕，幼過與者，長必好施。慎生畏懼，幼多畏者，長必謹慎。廉起不取。幼不妄取，長必清廉。早智者淺惠而見速〔一三〕，見小事則達其形容〔一四〕。晚成者奇識而舒遲，智雖舒緩，能識其妙。終暗者並困於不足〔一五〕，事務難易，意皆昧然。遂務者周達而有餘〔一六〕。事無大小，皆能極之。而衆人之察，不慮其變。常以一槩，責於終始。是疑於早晚者也。或以早成而疑晚智，或以晚智而疑早成，故於品質常有所失也〔一七〕。

〔一〕童烏蒼舒總角曜奇：童烏，漢揚雄子。揚子法言問神：「育而不苗者，吾家之童烏乎！九齡而與我玄文。」又華陽國志卷一〇上：「子雲玄遠，焕乎弘聖……揚雄字子雲，成都人也……雄子神童烏，七歲預雄玄文，九歲而卒。」蒼舒，亦作倉舒，即曹操子曹沖（字倉舒）。三國志魏書武文世王公傳鄧哀王沖傳：「鄧哀王沖字倉舒。少聰察岐嶷，生五六歲，智意所及，有若成人之智。時孫權曾致巨象，太祖欲知其斤重，訪之群下，咸莫能出其理。沖曰：『置象大船之上，而刻其水痕所至，稱物以載之，則校可知也。』太祖大悦，即施行焉。」「總角」，指幼年。詩齊風甫田：「婉兮孌兮，總角丱兮。」毛傳：「婉孌，少好貌。總角，聚兩髦也。丱，幼稺也。」孔穎達疏：「聚兩髦，言總聚其髦以爲兩角也。」

〔二〕公孫：即公孫弘，字季，一字次卿，菑川薛（今山東滕州南）人。少時爲獄吏。年四十餘，乃學春秋雜説。年六十，以賢良徵爲博士。元朔中，爲丞相，封平津侯。年八十，終丞相位。史記卷一一二、漢書卷五八並有傳。

〔三〕少有令材遂爲雋器：「令材」，同「令才」，猶良才，才華出衆。太平御覽卷二一二引晉中興書：「蔡謨爲尚書，上疏曰：『八座之任，非賢莫居。前後選用，名資有常。孔愉、諸葛恢並以清節令才，素有名望。』」「雋器」，「雋」「俊」通，亦作「俊器」，謂傑出人才。晉書光逸傳：「後爲門亭長，迎新令至京師。胡毋輔之與荀邃共詣令家，望見逸，謂邃曰：『彼似奇才。』便呼上車，與談良久，果俊器。」

〔四〕常林發奇於應賓：「常林」原作「常材」，四庫本作「異材」，皆誤，此用三國常林事，今據三國志改。「材」可能是「林」之形訛。三國志魏書常林傳：「常林字伯槐，河内温人也。年七歲，有父黨造門，問林：『伯先在否？汝何不拜？』林曰：『雖當下客，臨子字父，何拜之有！』於是咸共嘉之。」

〔五〕效德於公相：三國志魏書常林傳：「魏國既建，拜尚書。文帝踐阼，遷少府，封樂陽亭侯，轉大司農。明帝即位，進封高陽鄉侯，徙光禄勳太常。晉宣王以林鄉邑耆德，每爲之拜。或謂林曰：『司馬公貴重，君宜止之。』林曰：『司馬公自欲敦長幼之叙，爲後生之法。貴非吾之所畏，拜非吾之所制也。』言者踧踖而退。時論以林節操清峻，欲致之公輔，而林遂稱疾篤。拜光禄大夫。年八十三，薨，追贈驃騎將軍，葬如公禮，謚曰貞侯。」

〔六〕在童髦皆有端緒：「髦」，齊眉之髪式，男子未成年之裝束。詩鄘風柏舟：「髧彼兩髦，實維我儀。」毛傳：「髧，兩髦之貌。髦者，髪至眉，子事父母之飾。」

〔七〕仲尼戲陳俎豆：「陳」，原作「言」，按史記作「陳」，今據四庫本改。「俎豆」，古時宴饗、朝聘、祭祀所用禮器。史記孔子世家：「孔子爲兒嬉戲，常陳俎豆，設禮容。」正義：「俎豆以木爲之，受四升，高尺二寸。大夫以上赤雲氣，諸侯加象飾足，天子玉飾也。」

〔八〕鄧艾指圖軍旅：鄧艾字士載，義陽棘陽（今河南新野東北）人。初爲司馬懿掾屬，遷尚書郎。歷任城陽太守、鎮西將軍、都督隴右諸軍事，進封鄧侯。景元四年（二六三），以征西將軍率軍滅蜀。後遭誣陷被殺。三國志卷二八有傳。三國志魏書本傳：「同郡吏父憐其家貧，資給甚厚，艾初不稱謝。每見高山大澤，輒規度指畫軍營處所，時人多笑焉。」

〔九〕文本辭繁：謂文采焕發源自幼年言辭繁複。春秋公羊傳僖公二十二年：「春秋辭繁而不殺者，正也。」何休注：「繁，多也。殺，省也。正，得正道尤美。」

〔一〇〕辯始給口：能言善辯始於幼年口齒伶俐。「給口」，亦作「口給」。論語公冶長：「禦人以口給，屢憎於人。」何晏集解：「孔曰：屢，數也。佞人口辭捷給，數爲人所憎惡。」本書卷上流業：「辯不入道，而應對資給，是謂口辯。」又卷上材理：「辯給之人，辭煩而意鋭。」

〔一一〕矜：哀矜，憐憫。春秋公羊傳宣公十五年：「君子見人之厄則矜之，小人見人之厄則幸之。」何休注：「矜，閔。」

〔一二〕施發過與：「過與」，施贈過多。呂氏春秋卷一三務本：「古之事君者，必先服能然後任，必反情然後受，主雖過與，臣不徒取。」高誘注：「過，多。」

〔一三〕淺惠：此以「淺惠」與「奇識」對言，則「淺惠」當即「淺慧」，謂見識淺薄。列子周穆王：「秦人逢氏有子，少而惠。」太平御覽卷四九〇引列子「惠」作「慧」，可證字互通。

〔一四〕形容：猶形象、容貌。

〔一五〕終暗：一生不明事理。

〔一六〕周達：面面俱到。藝文類聚卷二三引晉李充起居誡：「温良恭儉，仲尼所以爲貴；小心翼翼，文王所以稱美。聖德周達無名，斯亦聖中之目也。」

〔一七〕常有所失也：「所失」，原作「妙失」，今據四庫本改。

夫人情莫不趣名利，避損害。名利之路，在於是得〔一〕。是得在己，名利與之。損害之源，在於非失。非失在己，損害攻之。故人無賢愚，皆欲使是得在己。賢者尚然，況愚者乎！能明己是，莫過同體〔二〕。體同於我，則能明己。是以偏材之人，交遊進趨之類〔三〕，皆親愛同體而譽之，同體能明己，是以親而譽之。憎惡對反而毀之〔四〕，與己體反，是以惡而疎之。序異雜而不尚也〔五〕。不與己同，不與己異，則雖不憎，亦不尚之。推而論之，無他故焉。夫譽同體，毀對反，所以證彼非而著己是也。由與己同體，故證彼非而著己是也。至于異雜之人，於彼無益，於己無害，則序而不尚。不以彼爲是，不以己爲非，都無損益，何所尚之？是故同體之人，常患於過譽。譬俱爲力人，則力小者慕大，力大者提小，故其相譽，常失其實也。及其名敵〔六〕，則尠能相下〔七〕。若俱能負鼎〔八〕，則爭勝之心生，故不能相下。是故直者性奮〔九〕，好人行直於人，見人正直，則心好之。而不能受人之訐〔一〇〕。刺己之非，則訐而不受。盡者情露〔一一〕，好人行盡於人，見人穎露〔一二〕，則心好之。而不能納人之徑。説己徑盡，則違之不納。務名者，樂人之進趨過人，見人乘人〔一三〕，則悦其進趨。而不能出陵己之後〔一四〕。人陵於己，則忿而不服。是故性同而材傾〔一五〕，則相援而相賴也。並有旅力，則大能獎小〔一六〕。性同而勢均，則相競而相害也。恐彼勝己，則妬善之心生。此又同體之變也。故或助直而毀直，人直過於己直，則非毀之心生。或與明而毀明〔一七〕，人明過於己明，則妬害之心動。而衆人之察，不辨其律理〔一八〕。是嫌於體同也〔一九〕。體同尚然，況異體乎！

〔一〕 是得：即是與得，是謂言行正確，得謂功業有成。下「非失」，則反是。

〔二〕同體：同一類人。本書卷中接識「是故能識同體之善，而或失異量之美」，「取同體也，則接論而相得。取異體也，雖歷久而不知」，「論以同體，然後乃悦」。又本篇下文：「是故同體之人，常患於過譽。及其名敵，則尠能相下。」

〔三〕進趨：亦作「進趣」，謂仕途進取。後漢書韋彪傳：「安貧樂道，恬於進趣，三輔諸儒莫不慕仰之。」

〔四〕對反：對立相反。本書用與「同體」對言，指非己之類。本書卷中接識：「説以對反，則以爲較己。」劉昞注：「欲反其事而明言，乃疑其較也。」

〔五〕異雜：此指「異雜之人」，即「同體」「對反」外各色人等。本書卷上材理：「夫九偏之材，有同，有反，有雜。同則相解，反則相非，雜則相恢。」劉昞注：「亦不必同，又不必異，所以恢達。」

〔六〕名敵：聲望足以相敵，即聲望相等。「敵」，對等。戰國策秦策五：「秦人援魏以拒楚，楚人援韓以拒秦，四國之兵敵，而未能復戰也。」高誘注：「敵，强弱等也。」

〔七〕尠能相下：「尠」，同「鮮」「尟」。説文是部：「尟，是少也。」段玉裁注：「易繫辭：『故君子之道鮮矣。』鄭本作『尟』，云『少也』。又『尟不及矣』，本亦作『鮮』。又釋詁：『鮮，善也。』本或作『尠』。『尠』者，『尟』之俗。」「相下」，互相謙讓，甘居下位。後漢書孔融傳：「昔廉、藺小國之臣，猶能相下；寇、賈倉卒武夫，屈節崇好；光武不問伯升之怨；齊侯不疑射鉤之虜。夫立大操者，豈累細故哉？」

〔八〕負鼎：即舉鼎。史記秦本紀：「武王有力好戲，力士任鄙、烏獲、孟說皆至大官。王與孟說舉鼎，絕臏。八月，武王死，族孟說。」

〔九〕直者性奮：「奮」，激動，激憤。

〔一〇〕不能受人之訐：本書卷中八觀「故曰直者亦訐，訐者亦訐，其訐則同，其所以爲訐則異」，「直而好訐者，偏也。訐而不直者，依也」，「夫直者不訐，無以成其直。既悅其直，不可非其訐。訐也者，直之徵也」。

〔一一〕盡者情露：本書所謂「盡者」，即「樸露」之人，亦稱「堅勁之人」。本書卷上體別：「樸露徑盡，質在中誠，失在不微。」劉昞注：「漏露生於徑盡。」又卷上材理：「堅勁之人，好攻其事實，指機理則穎灼而徹盡，涉大道則徑露而單持。」劉昞注：「性確則言盡。」

〔一二〕穎露：本謂脱穎而出，此言坦誠示人。三國志魏書董昭傳：「（議建封五等）明公（許按：指曹操。）忠節穎露，天威在顏，耿弇牀下之言，朱英無妄之論，不得過耳。昭受恩非凡，不敢不陳。」

〔一三〕乘：勝出。

〔一四〕陵己：出於己之上。「陵」，逾越。

〔一五〕性同而材傾：「材傾」，長短經卷一知人引人物志作「相傾」。「材傾」，因材能大小而有高下之分。

〔一六〕大能獎小：「獎」，輔助。左傳僖公二十八年：「王子虎盟諸侯于王庭，要言曰：『皆獎王室，無相害也。有渝此盟，明神殛之。』」杜預注：「獎，助也。」

〔一七〕與明：有助於明智。「與」，援助。戰國策秦策一：「楚攻魏，張儀謂秦王曰：『不如與魏以勁之。』」高誘注：「與猶助也。勁，彊也。」

〔一八〕律理：此前未見用例，依單字串講，當是規則，情理。本書卷上材理論情理「人情樞機，情之理也」，「質性機解，推情原意，能適其變，情理之家也」。

〔一九〕嫌：疑惑。禮記坊記：「夫禮，坊民所淫，章民之別，使民無嫌，以爲民紀者也。」鄭玄注：「淫猶貪也。章，明也。嫌，嫌疑也。」

夫人所處異勢〔一〕，勢有申壓〔二〕。富貴遂達〔三〕，勢之申也。身處富貴，物不能屈。是以佩六國之印〔四〕，父母迎於百里之外〔五〕。貧賤窮匱，勢之壓也。身在貧賤，志何申展？是以黑貂之裘弊〔六〕，妻嫂墮于閨門之内〔七〕。上材之人，能行人所不能行。凡云爲動静〔八〕，固非衆人之所及。是故達有勞謙之稱〔九〕，窮有著明之節〔一〇〕。材出于衆，其進則裒多益寡〔一一〕，勞謙濟世，退則履道坦坦〔一二〕，幽人貞吉。中材之人，則隨世損益〔一三〕。守常之智，申壓在時。故勢來則益，勢去則損。是故藉富貴，則貨財充於内，施惠周於外。貲財有餘，恣意周濟。見贍者〔一四〕，求可稱而譽之。感其恩紀〔一五〕，匡救其惡〔一六〕。是以朱建受金，而爲食其畫計〔一七〕。見援者，闡小美而大之〔一八〕。感其引援，將順其美。是以曹丘見接，爲季布揚名〔一九〕。雖無異材，猶行成而名立。夫富與貴，可不欣哉！乃至無善而行成，無智而名立。是以富貴妻嫂恭〔二〇〕，況他人乎？處貧賤，則欲施而無財，欲援而無勢。有慈心而無以拯，識奇材而不能援。親戚不能恤，朋友不見濟。内無蔬食之饋〔二一〕，外無緼袍之贈〔二二〕。分義不復立〔二三〕，恩愛浸以離。意氣皆空薄，分義何由立〔二四〕？怨望者並至，歸非者日多〔二五〕。非徒薄己，遂生怨謗之言。雖無罪尤〔二六〕，猶無故而廢也。夫貧與賤，可不懾哉〔二七〕！乃至無由而生謗，無罪而見廢。是故貧賤妻子慢，況他人乎？故世有侈儉，名由進退。行雖在我，而名稱在世。是以良農能稼，未必能穡〔二八〕。天下皆富，則清貧者雖苦，必無委頓之憂〔二九〕，家給人足，路人皆饋之。且有辭施之高〔三〇〕，以獲榮名之利。得辭施之高名，受餘光之善利〔三一〕。皆貧，則求假無所告〔三二〕，家貧户乏，粟成珠玉。而有窮乏之患，且生鄙吝之訟〔三三〕。乞假無遺，與嫂叔争糟糠〔三四〕。是故鈞材而進〔三五〕，有與之者〔三六〕，則體益而茂遂〔三七〕。己既自足，復須給賜，則名美行成，所爲遂達。私理卑抑〔三八〕，有累之者，己既不足，親戚並困。則微降而稍退。上等不援，下等不推。而衆人之觀，不理其本〔三九〕，各指其所在〔四〇〕。謂申達者爲材能，壓屈者爲愚短。是疑於申壓者也。材智雖鈞，貴賤殊塗。申壓之變，在乎貧富。

〔一〕異勢：謂不同之境遇。

〔二〕申壓：伸展與壓抑。「申」爲「伸」之古字。廣雅釋詁：「申……伸也。」

〔三〕遂達：仕途通達，聲名顯赫。漢書叙傳下：「張湯遂達，用事任職。」王先謙補注：「遂、達二字義同，猶言貴顯。」

〔四〕佩六國之印：此言蘇秦以「合縱」游説六國告成事。史記蘇秦列傳：「於是六國從合而并力焉。蘇秦爲從約長，并相六國。北報趙王，乃行過雒陽，車騎輜重，諸侯各發使送之甚衆，疑於王者。周顯王聞之恐懼，除道，使人郊勞。蘇秦之昆弟妻嫂側目不敢仰視，俯伏侍取食。蘇秦笑謂其嫂曰：『何前倨而後恭也？』嫂委蛇蒲服，以面掩地而謝曰：『見季子位高金多也。』蘇秦喟然歎曰：『此一人之身，富貴則親戚畏懼之，貧賤則輕易之，況衆人乎？且使我有雒陽負郭田二頃，吾豈能佩六國相印乎！』於是散千金以賜宗族朋友。」

〔五〕父母迎於百里之外：戰國策秦策一「（蘇秦）見説趙王於華屋之下，抵掌而談。趙王大悦，封爲武安君，受相印，革車百乘，錦繡千純，白璧百雙，黄金萬溢，以隨其後。約從散横，以抑强秦」，「將説楚王，路過洛陽，父母聞之，清宫除道，張樂設飲，郊迎三十里」。

〔六〕黑貂之裘弊：此言蘇秦以「連横」説秦惠王而不被採納事。戰國策秦策一：「（蘇秦）説秦王書十上，而説不行。黑貂之裘弊，黄金百斤盡，資用乏絶，去秦而歸。嬴縢履蹻，負書擔橐，形容枯槁，面目犂黑，狀有歸色。歸至家，妻不下絍，嫂不爲炊，父母不與言。蘇秦喟歎曰：『妻不以我爲夫，嫂不以我爲叔，父母不以我爲子，是皆秦之罪也！』」高誘注：「弊，壞也。」鮑彪注：「貂，鼠屬，大而黄黑，出丁零國。」

〔七〕妻嫂墮于閨門之内：「墮」，四庫本作「慢」。

〔八〕動静：猶進退。孝經聖治章：「君子則不然，言思可道，行思可樂，德義可尊，作事可法，容止可觀，進退可度。」唐玄宗注：「容止，威儀也。必合規矩，則可觀也。進退，動静也。不越禮法，則可度也。」

〔九〕達有勞謙之稱：「達」，與「窮」對言，達謂出仕，窮謂在野。孟子盡心上：「古之人，得志澤加於民，不得志脩身見於世。窮則獨善其身，達則兼善天下。」趙岐注：「古之人，得志君國，則德澤加於民人。不得志，謂賢者不遭遇也。見，立也。獨治其身，以立於世間，不失其操也，是故獨善其身。達謂得行其道，故能兼善天下也。」「勞謙」，勤勉有爲而謙恭。易繫辭上「勞謙，君子有終，吉。子曰：『勞而不伐，有功而不德，厚之至也。語以其功下人者也。德言盛，禮言恭。謙也者，致恭以存其位者也。』」孔穎達疏「勞謙君子有終吉者，欲求外物來應，非唯謹慎，又須謙以下人」，「謙也者致恭以存其位者，言謙退致其恭敬，以存其位者也，言由恭德保其禄位也」。

〔一〇〕窮有著明之節：不出仕則修身養性，保持高尚之節操。孟子盡心上：「故士窮不失義，達不離道。窮不失義，故士得己焉。達不離道，故民不失望焉。」趙岐注：「窮不失義，不爲不義而苟得，故得己之本性也。達不離道，思利民之道，故民不失其望也。」

〔一一〕裒多益寡：取多補少。易謙卦：「君子以裒多益寡，稱物平施。」王弼注：「多者用謙以爲裒，少者用謙以爲益，隨物而與施，不失平也。」「裒」，玉篇：「裒……減也。」

〔一二〕履道坦坦：易履卦：「履道坦坦，幽人貞吉。」王弼注：「履道之美，於斯爲盛。故履道坦坦，無險厄也。在幽而貞，宜其吉。」孔穎達疏：「履道坦坦者，坦坦，平易之貌。九二以陽處陰，履於謙退，己能謙退，故履道坦坦者，易無險難也。幽人貞吉者，既無險難，故在幽隱之人，守正得吉。」

〔一三〕隨世損益：時勢更迭，或減（退）或增（進）。「損益」，增減，盈虛。易損卦：「損益盈虛，與時偕行。」王弼注：「自然之質，各定其分，短者不爲不足，長者不爲有餘，損益將何加焉？非道之常，故必與時偕行也。」

〔一四〕見贍者：被救濟之人。

〔一五〕恩紀：猶恩情，恩惠。後漢書孔融傳：「（曹操故書激厲融曰）孤與文舉（許按：孔融字。）既非舊好，又於鴻豫（許按：郗慮字。）亦無恩紀，然願人之相美，不樂人之相傷，是以區區思協歡好。」

〔一六〕匡救其惡：孝經事君章：「子曰：『君子之事上也，進思盡忠，退思補過，將順其美，匡救其惡，故上下能相親也。』」唐玄宗注：「匡，正也。救，止也。君有過惡，則正而止之。」

〔一七〕朱建受金而爲食其畫計：朱建，楚人。有辯才，爲人刻廉剛正，行不苟合。曾諫止黥布謀反，漢高祖賜號平原君。史記卷九七、漢書卷四三並有傳。「食其」，即審食其。沛（今屬江蘇）人。初爲劉邦舍人，爲呂后寵信，封辟陽侯。呂后擅權，爲左丞相，勢傾朝野。呂后死，陳平、周勃誅諸呂，罷相。後被淮南王劉長所殺。事見漢書高惠高后文功臣表、朱建傳。漢書朱建傳：「辟陽侯行不正，得幸呂太后，欲知建，建不肯見。及建母死，貧未有以發喪，方假貣服具。陸賈素與建善，乃見辟陽侯，賀曰：『平原君母死。』辟陽侯曰：『平原君母死，何乃賀我？』陸生曰：『前日君侯欲知平原君，平原君義不知君，以其母故。今其母死，君誠厚送喪，則彼爲君死矣。』辟陽侯乃奉百金祝，列侯貴人以辟陽侯故，往賻凡五百金。久之，人或毀辟陽侯，惠帝大怒，下吏，欲誅之。太后慙，不可言。大臣多害辟陽侯行，欲遂誅之。辟陽侯困急，使人欲見建。建辭曰：『獄急，不敢見君。』建乃求見孝惠幸臣閎籍孺，説曰：『君所以得幸帝，天下莫不聞。今辟陽侯幸太后而下吏，道路皆言君讒，欲殺之。今日辟陽侯誅，旦日太后含怒，亦誅君。君何不肉袒爲辟陽侯言帝？帝聽君出辟陽侯，太后大驩。兩主俱幸君，君富貴益倍矣。』於是閎籍孺大恐，從其計，言帝，帝果出辟陽侯。辟陽侯之囚，欲見建，建不見，辟陽侯以爲背之，大怒。及其成功出之，大驚。呂太后崩，大臣誅諸呂，辟陽侯與諸呂至深，卒不誅。計畫所以全者，皆陸生、平原君之力也。」

〔一八〕闡：擴充，發揚。三國志魏書高柔傳：「（柔上疏曰）高祖即位，遂闡其業，興復辟雍，州立課試，於是天下之士，復聞庠序之教，親俎豆之禮焉。」

〔一九〕曹丘見接爲季布揚名：「曹丘」，即曹丘生，西漢辯士。史記季布欒布列傳：「楚人曹丘生，辯士，數招權顧金錢。事貴人趙同等，與竇長君善。季布聞之，寄書諫竇長君曰：『吾聞曹丘生非長者，勿與通。』及曹丘生歸，欲得書請季布。竇長君曰：『季將軍不説足下，足下無往。』固請書，遂行。使人先發書，季布果大怒，待曹丘。曹丘至，即揖季布曰：『楚人諺曰「得黄金百，不如得季布一諾」，足下何以得此聲於梁楚閒哉？且僕楚人，足下亦楚人也。僕游揚足下之名於天下，顧不重邪？何足下距僕之深也！』季布迺大説，引入，留數月，爲上客，厚送之。季布名所以益聞者，曹丘揚之也。」本書卷上流業：「辯不入道，而應對資給，是謂口辯，樂毅、曹丘生是也。」

〔二〇〕富貴妻嫂恭：蘇秦事。參見上注。

〔二一〕蔬食：亦作「疏食」，即粗食，以菜爲食。論語述而：「子曰：『飯疏食，飲水，曲肱而枕之，樂亦在其中矣。』」何晏集解：「孔曰：『疏食，菜食。肱，臂也。孔子以此爲樂。』」又後漢書竇融傳附竇章傳：「居貧，蓬户蔬食。」

〔二二〕緼袍：亂麻填充之布袍。論語子罕：「子曰：『衣敝緼袍，與衣狐貉者立，而不恥者，其由也與？』」邢昺疏：「緼，枲著也。緼袍，衣之賤者。」

〔二三〕分義：情分，情義。北史楊愔傳：「撫養孤幼，慈旨温顔，咸出仁厚。重分義，輕貨財，前後賜與，多散之親族。」

〔二四〕分義何由立：「分義」，原作「分意」，今據正文「分義不復立」改。

〔二五〕歸非：歸惡於人。漢書蕭望之傳：「望之前爲將軍輔政，欲排退許、史，專權擅朝。幸不得坐，復賜爵邑，與聞政事，不悔過服罪，深懷怨望，教子上書，歸非於上。」顔師古注：「言歸惡於天子也。」

〔二六〕罪尤：罪過。「尤」，詩小雅四月：「廢爲殘賊，莫知其尤。」鄭箋：「尤，過也。」

〔二七〕慴：恐懼。禮記樂記：「剛氣不怒，柔氣不慴。」鄭玄注：「慴猶恐懼也。」

〔二八〕良農能稼未必能穡：史記孔子世家：「孔子曰：『賜（許按：即孔子弟子子貢。），良農能稼而不能爲穡，良工能巧而不能爲順。』」集解：「王肅曰：『種之爲稼，斂之爲穡。言良農能善種之，未必能斂穫之。』」

〔二九〕委頓：疲困，狼狽。三國志魏書三少帝紀裴松之注引魏名臣奏：「（華歆曰）臣老病委頓，無益視聽，謹具以聞。」又世説新語排調：「陸太尉詣王丞相，王公食以酪。陸還，遂病。明日，與王牋云：『昨食酪小過，通夜委頓。民雖吴人，幾爲傖鬼。』」

〔三〇〕辭施：此前未見用例，劉昞注謂「得辭施之高名」，則當是謝絶施捨之義。

〔三一〕餘光：美稱他人所施恩惠。北齊書魏收傳：「司馬子如薦收，召赴晉陽，以爲中外府主簿。以受旨乖忤，頻被嫌責，加以箠楚，久不得志。會司馬子如奉使霸朝，收假其餘光。」

〔三二〕求假無所告：謂告貸無門，無處可借。

〔三三〕鄙吝之訟：因貪圖財物而發生争執。「鄙吝」，後漢書黄憲傳：「同郡陳蕃、周舉常相謂曰：『時月之閒不見黄生，則鄙吝之萌復存乎心。』」李賢注：「吝，貪也。」

〔三四〕與嫂叔争糟糠：史記陳丞相世家：「少時家貧，好讀書，有田三十畝，獨與兄伯居。伯常耕田，縱平使游學。平爲人長大美色。人或謂陳平曰：『貧何食而肥若是？』其嫂嫉平之不視家生産，曰：『亦食糠覈耳。有叔如此，不如無有。』伯聞之，逐其婦而棄之。」集解：「徐廣曰：『覈音核。』駰案：孟康曰：『麥糠中不破者也。』晉灼曰：『覈音紇，京師謂麤屑爲紇頭。』」

〔三五〕鈞材：本書卷中八觀：「是故鈞材而好學，明者爲師。比力而争，智者爲雄。」

〔三六〕有與之者：有人相助。

〔三七〕茂遂：形容草木繁茂，劉昞注引申爲「名美行成」。新唐書陳子昂傳：「（上書）先王以人之通於天也，於是養成群生，順天德，使人樂其業，甘其食，美其服，然後天瑞降，地符升，風雨時，草木茂遂。」

〔三八〕私理卑抑：自己理事能力低下，劉昞注謂之「己既不足」。「私理」，一己之見，個人處事原則。管子法禁：「君之置其儀也不一，則下之倍法而立私理者必多矣。是以人用其私，廢上之制，而道其所聞。」房玄齡注：「既廢上之制，故競道其所聞，冀遂其私欲。」

〔三九〕不理其本：不推究其根本（內在）原因。

〔四〇〕所在：指現狀（外在）之表像。劉昞注認爲其表像是「申達者爲材能，壓屈者爲愚短」。

夫清雅之美〔一〕，著乎形質〔二〕，察之寡失。形色外著，故可得而察之。失繆之由，恒在二尤〔三〕。二尤之生，與物異列〔四〕。是故非常人之所見。故尤妙之人，含精於內〔五〕，外無飾姿。譬金水內明而不外朗〔六〕，故馮唐白首〔七〕，屈於郎署。尤虛之人，碩言瑰姿〔八〕，內實乖反〔九〕。猶燭火外照，灰燼內暗。故主父偃辭麗，一歲四遷〔一〇〕。而人之求奇，不以精微測其玄機〔一一〕，明異希〔一二〕。其尤奇異，非精不察。或以貌少爲不足〔一三〕，覩鬷蔑貌惡〔一四〕，便疑其淺陋。或以瑰姿爲巨偉，見江充貌麗〔一五〕，便謂其巨偉。或以直露爲虛華，以其款盡，疑無厚實。或以巧飭爲真實〔一六〕。巧言如流〔一七〕，悅而覩之。是以早拔多誤，不如順次。或以甘羅爲早成〔一八〕，而用之於早歲或誤〔一九〕，復欲順次也。夫順次，常度也。苟不察其實，亦焉往而不失？徵質不明，不能識奇，故使順次，亦不能得。故遺賢而賢有濟〔二〇〕，則恨在不早拔。故鄭伯謝之於燭武〔二一〕。拔奇而奇有敗，則患在不素別〔二二〕。故光武悔之於朱浮〔二三〕。任意而獨繆，則悔在不廣問。秦穆不從蹇叔〔二四〕，雖追誓而無及。廣問而誤己，則怨己不自信。隗囂心存於漢，而爲王元所誤〔二五〕。是以驥子發足〔二六〕，衆士乃誤〔二七〕；韓信立功〔二八〕，淮陰乃震。夫豈惡奇而好疑哉？乃尤物不世見〔二九〕，而奇逸美異也。故非常人之所識也。是以張良體弱而精彊〔三〇〕，爲衆智之雋也。不以質弱而傷於智。荆叔色平而神勇〔三一〕，爲衆勇之傑也。不以色和而傷於勇。然則雋傑者，衆人之尤也。奇逸過於衆人，故衆人不能及。聖人者，衆尤之尤也。通達過於衆奇〔三二〕，故衆奇不能逮。其尤彌出者，其道彌遠。非天下之至精，其孰能與於此？故一國之雋〔三三〕，於州爲輩〔三四〕，未得爲第也〔三五〕。郡國之所雋異，比於州郡，未及其第目。一州之第，於天下爲棍〔三六〕。州郡之所第目，以比天下之雋，棍而不可及。棍，一回反，樞也。天下之棍，世有優劣。英人不世繼，是以伊、召、管、晏應運乃出〔三七〕。是故衆人之所貴，各貴其出己之尤，智材勝己，則以爲貴。而不貴尤之所尤。尤之尤者，非衆人之所識。是故衆人之明，能知輩士之數，衆人明者，粗知郡國出輩之士而已。而不能知第目之度。乃未識郡國品第之雋。輩士之明，能知第目之度，出輩明者，粗知郡國第目之良。不能識出尤之良也。未識出尤奇異之理。出尤之人，能知聖人之教，瞻之在前，忽焉在後〔三八〕。不能究之入室之奧也〔三九〕。如有所立卓爾，雖欲從之，末由也已〔四〇〕。由是論之，人物之理，妙不可得而窮已。爲當擬諸形容〔四一〕，象其物宜，觀其會通〔四二〕，舉其一隅而已〔四三〕。

〔一〕清雅：清逸拔俗。三國志魏書徐宣傳：「（桓範薦宣曰）竊見尚書徐宣，體忠厚之行，秉直亮之性，清雅特立，不拘世俗，確然難動，有社稷之節。」

〔二〕形質：形貌氣質。本書卷上九徵：「苟有形質，猶可即而求之。」劉昞注：「由氣色外著，故相者得其情素也。」

〔三〕恒在二尤：「尤」，特異。説文乙部：「尤，異也。」「二尤」指下文「尤妙之人」和「尤虛之人」。

〔四〕與物異列：與衆人不同。「物」，用以指人，衆人。世説新語方正：「杜預之荆州，頓七里橋，朝士悉祖。預少賤，好豪俠，不爲物所許。」

〔五〕含精於内：「於内」，長短經卷一知人引人物志作「内真」。

〔六〕金水内明而不外朗：「金水」，原作「金冰」，今據四庫本改。本書卷上九徵：「猶火日外照，不能内見；金水内暎，不能外光。」即其明證。困學紀聞卷一易：「曾子天圓篇：『火日外景，金水内景。』薛士龍詩云：『嘗聞曾子書，金火中外明。圓方遞含施，二景參黄庭。』愚按周髀云：『日猶火，月猶水。火則外光，水則含景。』其説本於易之坎、離，坎内陽外陰，故爲水爲月，離内陰外陽，故爲火爲日。」清翁元圻注：「淮南子天文訓：『天道曰圓，地道曰方。方者主幽，圓者主明。明者吐氣者也，是故火日外景。幽者含氣者也，是故水月内景。』與天圓篇説同。張子正蒙參兩篇：

『火日外光，能直而施。金水内光，能闘而受。』注：『火日，陰質也，故内暗而外光。金水，陽質也，故外暗而内明。』」

〔七〕馮唐白首：馮唐，安陵（今陝西咸陽東北）人。漢文帝時，爲郎中署長，時已年老。史記卷一〇二、漢書卷五〇並有傳。漢書本傳：「唐以孝著，爲郎中署長，事文帝。帝輦過，問唐曰：『父老何自爲郎？家安在？』具以實言。」顔師古注：「言年已老矣，何乃自爲郎也？」又漢紀孝文皇帝紀下：「荀悦曰：以孝文之明也，本朝之治，百寮之賢，而賈誼見逐，張釋之十年不見省用，馮唐白首屈於郎署，豈不惜哉！」

〔八〕碩言瑰姿：言辭誇飾，身姿奇瑰。「碩言」，大言。詩小雅巧言：「蛇蛇碩言，出自口矣。」毛傳：「蛇蛇，淺意也。」鄭箋：「碩，大也。大言者，言不顧其行，徒從口出，非由心也。」「瑰」，奇異。淮南子詮言訓：「聖人無屈奇之服，無瑰異之行。」

〔九〕乖反：長短經卷一知人引人物志作「乖違」。

〔一〇〕主父偃辭麗一歲四遷：主父偃，齊國臨菑（今山東淄博東北）人。漢武帝時，爲中大夫，力主削藩。後爲齊相，以脅迫齊王令自殺，被族死。史記卷一一二、漢書卷六四上並有傳。漢書本傳：「偃數上疏言事，遷謁者，中郎，中大夫。歲中四遷。」

〔一一〕不以精微測其玄機：「不以」，原作「不可以」，「可」字衍，今據長短經卷一知人引人物志刪。「精微」，精細隱微。文選成公子安嘯賦：「玄妙足以通神悟靈，精微足以窮幽測深。」「玄機」，天賦之靈性。因話録卷二商部：「兵部員外郎（李）約，汧公之子也。以近屬宰相子，而雅度玄機，蕭蕭沖遠，德行既優，又有山林之致。」

〔一二〕異希：特異稀奇。

〔一三〕貌少：相貌爲人輕賤。「少」，輕視。史記蘇秦列傳：「顯王左右素習知蘇秦，皆少之，弗信。」索隱：「劉氏云：『少謂輕之也。』」

〔一四〕鬷蔑貌惡：鬷蔑，亦稱鬷明、然明，春秋鄭國大夫。左傳昭公二十八年：「賈辛將適其縣，見於魏子。魏子曰：『辛來！昔叔向適鄭，鬷蔑惡（杜預注：「惡，貌醜。」），欲觀叔向，從使之收器者（杜預注：「從，隨也。隨使人應斂俎豆者。」）而往，立於堂下，一言而善。叔向將飲酒，聞之，曰：「必鬷明也！」下，執其手以上，曰：「昔賈大夫惡（杜預注：「賈國之大夫。惡亦醜也。」），娶妻而美，三年不言不笑。御以如皋，射雉，獲之，其妻始笑而言。賈大夫曰：『才之不可以已。我不能射，女遂不言不笑夫！』今子少不颺（杜預注：「顔貌不揚顯。」），子若無言，吾幾失子矣。言之不可以已也如是！」遂如故知。今女有力於王室，吾是以舉女。行乎！敬之哉！毋墮乃力（杜預注：「墮，損也。」）！』」

〔一五〕江充貌麗：江充字次倩，趙國邯鄲（今屬河北）人。以得罪趙太子丹，逃亡長安。漢武帝用爲繡衣使者，治巫蠱，乃挾嫌誣告太子劉據（戾太子）詛咒武帝，太子由是而敗。後武帝知其詐，夷其三族。漢書卷四五有傳。漢書本傳：「充爲人魁岸，容貌甚壯。帝望見而異之，謂左右曰：『燕趙固多奇士。』既至前，問以當世政事，上説之。」顔師古注：「魁，大也。岸者，有廉棱如崖岸之形。」

〔一六〕巧飭：四庫本、長短經卷一知人引人物志作「巧飾」。晉書杜預傳：「（受詔爲黜陟之課，其略曰）簡書愈繁，官方愈僞，法令滋章，巧飾彌多。」

〔一七〕巧言如流：詩小雅雨無正：「哿矣能言，巧言如流，俾躬處休。」鄭箋：「巧猶善也，謂以事類風切剴微之言，如水之流，忽然而過，故不悖逆，使身居安休休然。」

〔一八〕甘羅爲早成：甘羅，楚國下蔡（今安徽鳳臺）人。秦武王左丞相甘茂孫。年十二，事秦相呂不韋。後以出使有功，秦始皇封之爲上卿。事見戰國策秦策五、史記樗里子甘茂列傳。史記樗里子甘茂列傳：「太史公曰……甘茂起下蔡閭閻，顯名諸侯，重彊齊楚。甘羅年少，然出一奇計，聲稱後世。雖非篤行之君子，然亦戰國之策士也。方秦之彊時，天下尤趨謀許哉。」

〔一九〕誤：原作「訣」，於義無解，顯然有誤，今據四庫本改。

〔二〇〕遺賢而賢有濟：被遺落者卻取得過人成就。

〔二一〕鄭伯謝之於燭武：「燭武」，即燭之武，春秋鄭國大夫。左傳僖公三十年：「九月甲午，晉侯、秦伯圍鄭，以其無禮於晉，且貳於楚也。晉軍函陵，秦軍氾南。佚之狐言於鄭伯曰：『國危矣，若使燭之武見秦君，師必退。』公從之。辭曰：『臣之壯也，猶不如人，今老矣，無能爲也已。』公曰：『吾不能早用子，今急而求子，是寡人之過也。然鄭亡，子亦有不利焉。』許之。夜，縋而出。見秦伯曰（中略）秦伯説，與鄭人盟，使杞子、逢孫、楊孫戍之，乃還。」

〔二二〕不素別：不能預先識別。國語吴語：「夫謀，必素見成事焉，而後履之。」韋昭注：「素猶豫也。履，行也。」

〔二三〕光武悔之於朱浮：朱浮字叔元，沛國蕭（今屬安徽）人。初從漢光武帝爲大司馬主簿，遷偏將軍。爲大將軍幽州牧，封舞陽侯。後兵敗，僅以身免，罪當伏誅，帝不忍，以爲執金吾。建武二十年，爲大司空。二十五年，徙封新息侯。後爲明帝賜死。後漢書卷三三有傳。

〔二四〕秦穆不從蹇叔：蹇叔，春秋秦國上大夫。左傳僖公三十二年：「杞子自鄭使告于秦曰：『鄭人使我掌其北門之管，若潛師以來，國可得也。』穆公訪諸蹇叔。蹇叔曰：『勞師以襲遠，非所聞也。師勞力竭，遠主備之，無乃不可乎？師之所爲，鄭必知之，勤而無所，必有悖心。且行千里，其誰不知？』公辭焉。召孟明、西乞、白乙，使出師於東門之外。蹇叔哭之，曰：『孟子！吾見師之出而不見其入也！』公使謂之曰：『爾何知？中壽，爾墓之木拱矣。』蹇叔之子與師，哭而送之，曰：『晉人禦師必於殽，殽有二陵焉。其南陵，夏后皋之墓也。其北陵，文王之所辟風雨也。必死是間，余收爾骨焉！』秦師遂東。」又僖公三十三年：「夏四月辛巳，敗秦師于殽，獲百里孟明視、西乞術、白乙丙以歸。」

〔二五〕隗囂心存於漢而爲王元所誤：隗囂字季孟，天水成紀（今甘肅通渭東）人。新莽末，囂起兵應漢，衆推爲上將軍，遂據有天水、武都、金城等郡，自稱西州上將軍。建武二年（二一六），大司徒鄧禹西擊赤眉，屯雲陽，承制遣使持節命囂爲西州大將軍，專制涼州、朔方事。五年，囂遣子入朝，漢以囂爲胡騎校尉，封鐫羌侯。公孫述據益州稱帝，以囂爲朔寧王，囂乃在漢、蜀間欲持兩端。八年春，漢伐蜀，囂發兵拒漢，其部將王元入蜀求救，力保西州之地。九年，囂病卒。王元等立囂少子純爲王。十年，純降漢，王元留爲蜀將。事見後漢書卷一三隗囂傳。

〔二六〕驥子發足：謂良馬飛奔救主。「驥子」，文選左太沖蜀都賦：「並乘驥子，俱服魚文。」李善注：「桓子新論曰：『善相馬者曰薛公，得馬，惡貌而正走，名驥子。』」「發足」，奮蹄奔逸。此用劉備事。太平御覽卷八九七引晉傅玄乘輿馬賦：「往日劉備之初降也，太祖賜之駿馬，使自至廐選之。歷名馬以百數，莫可意者。次至下廐，有的顱馬委棄莫視，瘦悴骨立，劉備撫而取之，衆莫不笑之。馬超破蘇氏塢，塢中有駿馬百餘疋。自超已下，俱争取肥好者，而將軍龐悳（許按：原作「龐恩」，今據三國志魏書龐悳傳改。）獨取一騧馬，形觀既醜，衆亦笑之。其後，劉備奔於荆州，馬超戰於渭南，逸足電發，追不可逮，衆乃服焉。」同上書卷一八六引襄沔記：「蜀先主之依劉表，起至厠，見髀裏生肉，慨然流涕。還坐，表怪，問之。備曰：『平常身不離鞍，髀肉皆消。今不復騎，髀裏肉生。日月若馳，老將至矣，而功業不建，是以悲耳。』表雖重備，因此欲取備。備覺，僞如厠，潛遁出。所乘馬名的顱。從襄陽城西檀溪水中而渡，被溺不得出。備既急，乃曰：『的顱！今日危矣，可不努力乎！』的顱乃一踴三丈，遂得過溪而去。」

〔二七〕衆士乃誤：「誤」，疑當作「悟」，意謂省悟、驚醒，與下句「震」字爲對，於理更順。

〔二八〕韓信立功：本書卷上流業：「膽力絶衆，材略過人，是謂驍雄，白起、韓信是也。」又卷中英雄：

「氣力過人，勇能行之，智足斷事，乃可以爲雄，韓信是也。」

〔二九〕尤物不世見：「尤物」，特異人物。左傳昭公二十八年：「夫有尤物，足以移人；苟非德義，則必有禍。」杜預注：「尤，異也。」

〔三〇〕張良體弱而精彊：本書卷上流業：「思通道化，策謀奇妙，是謂術家，范蠡、張良是也。」又卷中英雄：「必聰能謀始，明能見機，膽能決之，然後可以爲英，張良是也。」

〔三一〕荆叔色平而神勇：「荆叔」即荆軻。史記卷八六有傳。事又見燕丹子。燕丹子卷中：「（田光曰）光所知荆軻，神勇之人，怒而色不變。爲人博聞强記，體烈骨壯，不拘小節，欲立大功。」

〔三二〕通達：通曉事理。禮記學記：「七年視論學取友，謂之小成。九年知類通達，强立而不反，謂之大成。夫然後足以化民易俗，近者説服，而遠者懷之。此大學之道也。」鄭玄注：「知類，知事義之比也。强立，臨事不惑也。不反，不違失師道。」

〔三三〕一國之雋：在郡國出類拔萃之人材。

〔三四〕於州爲輩：郡國之材在州裏會有更多同類。「輩」，下文稱「輩士」，謂同類，比類。後漢書循吏傳：「邊鳳、延篤先後爲京兆尹，時人以輩前世趙、張。」李賢注：「輩，類也。趙謂趙廣漢，張謂張敞者也。」

〔三五〕第：即下文「第目」，謂人物品第。宋書恩倖傳序：「漢末喪亂，魏武始基，軍中倉卒，權立九品，蓋以論人才優劣，非爲世族高卑。因此相沿，遂爲成法。自魏至晉，莫之能改，州都郡正，以才品人，而舉世人才，升降蓋寡。」

〔三六〕於天下爲椳：就天下説，不過是一般人材。「椳」，門樞。説文木部：「椳，門樞謂之椳。」段玉裁注：「見釋宫。謂樞所檃謂之椳也。椳猶淵也，宛中爲樞所居也。」

〔三七〕伊召管晏應運乃出：「伊召管晏」，原作「伊召管齊」，四庫本作「伊召管晏」，今據改。後漢書方術傳上謝夷吾傳：「（班固爲文薦夷吾曰）德量績謀，有伊、吕、管、晏之任；闡弘道奥，同史蘇、京房之倫。」「伊」即伊尹，商湯臣，事見尚書、史記殷本紀。「召」即召公，周初大臣，事見史記燕召公世家。「吕」即吕望（太公望、姜太公），事見史記齊太公世家。「管」即管仲，春秋齊桓公相，事見史記管晏列傳。「晏」即晏嬰，春秋齊景公相，事見史記管晏列傳。

〔三八〕瞻之在前忽焉在後：論語子罕：「顔淵喟然歎曰：『仰之彌高，鑽之彌堅。瞻之在前，忽焉在後。』」邢昺疏：「顔淵喟然發歎，言夫子之道，高堅不可窮盡，恍惚不可爲形象。故仰而求之則益高，鑽研求之則益堅，瞻之似若在前，忽然又復在後也。」

〔三九〕入室之奥：喻指學問精深。「入室」，論語先進：「子曰：『由之瑟，奚爲於丘之門？』門人不敬子路。子曰：『由也升堂矣，未入於室也。』」孔穎達疏：「子路性剛，鼓瑟不合雅頌，故孔子非之云：由之鼓瑟，何爲於丘之門乎？所以抑其剛也。門人不敬子路者，門人不解孔子之意，謂孔子言爲賤子路，故不敬之也。『子曰：由也升堂矣，未入於室也』者，以門人不解，故孔子復解之，言子路之學識深淺，譬如自外入内，得其門者，入室爲深，顔淵是也，升堂次之，子路是也。今子路既升我堂矣，但未入於室耳，豈可不敬也。」「奧」，泛指室内深處。玉篇宀部：「奧……謂室中隱奧之處。」

〔四〇〕如有所立卓爾雖欲從之末由也已：「卓爾」，特異超絶貌。論語子罕：「（顏淵喟然歎曰）夫子循循然善誘人，博我以文，約我以禮，欲罷不能。既竭吾才，如有所立卓爾。雖欲從之，末由也已。」邢昺疏：「末，無也。言夫子既開博我以文章，又節約我以禮節，使我欲罷止而不能。已竭盡我才矣，其夫子更有所創立，則又卓然絶異已。雖欲從之，無由得及，言已雖蒙夫子之善誘，猶不能及夫子之所立也。」

〔四一〕擬諸形容：易繫辭上：「聖人有以見天下之賾，而擬諸其形容，象其物宜。」孔穎達疏：「聖人有以見天下之賾者，賾謂幽深難見。聖人有其神妙，以能見天下深賾之至理也。而擬諸其形容者，以此深賾之理，擬度諸物形容也。見此剛理則擬諸乾之形容，見此柔理則擬諸坤之形容也。象其物宜者，聖人又法象其物之所宜，若象陽物，宜於剛也，若象陰物，宜於柔也。是各象其物之所宜，六十四卦皆擬諸形容，象其物宜也。」

〔四二〕觀其會通：易繫辭上：「聖人有以見天下之動，而觀其會通，以行其典禮。」孔穎達疏：「聖人有以見天下之動者，謂聖人有其微妙，以見天下萬物之動也。而觀其會通，以行其典禮者，既知萬物以此變動，觀看其物之會合變通，當此會通之時，以施行其典法禮儀也。」

〔四三〕舉其一隅：謂舉一反三。論語述而：「子曰：『不憤不啓，不悱不發。舉一隅不以三隅反，則不復也。』」邢昺疏：「此章言誨人之法。啓，開也。言人若不心憤憤，則孔子不爲開説；若不口悱悱，則孔子不爲發明。必待其人心憤憤，口悱悱，乃後啓發爲説之，如此則識思之深也。其説之也，略舉一隅以語之。凡物有四隅者，舉一則三隅從可知。學者當以三隅反類一隅以思之。而其人若不以三隅反思其類，則不復重教之矣。」

效難第十一

〔一〕人材精微，實自難知。知之難審，效薦之難。

蓋知人之效有二難〔二〕：有雖知之難，尤奇遊雜〔三〕，是以難知。有知之而無由得效之難〔四〕。己雖知之，無由得薦。何謂難知之難？人物精微，智無形狀，奇逸精妙。能神而明〔五〕，欲入其神，而明其智。其道甚難，固難知之難也。知人則哲〔六〕，惟帝難之，況常人乎？是以衆人之察，不能盡備。各守其一方而已。故各自立度〔七〕，以相觀采。以己所能，歷觀衆才。或相其形容〔八〕，以貌狀取人〔九〕。或候其動作〔一〇〕，以進趨取人〔一一〕。或揆其終始，以發止取人〔一二〕。或揆其儗象〔一三〕，以旨意取人。或推其細微，以情理取人。或恕其過誤〔一四〕，以簡恕取人〔一五〕。或循其所言，以辭旨取人。或稽其行事〔一六〕。以功效取人。八者遊雜，各以意之所可爲准，是以雜而無紀。故其得者少，所失者多。但取其同於己，而失其異於己。己不必兼，故失者多。

〔一〕效難：此前未見用例，依單字串講，當是説考察驗證人材之難。「效」有二義，一則通「校」，通過考察，獲取實情。廣雅釋言：「效，考也。」王念孫疏證：「效之言校也。月令云：『分繭稱絲效功。』」二則同「驗」，可得驗證，獲取功效。廣雅釋言：「效，驗也。」王念孫疏證：「效，各本譌作驗，文選閒居賦、演連珠注並引廣雅：『效，驗也。』今據以訂正。」

〔二〕知人之效：辨識人之品性材能。

〔三〕遊雜：此前未見用例，下文稱「八者遊雜」，劉昞注謂「各以意之所可爲准，是以雜而無紀」，則當是雜亂非一之義。

〔四〕無由得效：無法通過舉薦而取得實效。

〔五〕能神而明：謂能洞察明辨。

〔六〕知人則哲：書皋陶謨：「知人則哲，能官人。安民則惠，黎民懷之。」僞孔傳：「哲，智也。無所不知，故能官人。惠，愛也。愛則民歸之。」

〔七〕各自立度：各有其標準。

〔八〕相其形容：觀察其體形容貌。「相」，察看。詩鄘風相鼠：「相鼠有皮，人而無儀。」毛傳：「相，視也。」

〔九〕以貌狀取人：漢書張陳王周傳：「聞張良之智勇，以爲其貌魁梧奇偉，反若婦人女子。故孔子稱『以貌取人，失之子羽』。」顔師古注：「子羽，孔子弟子澹臺滅明字，貌惡而行善，故云然也。」

〔一〇〕候：伺望，觀察。説文人部：「候，司望也。」段玉裁注：「司，各本作伺，非，今正。司者，今之伺字也。曹風『候人』，傳云：『候人，道路送賓客者。』周禮『候人』，注云：『候，候迎賓客之來者。』按凡覘伺皆曰候，因之謂時爲候。」

〔一一〕進趨：此謂步履舉止。莊子天道：「士成綺鴈行避影，履行遂進而問：『修身若何？』老子曰：『而容崖然，而目衝然，而顙頯然，而口闞然，而狀義然，似繫馬而止也。』」郭慶藩集釋「進趨不安之貌」，「而，汝也。言汝莊飾容貌，夸駭於人，自爲崖岸，不能舒適」。

〔一二〕發止：原作「發正」，今據四庫本改。劉昞此注意在「終始」，而「發止」即始終也，作「發正」顯誤。晉書衛瓘傳附衛恒傳：「（四體書勢）觀其錯筆綴墨，用心精專，勢和體均，發止無間。」

〔一三〕儗象：可比類之對象。「儗」，同「擬」。禮記曲禮下：「儗人必於其倫。」鄭玄注：「儗猶比也，倫猶類也。比大夫當於大夫比，士當於士，不以其類，則有所褻。」

〔一四〕或恕其過誤：「恕」，原作「恐」，於義欠通，按劉昞注謂「以簡恕取人」，「恕」「恐」形近易訛，今據改。

〔一五〕簡恕：寬大仁恕。宋書武帝紀中：「（義熙八年）十月，（王）鎮惡剋江陵，（劉）毅及黨與皆伏誅。十一月乙卯，公至江陵，下書曰：『夫去弊拯民，心存簡恕，捨網修綱，雖煩易理。』」

〔一六〕稽：稽考，考核。周禮天官宮正：「稽其功緒，糾其德行。」鄭玄注：「稽猶考也，計也。功，吏職也。緒，其志業。」

是故必有草創信形之誤〔一〕，或色貌取人而行違。又有居止變化之謬〔二〕。或身在江海，心存魏闕〔三〕。故其接遇觀人也〔四〕，隨行信名，失其中情〔五〕。是以聖人聽言觀行〔六〕，如有所譽，必有所試。故淺美揚露，則以爲有異。智淺易見，狀似異美。深明沉漠〔七〕，則以爲空虚。智深内明，狀似無實。分别妙理，則以爲離婁〔八〕。研精至理，狀似離婁。口傳甲乙〔九〕，則以爲義理。强指物類，狀似有理。好説是非，則以爲臧否〔一〇〕。妄説是非，似明善否。講目成名〔一一〕，則以爲人物。强議賢愚，似明人物。平道政事〔一二〕，則以爲國體〔一三〕。妄論時事，似識國體。猶聽有聲之類，名隨其音。七者不能明，物皆隨行而爲之名。猶聽貓音而謂之貓，聽雀音而謂之雀，不知二蟲竟謂何名也。世之疑惑，皆此類也。是以魯國儒服者，衆人皆謂之儒，立而問之，一人而已〔一四〕。夫名非實，用之不效〔一五〕。南箕不可以簸揚，北斗不可挹酒漿〔一六〕。故曰名猶口進〔一七〕，而實從事退〔一八〕。衆覩形而名之，故用而不驗也。中情之人〔一九〕，名不副實〔二〇〕，用之有效。真智在中，衆不能見，故無外名而有内實。故名由衆退〔二一〕，而實從事章〔二二〕。效立則名章。此草創之常失也。淺智無終，深智無始。故衆人之察物，常失之於初。

〔一〕草創信形之誤：猶言以貌取人之誤，其誤在於初始相識，知人未深。

〔二〕居止變化之謬：「居止」，猶居處，處境。此謂以處境變化論人之誤，誤在不能依據不同處境正確判斷其人心性。如劉昞注所説，有人「身在江海，心存魏闕」，看似隱逸散淡之身，實則仍然心繫榮華富貴。

〔三〕身在江海心存魏闕：謂心繫功名利禄。莊子讓王：「中山公子牟謂瞻子曰：『身在江海之上，心居乎魏闕之下，奈何？』瞻子曰：『重生。重生則利輕。』」郭慶藩集釋：「瞻子，魏之賢人也。魏公子名牟，封中山，故曰中山公子牟也。公子有嘉遁之情而無高蹈之德，故身在江海上而隱遁，心思魏闕下之榮華，既見賢人，借問其術也。」「魏闕」，王宮門外之闕門，古用以懸布法令。淮南子俶真訓：「是故身處江海之上，而神游魏闕之下。」高誘注：「魏闕，王者門外闕，所以縣教象之書於象魏也。巍巍高大，故曰魏闕。」

〔四〕接遇：猶接待。史記屈原賈生列傳：「屈原者，名平，楚之同姓也。爲楚懷王左徒。博聞彊志，明於治亂，嫻於辭令。入則與王圖議國事，以出號令，出則接遇賓客，應對諸侯。」

〔五〕中情：內心情素。管子形勢解：「中情信誠，則名譽美矣。修行謹敬，則尊顯附矣。中無情實，則名聲惡矣。修行慢易，則汙辱生矣。故曰邪氣襲內，正色乃衰也。」

〔六〕聖人聽言觀行：論語公冶長：「子曰：『始吾於人也，聽其言而信其行。今吾於人也，聽其言而觀其行。』」邢昺疏：「今後吾於人也，雖聽其言，更觀其行，待其相副，然後信之。」

〔七〕沉漠：沉静淡泊。藝文類聚卷七七梁簡文帝彌陁佛像銘：「玉蓮水開，銀花樹落。惟聖降神，極彼沉漠。」

〔八〕離婁：刻鏤貌，此謂言辭過於巧辯。文選何平叔景福殿賦：「丹綺離婁。」李善注：「離婁，刻鏤之貌。」

〔九〕甲乙：猶言等第或類別，故劉昞注謂之「强指物類」。

〔一〇〕臧否：本書卷上流業：「清節之流，不能弘恕，好尚譏訶，分別是非，是謂臧否，子夏之徒是也。」

〔一一〕講目成名：此前未見用例，劉昞注謂之「强議賢愚」，意即輕率品評人物，妄定名目，抑揚多有偏頗，缺少事實依據，不能公正服人。湯用彤讀人物志：「溯自漢代取士大別爲地方察舉，公府徵辟。人物品鑒遂極重要。有名者入青雲，無聞者委溝渠。朝廷以名爲治（顧亭林語），士風亦競以名行相高。聲名出於鄉里之臧否，故民間清議乃隱操士人進退之權。於是月旦人物，流爲俗尚。講目成名，具有定格，乃成社會中不成文之法度。」（湯用彤學術論文集，第二〇二至二〇三頁。）

〔一二〕平道政事：劉昞注謂之「妄論時事」，則此「平」字用義同「評」，「平道」亦即評議也。

〔一三〕國體：本書卷上流業：「兼有三材，三材皆備，其德足以厲風俗，其法足以正天下，其術足以謀廟勝，是謂國體，伊尹、吕望是也。」

〔一四〕魯國儒服者衆人皆謂之儒立而問之一人而已：莊子田子方：「莊子見魯哀公。哀公曰：『魯多儒士，少爲先生方者。』莊子曰：『魯少儒。』哀公曰：『舉魯國而儒服，何謂少乎？』莊子曰：『周聞之，儒者冠圜冠者，知天時；履句屨者，知地形；緩佩玦者，事至而斷。君子有其道者，未必爲其服也；爲其服者，未必知其道也。公固以爲不然，何不號於國中曰：「無此道而爲此服者，其罪死！」』於是哀公號之五日，而魯國無敢儒服者，獨有一丈夫儒服而立乎公門。公即召而問以國事，千轉萬變而不窮。莊子曰：『以魯國而儒者一人耳，可謂多乎？』」郭慶藩集釋：「德充於內者，不修飾於外。」

〔一五〕名非實用之不效：名聲與實際才能是兩回事，若名不副實（名高才低），則必然「用之不效」（無成效，不成功）。管子九守：「修名而督實，按實而定名。名實相生，反相爲情。名實當則治，不當則亂。名生於實，實生於德，德生於理，理生於智，智生於當。」湯用彤讀人物志：「人材稟體不同，所能亦異，則有名目。以名目之所宜，應名分（名位）之所需。合則名正，失則名乖。傅玄曰：『位之不建，名理廢也。』此謂名分失序也。劉邵曰：『夫名非實，用之不效。』此謂名目濫雜也。聖人設官分職，位人以材，則能運用名教。」（湯用彤學術論文集，第一九七頁。）

〔一六〕南箕不可以簸揚北斗不可挹酒漿：言徒有其名而無其實用。詩小雅大東：「維南有箕，不可以簸揚。維北有斗，不可以挹酒漿。維南有箕，載翕其舌。維北有斗，西柄之揭。」孔穎達疏：「言維此天上，其南則有箕星，不可以簸揚米粟。維此天上，其北則有斗星，不可以挹衁其酒漿。所以不可以簸挹者，維南有箕，則徒翕置其舌而已，維北有斗，亦徒西其柄之揭然耳，何嘗而有可用乎？」

〔一七〕名猶口進：名聲經由人口相傳而提升。「猶」，四庫本作「由」。孟子公孫丑上：「尺地，莫非其有也。一民，莫非其臣也。然而文王猶方百里起，是以難也。」朱熹集注：「『猶方』之『猶』與『由』通。」

〔一八〕實從事退：不切實際之名聲，經事實檢驗而減退。

〔一九〕中情之人：指內心充實，有真才實學者，劉昞注謂之「無外名而有內實」。

〔二〇〕名不副實：此言「中情之人」名不副實，即有真才實學而名氣不高，其間並無貶義。後世使用「名不副實」則多用爲貶詞，指盛名之下，其實難副。

〔二一〕名由衆退：湯用彤讀人物志：「效難篇曰：『名猶（疑由字）口進，而實從事退。』又曰：『名由衆退，而實從事章。』（此二語似系引當時常用語）前者名勝於實，衆口吹噓，然考之事功，則其名敗。後者實超於名，衆所輕視，然按之事功，則真相顯。二者均月旦人物普通之過失也。」（湯用彤學術論文集，第二〇四頁。）

〔二二〕實從事章：「章」通「彰」。上言「實從事退」，此稱「實從事章」，一退一章，對應成理，説明「事」（實踐）乃「實」（實際才能）之檢驗標準。

故必待居止，然後識之。視其所止，觀其所居，而焉不知？故居，視其所安〔一〕；安其舊者，敦於仁。達，視其所舉；舉剛直者〔二〕，厚於義。富，視其所與〔三〕；與嚴壯者，明於禮。窮，視其所爲；爲經術者，勤於智。貧，視其所取。取其分者，存於信。然後乃能知賢否〔四〕。行此者賢，反此者否。此又已試，非始相也〔五〕。試而知之，豈相也哉？所以知質，未足以知其略〔六〕。略在變通，不可常准。且天下之人，不可得皆與遊處〔七〕。故視其外狀，可以得一，未足盡知。或志趣變易，隨物而化，是以世祖失之龐萌〔八〕，曹公失之孟卓〔九〕。或未至而懸欲〔一〇〕，或已至而易顧〔一一〕，李軼始專心於光武，終改顧於聖公〔一二〕。或窮約而力行〔一三〕，或得志而從欲〔一四〕，王莽初則布衣折節，卒則窮奢極侈〔一五〕。此又居止之所失也。情變如此，誰能定之？由是論之，能兩得其要，是難知之難。既知其情，又察其變，故非常人之所審。

〔一〕視其所安：論語爲政：「子曰：『視其所以，觀其所由，察其所安，人焉廋哉？人焉廋哉？』」邢昺疏：「此章言知人之法也。視其所以者，以，用也，言視其所以行用。觀其所由者，由，經也，言觀其所經從。察其所安者，言察其所安處也。人焉廋哉，人焉廋哉者，廋，匿也，焉，安也，言知人之法，但觀察其終始，則人安所隱匿其情哉？再言之者，深明情不可隱也。」本書卷中八觀云「觀其所由，以辨依似」，劉昞注：「依許似直，倉卒難明。察其所安，昭然可辨。」

〔二〕舉剛直者：論語爲政：「哀公問曰：『何爲則民服？』孔子對曰：『舉直錯諸枉，則民服。舉枉錯諸直，則民不服。』」邢昺疏：「錯，置也。舉正直之人用之，廢置諸邪枉之人，則民服其上也。」

〔三〕富視其所與：「與」，給與。史記魏世家：「李克趨而出，過翟璜之家。翟璜曰：『今者聞君召先生而卜相，果誰爲之？』李克曰：『魏成子爲相矣。』翟璜忿然作色曰：『以耳目之所覩記，臣何負於魏成子？』（下略）李克曰：『且子之言克於子之君者，豈將比周以求大官哉？君問而置相「非成則璜，二子何如」？克對曰：「君不察故也。居視其所親，富視其所與，達視其所舉，窮視其所不爲，貧視其所不取，五者足以定之矣，何待克哉？」是以知魏成子之爲相也。』」

〔四〕「故居視其所安」至「然後乃能知賢否」：呂氏春秋卷三論人：「凡論人，通則觀其所禮，貴則觀其所進，富則觀其所養，聽則觀其所行，止則觀其所好，習則觀其所言，窮則觀其所不受，賤則觀其所不爲……此賢主之所以論人也。」

〔五〕始相：初始（當初）之形貌（形象）。

〔六〕略：策略，謀略，劉昞注謂「略在變通」，蓋引申言之。

〔七〕遊處：交遊相處。文選魏文帝與吴質書：「昔日遊處，行則連輿，止則接席，何曾須臾相失。」

〔八〕世祖失之龐萌：「世祖」，即漢光武帝劉秀。龐萌，山陽人。後漢書龐萌傳云：「更始立，以爲冀州牧……萌乃歸降。光武即位，以爲侍中。萌爲人遜順，甚見信愛。帝常稱曰：『可以託六尺之孤，寄百里之命者，龐萌是也。』拜爲平狄將軍，與蓋延共擊董憲。時詔書獨下延而不及萌，萌以爲延譖己，自疑，遂反。帝聞之，大怒，乃自將討萌。與諸將書曰：『吾常以龐萌社稷之臣，將軍得無笑其言乎？老賊當族……』……方與人黔陵亦斬萌，皆傳首洛陽。」宋書劉敬宣傳：「（劉）毅雖止，猶謂高祖曰：『夫生平之舊，豈可孤信。光武悔之於龐萌，曹公失之於孟卓，公宜深慮之。』」

〔九〕曹公失之孟卓：「孟卓」，原作「董卓」，今據上注引宋書劉敬宣傳改。「曹公」，即曹操（魏武帝）。「孟卓」即張邈，字孟卓，東平壽張（今山東東平）人。董卓之亂，邈與曹操首舉義兵，二人關係甚密。曹操征陶謙，謂家人曰：「我若不還，往依孟卓。」興平元年（一九四），曹操復征陶謙，邈弟超與曹操將陳宫、許汜等共謀叛曹。宫説邈。邈遂叛。曹操引兵還，擊敗張邈、吕布等。張邈詣袁術請救，未至，爲其兵所殺。三國志卷七有傳。

〔一〇〕懸欲：此前未見用例，疑同「懸望」，意謂懸思，企盼。舊唐書刑法志：「（上書）臣伏覩陛下聖德聰明，遊心太古，將制静宇宙，保乂黎民，發號施令，出於誠慊，天下蒼生，莫不懸望聖風，冀見神化。」

〔一一〕易顧：猶他顧，此處則指改投他人。

〔一二〕李軼始專心於光武終改顧於聖公：「光武」，即漢光武帝劉秀。李軼字季文，南陽宛（今河南南陽）人。李通從弟。新莽末，天下大亂。劉秀與李通、李軼等起兵反莽。時劉秀族兄劉玄（字聖公，後漢書卷一一有傳）亦起兵，號更始將軍，並於地皇四年（二三）稱帝，封軼爲舞陰王。事見後漢書劉玄傳、李通傳、馮異傳等。後漢書馮異傳：「初，軼與光武首結謀約，加相親愛，及更始立，反共陷伯升（許按：秀兄縯字伯升。）。雖知長安已危，欲降又不自安。乃報異書曰：『軼本與蕭王（許按：即劉秀。）首謀造漢，結死生之約，同榮枯之計。今軼守洛陽，將軍鎮孟津，俱據機軸，千載一會，思成斷金。唯深達蕭王，願進愚策，以佐國安人。』軼自通書之後，不復與異争鋒……光武故宣露軼書，令朱鮪知之。鮪怒，遂使人刺殺軼。」

〔一三〕窮約：窮困，窘迫。莊子繕性：「今之所謂得志者，軒冕之謂也。軒冕在身，非性命也。物之儻來，寄者也。寄之，其來不可圉，其去不可止。故不爲軒冕肆志，不爲窮約趨俗。其樂彼與此同，故無憂而已矣。」郭慶藩集釋：「趨，競也。古人體窮通之有命，達榮枯之非己，假使軒冕當塗，亦未足申其志氣，或儉約以窮窘，豈趨競於嚚俗！」

〔一四〕從欲：爲所欲爲。「從」，通「縱」。禮記曲禮上：「敖不可長，欲不可從，志不可滿，樂不可極。」陸德明釋文：「從，足用反，放縱也。」

〔一五〕王莽初則布衣折節卒則窮奢極侈：王莽字巨君，漢元帝王皇后侄。西漢末，外戚干政，永始元年（前一六），封新都侯。綏和元年（前八），擢大司馬，輔政。元始五年（五），毒死平帝，自稱「假皇帝」，改元居攝。初始元年（八）稱帝，改國號爲新，年號爲始建國。更始元年（二三），新朝被義軍推翻，被殺。漢書卷九九有傳。漢書王莽傳贊：「王莽始起外戚，折節力行，以要名譽，宗族稱孝，師友歸仁。及其居位輔政，成、哀之際，勤勞國家，直道而行，動見稱述。豈所謂『在家必聞，在國必聞』，『色取仁而行違』者邪？莽既不仁而有佞邪之材，又乘四父歷世之權，遭漢中微，國統三絶，而太后壽考爲之宗主，故得肆其姦慝，以成篡盜之禍。推是言之，亦天時，非人力之致矣。及其竊位南面，處非所據，顛覆之勢險於桀、紂，而莽晏然自以黄、虞復出也。乃始恣睢，奮其威詐，滔天虐民，窮凶極惡，毒流諸夏，亂延蠻貉，猶未足逞其欲焉。是以四海之内，囂然喪其樂生之心，中外憤怨，遠近俱發，城池不守，支體分裂，遂令天下城邑爲虚，丘壠發掘，害徧生民，辜及朽骨，自書傳所載亂臣賊子無道之人，考其禍敗，未有如莽之甚者也。」

何謂無由得效之難？上材已莫知〔一〕。已難識知。或所識者在幼賤之中〔二〕，未達而喪。未及進達，其人已喪。或所識者未拔而先没。未及拔舉，已先没世。或曲高和寡〔三〕，唱不見讚。公叔座薦商鞅，而魏王不能用〔四〕。或身卑力微，言不見亮〔五〕。禽息舉百里奚，首足皆碎〔六〕。或器非時好，不見信貴。竇后方好黄老，儒者何由見進〔七〕？或不在其位，無由得拔。卞和非大匠，所以抱璞泣〔八〕。或在其位，以有所屈迫〔九〕。何武舉公孫禄，而爲王氏所推〔一〇〕。是以良材識真，萬不一遇也。材能雖良，當遇知己。知己雖遇，當值明王。三者之遭，萬不一會。須識真在位，誠百不一有也〔一一〕。雖識己真，或不在位。以位勢值〔一二〕，可薦致之，宜十不一合也。識己須在位，智達復須宜。或明足識真，有所妨奪，不欲貢薦〔一三〕。雖識辨賢愚，而屈於妨奪，故有不欲。或好貢薦，而不能識真。在位之人，雖心好賢善，而明不能識。是故知與不知，相與分亂於總猥之中〔一四〕。或好賢而不識，或知賢而心妬，故用與不用，同於衆總，紛然淆亂。實知者，患於不得達效〔一五〕。身無位次，無由效達。不知者，亦自以爲未識。身雖在位，而不能識。所謂無由得效之難也。故曰知人之效有二難。是以人主常當運其聰智，廣其視聽，明揚側陋〔一六〕，旁求俊乂〔一七〕，舉能不避仇讎〔一八〕，拔賢不棄幽隱。然後國家可得而治，功業可得而濟也。

〔一〕上材：上等人材。後漢書列女傳皇甫規妻傳：「皇甫氏文武上才，爲漢忠臣。」本書卷下七繆：「上材之人，能行人之所不能行，是故達有勞謙之稱，窮有著明之節。」

〔二〕幼賤之中：謂年幼身賤，尚未仕進顯達。禮記曾子問：「賤不誄貴，幼不誄長，禮也。」孔穎達疏：「謂賤不得累列貴者之行而爲謚，幼不得累列長者之行而作謚，如此是其禮也。所以然者，凡謚如此是其禮也。所以然者，凡謚表其實行，當由尊者所爲。若使幼賤者爲之，則各欲光揚在上之美，有乖實事，故不爲也。」

〔三〕曲高和寡：文選宋玉對楚王問：「客有歌於郢中者，其始曰下里、巴人，國中屬而和者數千人。其爲陽阿、薤露，國中屬而和者數百人。其爲陽春、白雪，國中屬而和者數十人。引商刻羽，雜以流徵，國中屬而和者不過數人而已。其曲彌高，其和彌寡。」李周翰注：「下里、巴人，下曲名也。陽春、白雪，高曲名也。」

〔四〕公叔座薦商鞅而魏王不能用：公叔座，一名公叔痤，戰國時魏相。其事見戰國策魏策、史記商君列傳。史記商君列傳：「商君者，衛之諸庶孽公子也，名鞅，姓公孫氏，其祖本姬姓也。鞅少好刑名之學，事魏相公叔座爲中庶子。公叔座知其賢，未及進。會座病，魏惠王親往問病，曰：『公叔病有如不可諱，將奈社稷何？』公叔曰：『座之中庶子公孫鞅，年雖少，有奇才，願王舉國而聽之。』王嘿然。王且去，座屏人言曰：『王即不聽用鞅，必殺之，無令出境。』王許諾而去。公叔座召鞅謝曰：『今者王問可以爲相者，我言若，王色不許我。我方先君後臣，因謂王即弗用鞅，當殺之，王許我。汝可疾去矣，且見禽。』鞅曰：『彼王不能用君之言任臣，又安能用君之言殺臣乎？』卒不去。惠王既去，而謂左右曰：『公叔病甚，悲乎，欲令寡人以國聽公孫鞅也，豈不悖哉！』」

〔五〕亮：相信，信任。書舜典：「舜曰：『咨！四岳，有能奮庸，熙帝之載，使宅百揆，亮采惠疇？』僉曰：『伯禹作司空。』」僞孔傳：「亮，信；惠，順也。求其人，使居百揆之官，信立其功，順其事者，誰乎？」

〔六〕禽息舉百里奚首足皆碎：百里奚，亦作百里傒，又稱五羖大夫，秦穆公用爲相，秦國大治。其事見史記秦本紀。太平御覽卷三六三引韓詩外傳：「禽息，秦大夫，薦百里奚，不見納。繆公出，當車以頭擊闑，腦乃精出，曰：『臣生無補於國，不如死也！』繆公感悟而用百里奚。」按，此事又見漢書杜鄴傳顏師古注引應劭說。

〔七〕竇后方好黄老儒者何由見進：竇后，漢文帝皇后，景帝母。漢書外戚傳孝文竇皇后傳：「竇太后好黄帝、老子言，景帝及諸竇不得不讀老子尊其術。」史記儒林列傳：「及至孝景，不任儒者，而竇太后又好黄、老之術，故諸博士具官待問，未有進者。」

〔八〕卞和非大匠所以抱璞泣：「大」，原作「因」，今據四庫本改。韓非子和氏：「楚人和氏得玉璞楚山中，奉而獻之厲王。厲王使玉人相之，玉人曰：『石也。』王以和爲誑，而刖其左足。及厲王薨，武王即位，和又奉其璞而獻之武王。武王使玉人相之，又曰：『石也。』王又以和爲誑，而刖其右足。武王薨，文王即位，和乃抱其璞而哭於楚山之下。三日三夜，泣盡而繼之以血。王聞之，使人問其故，曰：『天下之刖者多矣，子奚哭之悲也？』和曰：『吾非悲刖也，悲夫寶玉而題之以「石」，貞士而名之以「誑」，此吾所以悲也。』王乃使玉人理其璞而得寶焉，遂命曰『和氏之璧』。」「大匠」，指手藝出群之工匠。孟子盡心上：「大匠不爲拙工改廢繩墨，羿不爲拙射變其彀率。」邢昺疏：「大匠之師不爲新學拙工改去其繩墨之正。」

〔九〕屈迫：此前未見用例，依單字串講，當是委屈、壓迫，即遭遇外部阻力。

〔一〇〕何武舉公孫録而爲王氏所推：何武字君公，蜀郡郫縣（今四川郫都）人。歷揚州、兖州刺史，入爲司隸校尉。綏和元年（前八），爲御史大夫，改稱大司空，封氾鄉侯。漢書卷八六有傳。漢書本傳：「武爲前將軍，素與左將軍公孫禄相善，二人獨謀，以爲往時孝惠、孝昭少主之世，外戚吕、霍、上官持權，幾危社稷，今孝成、孝哀比世無嗣，方當選立親近輔幼主，不宜令異姓大臣持權，親疏相錯，爲國計便。於是武舉公孫禄可大司馬，而禄亦舉武。太后竟自用莽爲大司馬。莽風有司劾奏武、公孫禄互相稱舉，皆免。」

〔一一〕誠百不一有也：「誠」，原作「識」，蓋涉上而誤，今據四庫本改。

〔一二〕以位勢值：因爲識真者（知己）在位，又適值薦舉時機。「值」，適逢，遭遇。

〔一三〕貢薦：猶舉薦，推薦。「貢」，向朝廷進獻人才。禮記射義：「諸侯歲獻，貢士於天子。」鄭玄注：「歲獻，獻國事之書及計偕物也。三歲而貢士，舊説云大國三人，次國二人，小國一人。」

〔一四〕總猥：總雜，會聚。潛夫論考績：「設如家人有五子十孫，父母不察精愞，則勤力者懈弛，而惰慢者遂非也，耗業破家之道也。父子兄弟，一門之計，猶有若此，則又況乎群臣總猥治公事者哉？」汪繼培注：「『總猥』猶離騷言『總總』也。」

〔一五〕達效：取得實效。劉昞注謂「身無位次，無由效達」，是説薦主人微言輕，即使所薦實有其才，亦難被選用。

〔一六〕明揚側陋：書堯典：「帝曰：『咨！四岳，朕在位七十載，汝能庸命，巽朕位。』岳曰：『否德忝帝位。』曰：『明明揚側陋。』」僞孔傳：「堯知子不肖，有禪位之志，故明舉明人在側陋者，廣求賢也。」尚書校釋譯論：「揚，廣雅釋詁：『舉也。』唐寫釋文：『敭，古揚字，舉也。』（中略）『側陋』，漢至晉人文中多引作『仄陋』。（中略）仄由側同聲取義，見説文：『仄，側傾也。』史記譯『側陋』爲『疏遠隱匿者』。『揚仄陋』就是舉用埋没在民間的没有名氣的人才。」

〔一七〕俊乂：有俊德治能之人。書皋陶謨：「翕受敷施，九德咸事，俊乂在官。」僞孔傳：「翕，和也。能合受三六之德而用之，以布施政教，使九德之人皆用事。謂天子如此，則俊德治能之士竝在官。」孔穎達疏：「乂訓爲治，故云治能。馬、王、鄭皆云：『才德過千人爲俊，百人爲乂。』」

〔一八〕舉能不避仇讎：左傳襄公三年：「祁奚請老，晉侯問嗣焉。稱解狐，其讎也，將立之而卒。」

釋争第十二

賢善不伐〔一〕，況小事乎？釋忿去争，必荷榮福〔二〕。

蓋善以不伐爲大〔三〕，爲善而自伐其能，衆人之所小。賢以自矜爲損〔四〕。行賢而去自賢之心，何往而不益哉？是故舜讓于德〔五〕，而顯義登聞〔六〕；湯降不遲，而聖敬日躋〔七〕。彼二帝，雖天挺聖德〔八〕，生而上哲〔九〕，猶懷勞謙，疾行退下，然後信義登聞，光宅天位〔一〇〕。郄至上人，而抑下滋甚〔一一〕；王叔好争，而終于出犇〔一二〕。此二大夫，矜功陵物，或宗移族滅〔一三〕，或逃禍出奔。由此觀之，争讓之道，豈不懸歟〔一四〕？然則卑讓降下者〔一五〕，茂進之遂路也〔一六〕；江海所以爲百谷王，以其處下也〔一七〕。矜奮侵陵者〔一八〕，毁塞之險途也。兕虎所以攖牢檻〔一九〕，以其性獷噬也〔二〇〕。是以君子舉不敢越儀準〔二一〕，志不敢淩軌等〔二二〕，足不苟蹈，常懷退下。內勤己以自濟，外謙讓以敬懼。獨處不敢爲非，出門如見大賓〔二三〕。是以怨難不在於身，而榮福通於長久也。外物不見傷，子孫賴以免。彼小人則不然。矜功伐能〔二四〕，好以陵人。初無巨細，心發揚以陵物。是以在前者人害之，矜能奔縱，人情所害。有功者人毁之，恃功驕盈〔二五〕，人情所毁。毁敗者人幸之。及其覆敗，人情所幸。是故並轡爭先〔二六〕，而不能相奪；小人競進，智不相過，並驅爭險，更相蹈籍〔二七〕。兩頓俱折〔二八〕，而爲後者所趨。中道而斃，後者乘之。譬兔殛犬疲〔二九〕，而田父收其功。由是論之，爭讓之途，其別明矣。君子尚讓，故涉萬里而途清；小人好爭，足未動而路塞。

〔一〕不伐：不自誇功。「伐」，自我誇耀。書大禹謨：「汝惟不矜，天下莫與汝爭能；汝惟不伐，天下莫與汝爭功。」僞孔傳：「自賢曰矜，自功曰伐。言禹推善讓人而不失其能，不有其勞而不失其功，所以能絶衆人。」

〔二〕荷：承受。左傳昭公三年：「一爲禮於晉，猶荷其禄，況以禮終始乎！」

〔三〕善以不伐爲大：易乾卦：「（子曰）善世而不伐。」孔穎達疏：「善世而不伐者，謂爲善於世而不自伐其功德。」

〔四〕自矜：自負其能。老子第二十四章：「自伐者無功，自矜者不長。」河上公注「所爲輒自伐取其功美，即失有功於人也」，「好自矜大者，不可以長久」。

〔五〕舜讓于德：書舜典：「帝曰：『格汝舜，詢事考言，乃言厎可績，三載。汝陟帝位。』舜讓于德，弗嗣。」僞孔傳：「辭讓於德不堪，不能嗣成帝位。」孔穎達疏：「告以此言，欲禪之也。舜辭讓於德，言己德不堪嗣成帝也。」

〔六〕顯義登聞：猶言義薄雲天。「登聞」，上達於天。書酒誥：「弗惟德馨香，祀登聞于天，誕惟民怨。」孔穎達疏：「（紂）不念發聞其德，令之馨香，使祀見享，升聞于天。大惟行其淫虐，爲民下所怨。」

〔七〕湯降不遲而聖敬日躋：詩商頌長發：「帝命不違，至于湯齊。湯降不遲，聖敬日躋。」毛傳：「不違，言疾也。躋，升也。」鄭箋：「湯之下士尊賢甚疾，其聖敬之德日進。」「躋」，禮記作「齊」。禮記孔子閒居：「其在詩曰：『帝命不違，至于湯齊。湯降不遲，聖敬日齊。』」

〔八〕天挺：天生挺拔卓異。後漢書黄瓊傳：「光武以聖武天挺，繼統興業。」

〔九〕生而上哲：論語季氏：「孔子曰：『生而知之者，上也；學而知之者，次也；困而學之，又其次也；困而不學，民斯爲下矣。』」邢昺疏：「生而知之者上也者，謂聖人也。」

〔一〇〕光宅天位：謂廣有天下。書堯典：「昔在帝堯，聰明文思，光宅天下。」僞孔傳：「言聖德之遠著。」孔穎達疏：「言光宅者，經傳云：『光，充也。』」

〔一一〕郄至上人而抑下滋甚：郄至，亦作郤至，春秋晉景公、厲公時大夫。晉、楚鄢陵之戰，敗楚師有功。後驕侈多怨，爲厲公所殺。其事見左傳、國語、史記晉世家等。「上人」，陵駕於人。國語周語中：「晉既克楚於鄢，使郤至告慶於周……襄公曰：『人有言曰：「兵在其頸。」其郤至之謂乎！君子不自稱也，非以讓也，惡其蓋人也。夫人性，陵上者也，不可蓋也。求蓋人，其抑下滋甚，故聖人貴讓。且諺曰：「獸惡其網，民惡其上。」故書曰：「民可近也，而不可上也。」詩曰：「愷悌君子，求福不回。」在禮，敵必三讓，是則聖人知民之不可加也。故王天下者必先諸民，然後庇焉，則能長利。今郤至在七人之下，而欲上之，是求蓋七人也，其亦有七怨。怨在小醜，猶不可堪，而況在侈卿乎？其何以待之？晉之克也，天有惡於楚也，故儆之以晉，而郤至佻天之功以爲己力，不亦難乎？佻天不祥，乘人不義，不祥則天棄之，不義則民叛之。且郤至何三伐之有？夫仁、禮、勇，皆義之爲也。以義死用謂之勇，奉義順則謂之禮，畜義豐功謂之仁。姦仁爲佻，姦禮爲羞，姦勇爲賊。夫戰，盡敵爲上，守和同，順義爲上。故制戎以果毅，制朝以序成。叛戰而擅舍鄭君，賊也；棄毅行容，羞也；叛國即讎，佻也。有三姦以求替其上，遠於得政矣。以吾觀之，兵在其頸，不可久也。雖吾王叔，未能遠難。在太誓曰：「民之所欲，天必從之。」王叔欲郤至，能勿從乎？』郤至歸，明年死難。」

〔三〕王叔好争而終于出犇：王叔，亦稱王叔陳生，春秋周大夫。左傳襄公十年：「王叔陳生與伯輿争政，王右伯輿。王叔陳生怒而出奔。」杜預注：「二子，王卿士。」又國語周語中：「及伯輿之獄，王叔陳生奔晉。」韋昭注：「伯輿，周大夫也。獄，訟也。王叔陳生與伯輿争政，王佐伯輿，王叔不勝，遂出奔晉。在魯襄十年也。」

〔一三〕宗移族滅：即宗族敗滅。「移」，四庫本作「夷」，疑當作「陊」。「陊」，崩塌，墮落。文選張平子西京賦：「北闕甲第，當道直啓，程巧致功，期不陁陊。」張銑注：「言第一之宅，當道正開門，皆擇巧匠，以致其功，使無崩落之期。」

〔一四〕懸：謂爭與讓相去甚遠。荀子天論：「君子敬其在己者，而不慕其在天者，是以日進也。小人錯其在己者，而慕其在天者，是以日退也。故君子之所以日進與小人之所以日退，一也。君子小人所以相縣者在此耳。」

〔一五〕卑讓降下：謙卑貌。

〔一六〕茂進：此前未見用例，依單字串講，當是勉力進取。「茂」，通「懋」。爾雅釋詁：「茂……勉也。」

〔一七〕江海所以爲百谷王以其處下也：老子第六十六章：「江海所以能爲百谷王者，以其善下之，故能爲百谷王。是以聖人欲上民，必以言下之；欲先民，必以身後之。是以聖人處上而民不重，處前而民不害，是以天下樂推而不厭。以其不爭，故天下莫能與之爭。」河上公注：「江海以卑，故衆流歸之，若民歸就王。」

〔一八〕矜奮：本書卷上九徵：「故誠仁，必有温柔之色；誠勇，必有矜奮之色；誠智，必有明達之色。」

〔一九〕攖牢檻：「攖」，此言擾亂，破壞。廣雅釋詁：「攖……亂也。」王念孫疏證：「攖者，莊子庚桑楚篇：『不以人物利害相攖。』釋文引廣雅：『攖，亂也。』」

〔二〇〕獷噬：此前未見用例，依單字串講，當是兇猛殘暴。「獷」，文選揚子雲劇秦美新：「來儀之鳥，肉角之獸，狙獷而不臻。」張銑注：「狙獷，犬齧人者也。」

〔二一〕儀準：禮法準則。晉書王廙傳附王彪之傳：「時廢立之儀既絕於曠代，朝臣莫有識其故典者。彪之神彩毅然，朝服當階，文武儀準莫不取定。」

〔二二〕軌等：此前未見用例，依單字串講，當是法度，等第。「軌」，法則。漢書叙傳下：「楚孝惡疾，東平失軌。」顏師古注：「惡疾謂眚病也。軌，法則也。」

〔二三〕出門如見大賓：論語顏淵：「仲弓問仁。子曰：『出門如見大賓，使民如承大祭。』」邢昺疏：「此言爲仁之道莫尚乎敬也。大賓，公侯之賓也。大祭，禘郊之屬也。人之出門，失在倨傲，故戒之出門如見公侯之賓。」又左傳僖公三十三年：「出門如賓，承事如祭，仁之則也。」

〔二四〕矜功伐能：三國志魏書王昶傳：「夫人有善鮮不自伐，有能者寡不自矜。伐則掩人，矜則陵人。掩人者人亦掩之，陵人者人亦陵之。故三郤爲戮于晉，王叔負罪於周，不惟矜善自伐好爭之咎乎？」

〔二五〕恃功驕盈：文選曹子建責躬詩：「伊余小子，恃寵驕盈。舉挂時網，動亂國經。」

〔二六〕並轡爭先：猶並驅爭先。「轡」，馬韁繩。三國志蜀書關羽傳：「羽聞馬超來降，舊非故人，羽書與諸葛亮，問超人才可誰比類。亮知羽護前，乃答之曰：『孟起兼資文武，雄烈過人，一世之傑，黥、彭之徒，當與益德並驅爭先，猶未及髯之絕倫逸群也。』羽美鬚髯，故亮謂之髯。」

〔二七〕蹈籍：即「蹈躪」「蹈藉」，踐踏。史記司馬相如列傳：「（上林賦）乘騎之所蹂若，人民之所蹈躪。」

〔二八〕兩頓俱折：謂兩敗俱傷。「頓」，困頓。荀子仲尼：「頓窮則從之疾力以申重之。」楊倞注：「頓謂困躓也。疾力，勤力也。困戹之時，則尤加勤力而不敢怠惰。申重猶再三也。」

〔二九〕兔極犬疲：戰國策齊策三：「齊欲伐魏，淳于髡謂齊王曰：『韓子盧者，天下之疾犬也。東郭逡者，海内之狡兔也。韓子盧逐東郭逡，環山者三，騰山者五。兔極於前，犬廢於後，犬兔俱罷，各死其處。田父見之，無勞勸之苦，而擅其功。今齊、魏久相持，以頓其兵，弊其衆，臣恐强秦、大楚承其後，有田父之功。』齊王懼，謝將休士也。」鮑彪注：「逡，㕙同，狡兔名。」

然好勝之人，猶謂不然。貪則好勝，雖聞德讓之風，意猶昧然，乃云古人讓以得，今人讓以失〔一〕，心之所是，起而争之。以在前爲速鋭〔二〕，以處後爲留滯〔三〕。故行坐汲汲〔四〕，不暇脂車〔五〕。以下衆爲卑屈〔六〕，以躡等爲異傑〔七〕。苟矜越等〔八〕，不羞負乘〔九〕。以讓敵爲迴辱〔一〇〕，以陵上爲高厲〔一一〕。故趙穿不顧元帥〔一二〕，彘子以偏師陷〔一三〕。是故抗奮遂往〔一四〕，不能自反也〔一五〕。譬虎狼食生物〔一六〕，遂有殺人之怒。夫以抗遇賢，必見遜下〔一七〕。相如爲廉頗逡巡〔一八〕，兩得其利。以抗遇暴，必搆敵難〔一九〕。灌夫不爲田蚡持下〔二〇〕，兩得其尤。敵難既搆，則是非之理必溷而難明。俱自是而非彼，誰明之耶？溷而難明，則其與自毀何以異哉！兩虎共鬬，小者死，大者傷〔二一〕，焉得而兩全。且人之毀己，皆發怨憾而變生釁也〔二二〕。若本無憾恨，遭事際會，亦不致毀害。必依託於事，飾成端末〔二三〕。凡相毀謗，必因事類而飾成之。其於聽者雖不盡信，猶半以爲然也。由言有端角，故信之者半。己之校報〔二四〕，亦又如之。復當報謗，爲生翅尾。終其所歸，亦各有半信著於遠近也。俱有形狀，不知其實。是以近遠之聽，皆半信於此，半信於彼。然則交氣疾争者〔二五〕，爲易口而自毀也。己説人之瑕，人亦説己之穢。雖詈人，自取其詈也〔二六〕。並辭競説者〔二七〕，爲貸手以自毆，辭忿則力争，己既毆人，人亦毆己。此其爲借手以自毆。爲惑繆豈不甚哉？借手自毆，借口自詈，非惑如何？

〔一〕古人讓以得今人讓以失：莊子秋水：「昔者堯、舜讓而帝，之、噲讓而絶；湯、武争而王，白公争而滅。由此觀之，争讓之禮，堯、桀之行，貴賤有時，未可以爲常也。」郭慶藩集釋：「夫帝王異代，争讓異時。既而堯知天命有歸，故禪於舜；舜知曆祚將改，又讓於禹。唐虞是五帝之數，故曰讓而帝也。之，燕相子之也。噲，燕王名也。子之，即蘇秦之女壻也。秦弟蘇代，從齊使燕，以堯讓許由故事説燕王噲，令讓位與子之，子之遂受。國人恨其受讓，皆不服子之，三年國亂。齊宣王用蘇代計，興兵伐燕，於是殺燕王噲於郊，斬子之於朝，以絶燕國。豈非效堯舜之陳跡而禍至於此乎！」

〔二〕速鋭：快速突前而有鋒芒，猶言先鋒。宋書武帝紀上：「召桓謙、卞範之等謀拒高祖。謙等曰：『亟遣兵擊之。』(桓)玄曰：『不然。彼兵速鋭，計出萬死。若行遣水軍，不足相抗，如有蹉跌，則彼氣成而吾事敗矣。』」

〔三〕留滯：身處困境。楚辭七諫沈江：「年既已過太半兮，然埳軻而留滯。」王逸注：「輡軻，不遇也。言己年已過五十，而輡軻沈滯，卒無所逢遇也。」

〔四〕汲汲：急切貌。禮記問喪：「其往送也，望望然，汲汲然，如有追而弗及也。」孔穎達疏：「望望然者，瞻望之意也。汲汲然者，促急之情也。」

〔五〕不暇脂車：言其出行忙碌，無暇給車膏油。詩小雅何人斯：「爾之安行，亦不遑舍？爾之亟行，遑脂爾車？壹者之來，云何其盱？」鄭箋：「遑，暇；亟，疾；盱，病也。女可安行乎，則何不暇舍息乎？女當疾行乎，則又何暇脂女車乎？極其情，求其意，終不得。一者之來見我，於女亦何病乎？」又文選曹子建應詔詩：「肅承明詔，應會皇都。星陳夙駕，秣馬脂車。」張銑注：「秣，飼也。脂車，脂轄也。」

〔六〕下衆：身處衆人之下。

〔七〕躡等：越級而上。「躡」，登攀。文選左太沖詠史八首（其二）：「世胄躡高位，英俊沈下僚。」李善注：「廣雅曰：『躡，履也。』」

〔八〕苟矜越等：「越」，原作「起」，今據四庫本改。按，「躡」含超越義，「躡等」即「越等」，作「起」顯誤。

〔九〕負乘：本指攜帶珍貴財物乘車，從而招致盜搶。後則用「負乘」喻小人居於君子之位，居非其位，終致禍殃。易解卦：「負且乘，致寇至，貞吝。」孔穎達疏：「乘者，君子之器也。負者，小人之事也。施之於人，即在車騎之上而負於物也。故寇盜知其非己所有，於是競欲奪之，故曰負且乘，致寇至也。貞吝者，負乘之人，正其所鄙，故曰貞吝也。」又易繫辭上：「易曰：『負且乘，致寇至。』負也者，小人之事也。乘也者，君子之器也。小人而乘君子之器，盜思奪之矣。上慢下暴，盜思伐之矣。」孔穎達疏：「上慢下暴盜思伐之矣者，小人居上位必驕慢，而在下必暴虐，爲政如此，大盜思欲伐之矣。」

〔一〇〕迴辱：此前未見用例，依單字串講，當是屈辱。「迴」，屈折。

〔一一〕高厲：猶激厲。文選潘安仁秋興賦：「且斂衽以歸來兮，忽投紱以高厲。」吕向注：「衽，衣襟也。紱，綬也。言斂衣綬，棄榮利，以自激厲也。」

〔一二〕趙穿不顧元帥：趙穿，春秋晉襄公婿，趙盾從兄弟。左傳文公十二年：「冬，秦伯伐晉，取羈馬。晉人禦之。趙盾將中軍，荀林父佐之。郤缺將上軍，臾駢佐之。欒盾將下軍，胥甲佐之。范無恤御戎，以從秦師于河曲。臾駢曰：『秦不能久，請深壘固軍以待之。』從之。秦人欲戰。秦伯謂士會曰：『若何而戰？』對曰：『趙氏新出其屬曰臾駢，必實爲此謀，將以老我師也。趙有側室曰穿，晉君之壻也，有寵而弱，不在軍事，好勇而狂，且惡臾駢之佐上軍也。若使輕者肆焉，其可。』秦伯以璧祈戰于河。十二月戊午，秦軍掩晉上軍，趙穿追之，不及。反，怒曰：『裹糧坐甲，固敵是求，敵至不擊，將何俟焉？』軍吏曰：『將有待也。』穿曰：『我不知謀，將獨出。』乃以其屬出。宣子曰：『秦獲穿也，獲一卿矣。秦以勝歸，我何以報？』乃皆出戰，交綏。秦行人夜戒晉師曰：『兩君之士皆未憖也，明日請相見也。』臾駢曰：『使者目動而言肆，懼我也，將遁矣。薄諸河，必敗之。』胥甲、趙穿當軍門呼曰：『死傷未收而棄之，不惠也。不待期而薄人於險，無勇也。』乃止。秦師夜遁。」

〔一三〕彘子以偏師陷：宣公十二年春，楚圍鄭。六月，晉救鄭，擬渡河，知鄭已與楚媾和。晉軍統帥欲撤兵，彘子則反對，僅率所部渡河，大敗。彘子即先縠，食采於彘，故稱彘子。左傳宣公十二年：「韓獻子謂桓子曰：『彘子以偏師陷，子罪大矣。子爲元帥，師不用命，誰之罪也？失屬、亡師，爲罪已重，不如進也。事之不捷，惡有所分。與其專罪，六人同之，不猶愈乎？』師遂濟。」楊伯峻春秋左傳注「彘子僅率中軍佐渡河，故云偏師」，「『失屬』者，彘子敗，必失鄭也，彘子以偏師陷，故云亡師」。

〔一四〕抗奮遂往：亢奮激進，一往直前。詩邶風二子乘舟：「二子乘舟，汎汎其景。」毛傳：「二子，伋、壽也。宣公爲伋取於齊女而美，公奪之，生壽及朔。朔與其母愬伋於公，公令伋之齊，使賊先待於隘而殺之。壽知之，以告伋，使去之。伋曰：『君命也，不可以逃。』壽竊其節而先往，賊殺之。伋至，曰：『君命殺我，壽有何罪？』賊又殺之。國人傷其涉危遂往，如乘舟而無所薄，汎汎然迅疾而不礙也。」此事亦見史記衛康叔世家。

〔一五〕自反：反躬自問，自我反省。禮記學記：「知不足，然後能自反也。」鄭玄注：「自反，求諸己也。」

〔一六〕譬虎狼食生物：莊子人間世：「汝不知夫養虎者乎？不敢以生物與之，爲其殺之之怒也；不敢以全物與之，爲其決之之怒也。時其飢飽，達其怒心。虎之與人異類而媚養己者，順也；故其殺者，逆也。」郭慶藩集釋「汝頗知世有養虎之法乎？豬羊之類，不可生供猛獸，恐其因殺而生嗔怒也」，「知飢飽之時，達喜怒之節，通於物理，豈復危亡」。

〔一七〕遜下：此前未見用例，依單字串講，當是謙遜處下。

〔一八〕相如爲廉頗逡巡：「逡巡」，遲疑徘徊，謙恭退却。史記廉頗藺相如列傳：「廉頗曰：『我爲趙將，有攻城野戰之大功，而藺相如徒以口舌爲勞，而位居我上，且相如素賤人，吾羞，不忍爲之下。』宣言曰：『我見相如，必辱之。』相如聞，不肯與會。相如每朝時，常稱病，不欲與廉頗爭列。已而相如出，望見廉頗，相如引車避匿。於是舍人相與諫曰：『臣所以去親戚而事君者，徒慕君之高義也。今君與廉頗同列，廉君宣惡言而君畏匿之，恐懼殊甚，且庸人尚羞之，況於將相乎！臣等不肖，請辭去。』藺相如固止之，曰：『公之視廉將軍孰與秦王？』曰：『不若也。』相如曰：『夫以秦王之威，而相如廷叱之，辱其群臣，相如雖駑，獨畏廉將軍哉？顧吾念之，彊秦之所以不敢加兵於趙者，徒以吾兩人在也。今兩虎共鬭，其勢不俱生。吾所以爲此者，以先國家之急而後私讎也。』廉頗聞之，肉袒負荆，因賓客至藺相如門謝罪。曰：『鄙賤之人，不知將軍寬之至此也。』卒相與驩，爲刎頸之交。」

〔一九〕敵難：此前未見用例，依單字串講，當是敵對成仇。「難」，仇敵。戰國策秦策一：「昔者紂爲天子，帥天下將甲百萬，左飲於淇谷，右飲於洹水，淇水竭而洹水不流，以與周武爲難。」

〔二〇〕灌夫不爲田蚡持下：灌夫字仲孺，潁陰（今河南許昌）人。漢武帝即位，爲淮陽太守，入爲太僕。

建元二年（前一三九）徙爲燕相。以語侵丞相田蚡，被劾不敬，族誅。史記卷一〇七、漢書卷五二並有傳。田蚡，長陵（今陝西咸陽東北）人。漢景帝王皇后同母弟。漢武帝初，封武安侯，爲太尉。建元六年（前一三五），爲丞相。史記卷一〇七、漢書卷五二並有傳。漢書灌夫傳：「元光四年春，蚡言灌夫家在潁川，横甚，民苦之。請案之。上曰：『此丞相事，何請？』夫亦持蚡陰事，爲姦利，受淮南王金與語言。」

〔二一〕兩虎共鬭小者死大者傷：戰國策秦策二：「今兩虎諍人而鬭，小者必死，大者必傷，子待傷虎而刺之，則是一舉而兼兩虎也。無刺一虎之勞，而有刺兩虎之名。」

〔二二〕發怨憾而變生釁：由怨恨而演變爲分裂。「怨憾」，猶怨恨。文子卷上：「若天若地，何不覆載？合而和之，君也。别而誅之，法也。民以受誅，無所怨憾，謂之道德。」「釁」，裂痕，嫌隙。戰國策韓策三：「（趙敖謂建信侯）秦舉兵破邯鄲，趙必亡矣。故君收韓，可以無釁。」范祥雍箋證：「横田惟孝云：『釁，隙也。言趙合韓，則無爲秦所伐之隙也。』」

〔二三〕飾成端末：借題發揮，粉飾始末。「端末」，始末，頭尾。後漢書馮衍傳下李賢注引馮衍與婦弟任武達書：「以白爲黑，以非爲是，造作端末，妄生首尾。」

〔二四〕校報：以牙還牙，以眼還眼，採取同樣方式報復。「校」，通「效」，仿效。管子牧民：「不敬宗廟，則民乃上校。」尹知章注：「校，效也。君無所尊，人亦效之。」

〔二五〕交氣：人與人以氣相争，亦即鬭氣。

〔二六〕 自取其詈：即下文劉昞注所謂「借口自詈」。「詈」，責罵。書無逸：「小人怨汝詈汝，則皇自敬德。」孔穎達疏：「小人怨恨汝，罵詈汝，既聞此言，則大自敬德，更增修善政。」

〔二七〕 並辭競說：以言辭競相指責。

然原其所由，豈有躬自厚責〔一〕，以致變訟者乎〔二〕？己能自責，人亦自責，兩不言競，變訟何由生哉？皆由内恕不足〔三〕，外望不已〔四〕。所以争者，由内不能恕己自責，而外望於人不已也。或怨彼輕我，或疾彼勝己。是故心争終無休已。夫我薄而彼輕之，則由我曲而彼直也。曲而見輕，固其宜矣。我賢而彼不知，則見輕非我咎也。親反傷也，固其宜矣。若彼賢而處我前，則我德之未至也。德輕在彼，固所宜也。若德鈞而彼先我〔五〕，則我德之近次也〔六〕。德鈞年次〔七〕，固其常矣。夫何怨哉！且兩賢未別，則能讓者爲雋矣。材均而不争優劣，衆人善其讓。争雋未別，則用力者爲憊矣。雋等而名未別，衆人惡其鬭。是故藺相如以迴車決勝於廉頗，寇恂以不鬭取賢於賈復〔八〕。此二賢者，知争途不可由，故回車退避，或酒炙迎送。故廉、賈肉袒，争尚泯矣。物勢之反〔九〕，乃君子所謂道也。龍蛇之蟄以存身，尺蠖之屈以求伸〔一〇〕。蟲微物耳，尚知蟠屈，況於人乎？是故君子知屈之可以爲伸，故含辱而不辭；韓信屈於跨下之辱〔一一〕。知卑讓之可以勝敵，故下之而不疑。展喜犒齊師之謂也〔一二〕。及其終極，乃轉禍而爲福〔一三〕，晉文避楚三舍〔一四〕，而有城濮之勳。屈讎而爲友〔一五〕，相如下廉頗，而爲刎頸之交。使怨讎不延於後嗣，而美名宣於無窮。子孫荷其榮蔭，竹帛紀其高義〔一六〕。君子之道，豈不裕乎〔一七〕！若偏急好争，則身危當年，何後來之能福？

〔一〕躬自厚責：論語衞靈公：「子曰：『躬自厚而薄責於人，則遠怨矣。』」邢昺疏：「此章戒人責己也。躬，身也。言凡事自責厚，薄責於人，則所以遠怨咎也。」

〔二〕變訟：此前未見用例，依單字串講，當是發生争辯。

〔三〕内恕：存心寬厚。禮記孔子閒居：「無服之喪，内恕孔悲。」

〔四〕外望不已：「外望」謂外望於人，即責怪他人。漢書灌夫傳：「後（田）蚡使藉福請嬰城南田，嬰大望曰：『老僕雖棄，將軍雖貴，寧可以勢相奪乎！』不許。」顔師古注：「望，怨也。」

〔五〕鈞：通「均」，相同。

〔六〕近次：此前未見用例，依單字串講，當是與彼相近而居其次。

〔七〕德鈞年次：品德猶如年齡，有高低先後之别。「年次」，年齡順序。漢書谷永傳：「平阿侯譚年次當繼大將軍鳳輔政。」

〔八〕寇恂以不鬭取賢於賈復：寇恂字子翼，上谷昌平（今屬北京）人。後漢書卷一六有傳。賈復字君文，南陽冠軍（今河南鄧州西北）人。光武即位，拜執金吾，封冠軍侯。後漢書卷一七有傳。後漢書寇恂傳：「執金吾賈復在汝南，部將殺人於潁川，恂捕得繫獄。時尚草創，軍營犯法，率多相容，恂乃戮之於市。復以爲恥，歎。還過潁川，謂左右曰：『吾與寇恂並列將帥，而今爲其所陷，大丈夫豈有懷侵怨而不決之者乎？今見恂，必手劍之！』恂知其謀，不欲與相見。谷崇曰：『崇，將也，得帶劍侍側。卒有變，足以相當。』恂曰：『不然。昔藺相如不畏秦王而屈於廉頗者，爲國也。區區之趙，尚有此義，吾安可以忘之乎？』乃敕屬縣盛供具，儲酒醪，執金吾軍入界，一人皆兼二人之饌。恂乃出迎於道，稱疾而還。賈復勒兵欲追之，而吏士皆醉，遂過去。恂遣谷崇以狀聞，帝乃徵恂。恂至引見，時復先在坐，欲起相避。帝曰：『天下未定，兩虎安得私鬬？今日朕分之。』於是並坐極歡，遂共車同出，結友而去。」

〔九〕物勢之反：謂事物「相反相成」（互相對立又互相作用）之理，即本篇下文所説：「由此論之，則不伐者，伐之也；不争者，争之也；讓敵者，勝之也；下衆者，上之也。」老子第二章：「天下皆知美之爲美，斯惡已；皆知善之爲善，斯不善已。故有無相生，難易相成，長短相形，高下相傾，音聲相和，前後相隨。」王弼注：「美者，人心之所進樂也；惡者，人心之所惡疾也。美惡猶喜怒也，善不善猶是非也。喜怒同根，是非同門，故不可得而偏舉也。此六者，皆陳自然不可偏舉之明數也。」

〔一〇〕龍蛇之蟄以存身尺蠖之屈以求伸：易繫辭下：「尺蠖之屈，以求信（許按：「信」通「伸」。）也；龍蛇之蟄，以存身也。」孔穎達疏：「尺蠖之蟲，初行必屈者，欲求在後之信也。言信必須屈，屈以求信，是相須也。龍蛇之蟄，以存身者，言静以求動也。蛟蛇初蟄是静也，以此存身是後動也。言動必因静也，静而得動，亦動静相須也。」

〔一一〕韓信屈於跨下之辱：史記淮陰侯列傳：「淮陰屠中少年有侮信者，曰：『若雖長大，好帶刀劍，中情怯耳。』衆辱之曰：『信能死，刺我；不能死，出我袴下。』於是信孰視之，俛出袴下，蒲伏。一市人皆笑信，以爲怯。」集解：「徐廣曰：『袴，一作胯。胯，股也。音同。』又云漢書作『跨』，同耳。」

〔一二〕展喜犒齊師：展喜，亦稱乙喜，春秋魯國大夫。事見左傳、國語。左傳僖公二十六年：「夏，齊孝公伐我北鄙，衛人伐齊，洮之盟故也。公使展喜犒師，使受命于展禽。齊侯未入竟，展喜從之，曰：『寡君聞君親舉玉趾，將辱於敝邑，使下臣犒執事。』齊侯曰：『魯人恐乎？』對曰：『小人恐矣，君子則否。』齊侯曰：『室如縣罄，野無青草，何恃而不恐？』對曰：『恃先王之命。昔周公、大公股肱周室，夾輔成王。成王勞之，而賜之盟，曰：「世世子孫無相害也。」載在盟府，大師職之。桓公是以糾合諸侯，而謀其不協，彌縫其闕，而匡救其災，昭舊職也。及君即位，諸侯之望曰：「其率桓之功！」我敝邑用不敢保聚，曰：「豈其嗣世九年，而棄命廢職，其若先君何？君必不然。」恃此以不恐。』齊侯乃還。」

〔一三〕轉禍而爲福：戰國策燕策一：「聖人之制事也，轉禍而爲福，因敗而爲功。故桓公負婦人而名益尊，韓獻開罪而交愈固。此皆轉禍而爲福，因敗而爲功者也。」

〔一四〕晉文避楚三舍：春秋晉公子重耳（晉文公）亡命列國，僖公二十三年，經過楚國，楚成王待之以禮，問若得返國，將何以報楚，答曰：「若以君之靈，得反晉國。晉、楚治兵，遇於中原，其辟君三舍。」僖公二十八年，晉、楚城濮之戰，晉果退避三舍以讓楚。楚不退兵，合戰，楚敗。事見左傳。「三舍」，楊伯峻春秋左傳注：「古者師行一宿爲一舍，莊三年傳『凡師一宿爲舍』是也；而師行每日三十里，故三十里亦爲一舍。晉語四韋注引司馬法云：『進退不過三舍，禮也。』」

〔一五〕屈雠而爲友：猶言化敵爲友。

〔一六〕竹帛紀其高義：謂載入歷史。「竹」爲竹簡，「帛」爲白絹，古代用以書寫，故可代指史乘。墨子明鬼下：「古者聖王必以鬼神爲其務，其務鬼神厚矣。又恐後世子孫不能知也，故書之竹帛，傳遺後世子孫。咸恐其腐蠹絶滅，後世子孫不得而記，故琢之盤盂，鏤之金石，以重之。」

〔一七〕裕：寬裕，寬容。書洛誥：「彼裕我民，無遠用戾。」僞孔傳：「彼天下被寬裕之政，則我民無遠用來，言皆來。」又新書道術：「包衆容易謂之裕，反裕爲褊。」

且君子能受纖微之小嫌，故無變鬭之大訟〔一〕。大訟起於纖芥，故君子慎其小〔二〕。小人不能忍小忿之故，終有赫赫之敗辱。小人以小惡爲無傷而不去〔三〕，故罪大不可解，惡積不可救。怨在微而下之，猶可以爲謙德也〔四〕；怨在纖微，則謙德可以除之。變在萌而争之，則禍成而不救矣〔五〕。涓涓不息，遂成江河〔六〕。水漏覆舟，胡可救哉！是故陳餘以張耳之變，卒受離身之害〔七〕。思復須臾之忿，忘終身之惡，是以身滅而嗣絶也。彭寵以朱浮之郄，終有覆亡之禍〔八〕。恨督責之小故，違終始之大計，是以宗夷而族覆也。禍福之機〔九〕，可不慎哉！二女争桑，吴、楚之難作〔一〇〕；季、郈鬭雞，魯國之釁作〔一一〕。可不畏歟！可不畏歟！

〔一〕變鬭：亦稱「鬭變」，謂私鬭。漢書尹翁歸傳：「是時大將軍霍光秉政，諸霍在平陽，奴客持刀兵入市鬬變，吏不能禁，及翁歸爲市吏，莫敢犯者。」顔師古注：「變，亂也。」

〔二〕慎其小：詩周頌小毖序：「小毖，嗣王求助也。」毛傳：「毖，慎也。天下之事，當慎其小，小時而不慎，後爲禍大。故成王求忠臣，早輔助己爲政，以救患難。」

〔三〕小人以小惡爲無傷而不去：易繫辭下：「善不積不足以成名，惡不積不足以滅身。小人以小善爲無益而弗爲也，以小惡爲無傷而弗去也。故惡積而不可揜，罪大而不可解。」孔穎達疏：「明惡人爲惡之極以致凶也。」

〔四〕謙德：謙讓之德。韓詩外傳卷三：「（周公曰）吾聞德行寬裕，守之以恭者，榮。土地廣大，守之以儉者，安。禄位尊盛，守之以卑者，貴。人衆兵强，守之以畏者，勝。聰明睿智，守之以愚者，哲。博聞强記，守之以淺者，智。夫此六者，皆謙德也。」

〔五〕不救：猶無救，不可挽救。漢書外戚傳下：「成形之禍月以迫切，不救之患日浸婁深。」

〔六〕涓涓不息遂成江河：後漢書何敞傳：「臣敞區區，誠欲計策兩安，絶其緜緜，塞其涓涓。」李賢注：「周金人銘曰『涓涓不壅，終爲江河。綿綿不絶，或成網羅』也。」

〔七〕陳餘以張耳之變卒受離身之害：陳餘、張耳皆大梁（今河南開封）人，爲刎頸之交。秦末，二人隨武臣佔據趙地。武臣自立爲趙王，張耳爲右丞相，陳餘爲大將軍。武臣死，張耳立趙歇爲王。鉅鹿之戰，張耳責陳餘不肯救趙，收其印綬部卒，二人遂斷交。項羽分封諸侯王，分趙地立張耳爲常山王，又以陳餘不從入關，僅以南皮三縣封爲侯。陳餘擊走張耳，收復趙地，自爲代王，後改投劉邦。韓信破趙，陳餘被殺。事見史記張耳陳餘列傳。「離身之害」，指被殺，身首分離。史記張耳陳餘列傳：「漢三年，韓信已定魏地，遣張耳與韓信擊破趙井陘，斬陳餘泜水上。」

〔八〕彭寵以朱浮之郄終有覆亡之禍：彭寵字伯通，南陽宛（今河南南陽）人。初爲郡吏，後從更始，爲偏將軍、安樂令。再歸劉秀，封建忠侯，賜號大將軍。光武即位，自以功高賞薄，又遭幽州牧朱浮譖毁，怏怏不得志。建武二年（二六）遂發兵反，攻拔薊城，自立爲燕王。五年，爲其家奴所殺。後漢書卷一二有傳。朱浮字叔元，沛國蕭（今安徽蕭縣）人。初從劉秀爲大司馬主簿，遷偏將軍。劉秀平定河北，拜爲大將軍幽州牧。建武二年，封舞陽侯。爲彭寵所攻，大敗。貶執金吾，徙封父城侯。七年，轉太僕。二十年，爲大司空。二十二年，坐賣弄國恩免。後漢書卷三三有傳。後漢書朱浮傳：「光武遣吴漢誅更始幽州牧苗曾，乃拜浮爲大將軍幽州牧，守薊城……浮年少有才能，頗欲厲風迹，收士心，辟召州中名宿涿郡王岑之屬，以爲從事，及王莽時故吏二千石，皆引置幕府，乃多發諸郡倉穀，稟贍其妻子。漁陽太守彭寵以爲天下未定，師旅方起，不宜多置官屬，以損軍實，不從其令。浮性矜急自多，頗有不平，因以峻文詆之。寵亦佷强，兼負其功，嫌怨轉積。浮密奏寵遣吏迎妻而不迎其母，又受貨賄，殺害友人，多聚兵穀，意計難量。寵既積怨，聞之，遂大怒，而舉兵反攻浮。」

〔九〕禍福之機：禍與福轉變之關鍵。三國志魏書王昶傳：「夫毁譽，愛惡之原而禍福之機也，是以聖人慎之。」

〔一〇〕二女争桑吴楚之難作：史記吴太伯世家：「九年，公子光伐楚，拔居巢、鍾離。初，楚邊邑卑梁氏之處女與吴邊邑之女争桑，二女家怒相滅，兩國邊邑長聞之，怒而相攻，滅吴之邊邑。吴王怒，故遂伐楚，取兩都而去。」又吕氏春秋卷一六察微：「楚之邊邑曰卑梁，其處女與吴之邊邑處女桑於境上，戲而傷卑梁之處女。卑梁人操其傷子以讓吴人，吴人應之不恭，怒殺而去之。吴人往報之，盡屠其家。卑梁公怒，曰：『吴人焉敢攻吾邑？』舉兵反攻之，老弱盡殺之矣。吴王夷昧聞之怒，使人舉兵侵楚之邊邑，克夷而後去之。吴、楚以此大隆。吴公子光又率師與楚人戰於雞父，大敗楚人，獲其帥潘子臣、小惟子、陳夏齧，又反伐郢，得荆平王之夫人以歸，實爲雞父之戰。凡持國，太上知始，其次知終，其次知中。三者不能，國必危，身必窮。」

〔一一〕季郈鬬雞魯國之釁作：左傳昭公二十五年：「季、郈之雞鬬，季氏介其雞，郈氏爲之金距。平子怒，益宫於郈氏（杜預注：「侵郈氏室以自益。」），且讓之。故郈昭伯亦怨平子。」又吕氏春秋卷一六察微：「魯季氏與郈氏鬬雞，郈氏介其雞，季氏爲之金距。季氏之雞不勝，季平子怒，因歸郈氏之宫而益其宅。郈昭伯怒，傷之於昭公，曰：『禘於襄公之廟也，舞者二人而已，其餘盡舞於季氏。季氏之舞道，無上久矣，弗誅，必危社稷。』公怒不審，乃使郈昭伯將師徒以攻季氏，遂入其宫。仲孫氏、叔孫氏相與謀曰：『無季氏，則吾族也死亡無日矣。』遂起甲以往，陷西北隅以入之，三家爲一，郈昭伯不勝而死。昭公懼，遂出奔齊，卒於乾侯。魯昭聽傷而不辯其義，懼以魯國不勝季氏，而不知仲、叔氏之恐而與季氏同患也，是不達乎人心也。不達乎人心，位雖尊，何益於安也？」

是故君子之求勝也，以推讓爲利鋭〔一〕，推讓所往，前無堅敵。以自修爲棚櫓〔二〕。修己以敬〔三〕，物無害者。靜則閉嘿泯之玄門〔四〕，動則由恭順之通路。時可以静，則重閉而玄嘿。時可以動，則履正而後進。是以戰勝而争不形〔五〕，動静得節，故勝無與争，争不以力，故勝功見耳。敵服而怨不構。干戈不用，何怨搆之有？若然者，悔恡不存于聲色〔六〕，夫何顯争之有哉？色貌猶不動，況力争乎？彼顯争者，必自以爲賢人，而人以爲險詖者〔七〕。以己爲賢，專固自是〔八〕，是己非人，人得不争乎？實無險德〔九〕，則無可毁之義〔一〇〕。若信有險德，又何可與訟乎？險而與之訟，是柙兕而攖虎〔一一〕，其可乎？怒而害人，亦必矣。易曰「險而違者，訟」〔一二〕，「訟必有衆起」〔一三〕。言險而行違，必起衆而成訟矣。老子曰：「夫惟不争，故天下莫能與之争〔一四〕。」以謙讓爲務者，所往而無争。是故君子以争途之不可由也。由於争途者，必覆輪而致禍〔一五〕。

〔一〕以推讓爲利鋭：以謙讓作爲進取功業之利器。

〔二〕以自修爲棚櫓：以自我修養作爲防禦患難之堅盾。「櫓」，指盾牌。禮記儒行：「儒有忠信以爲甲冑，禮義以爲干櫓。戴仁而行，抱義而處，雖有暴政，不更其所。其自立有如此者。」鄭玄注：「干櫓，小楯、大楯也。」孔穎達疏：「甲冑、干櫓，所以禦其患難。儒者以忠信禮義，亦禦其患難。謂有忠信禮義，則人不敢侵侮也。」

〔三〕修己以敬：論語憲問：「子路問君子。子曰：『修己以敬。』」

〔四〕嘿泯之玄門：「嘿泯」，沈默。「嘿」同「默」。「玄門」，高深之境界，道要之門户。老子第一章：「道可道，非常道。名可名，非常名。無名天地之始，有名萬物之母。故常無欲，以觀其妙。常有欲，以觀其徼。此兩者同出而異名，同謂之玄。玄之又玄，衆妙之門。」河上公注「玄，天也。言有欲之人與無欲之人同受氣於天也」，「能知天中復有天，稟氣有厚薄，除情去欲，守中和，是謂知道要之門户也」。

〔五〕戰勝而争不形：戰而勝之卻不著形跡，謂以謙讓取勝，而非强力搏取。老子第七十三章：「天之道，不争而善勝，不言而善應，不召而自來，繟然而善謀。」王弼注：「夫唯不争，故天下莫能與之争。」

〔六〕悔悋：同「悔吝」，悔恨。後漢書馬援傳：「又出征交阯，土多瘴氣，援與妻子生訣，無悔吝之心。」李賢注：「吝猶恨也。」

〔七〕險詖：亦作「險陂」，陰險邪僻。詩周南卷耳序：「内有進賢之志，而無險詖私謁之心。」孔穎達疏：「險詖者，情實不正，譽惡爲善之辭也。」

〔八〕專固自是：固執己見，自以爲是。「專固」，固執。周書藝術傳黎景熙傳：「獨以貧素居之，而無愧色。又勤於所職，著述不怠。然性尤專固，不合於時。」

〔九〕險德：違性離道，矯情而行。莊子繕性：「離道以善，險德以行。」郭慶藩集釋「行者，違性而行之，故行立而德不夷」，「險，危阻也。不能率性任真，晦其蹤迹，乃矯情立行以取聲名，實由外行聲名浮僞，故令内德危險，何清夷之有哉」。

〔一〇〕義：通「議」，議論。戰國策東周策：「秦王不聽群臣父兄之義，而攻宜陽。宜陽不拔，秦王恥之。」

〔一一〕柙兕而攖虎：兕（犀牛）、虎皆猛獸，捕捉和觸犯，極具危險。「柙」，關押。「攖」，觸犯。孟子盡心下：「有衆逐虎，虎負嵎，莫之敢攖。」

〔一二〕險而違者訟：易訟卦：「彖曰：『訟，上剛下險，險而健，訟。』」孔穎達疏：「此釋繇辭之義。『訟，上剛下險，險而健，訟』者，上剛即乾也，下險即坎也，猶人意懷險惡，性又剛健，所以訟也。此二句因卦之象，以顯有訟之所由。」

〔一三〕訟必有衆起：易序卦：「需者，飲食之道也。飲食必有訟，故受之以訟。訟必有衆起，故受之以師。師者，衆也。衆必有所比，故受之以比。」韓康伯注「夫有生則有資，有資則争興也」，「衆起而不比，則争無由息，必相親比，而後得寧也」。

〔一四〕夫惟不争故天下莫能與之争：老子第二十二章：「曲則全，枉則直，窪則盈，敝則新，少則得，多則惑。是以聖人抱一爲天下式。不自見，故明；不自是，故彰；不自伐，故有功；不自矜，故長。夫唯不争，故天下莫能與之争。古之所謂曲則全者，豈虚言哉？誠全而歸之。」河上公注：「此言天下賢與不肖，無能與不争者争也。」

〔一五〕覆輪：翻車。初學記卷二四引潘尼惡道賦：「道深地狹，坂峭軌長。輪輿顛覆，人馬仆僵。」

是以越俗乘高〔一〕，獨行於三等之上。何謂三等？大無功而自矜〔二〕，一等。空虛自矜，故爲下等也。有功而伐之，二等。自伐其能，故爲中等。功大而不伐，三等。推功於物〔三〕，故爲上等。愚而好勝，一等。不自量度，故爲下等。賢而尚人〔四〕，二等。自美其能，故爲中等。賢而能讓，三等。歸善於物，故爲上等。緩己急人〔五〕，一等。性不恕人，故爲下等。急己急人，二等。褊戾峭刻〔六〕，故爲中等。急己寬人〔七〕，三等。謹身恕物，故爲上等。凡此數者，皆道之奇，物之變也。心不純一，是爲奇變〔八〕。三變而後得之，故人莫能及也〔九〕。小人安其下等，何由能及哉？夫唯知道通變者，然後能處之。處上等而不失者也。是故孟之反以不伐，獲聖人之譽〔一〇〕；不伐其功，美譽自生。管叔以辭賞，受嘉重之賜〔一一〕。不貪其賞，嘉賜自致。夫豈詭遇以求之哉〔一二〕？乃純德自然之所合也〔一三〕。豈故不伐辭賞，詭情求名耶〔一四〕？乃至直發於中，自與理會也。彼君子知自損之爲益，故功一而美二〔一五〕。自損而行成名立。小人不知自益之爲損，故伐一而並失〔一六〕。自伐而行毁名喪。由此論之，則不伐者，伐之也；不争者，争之也；不伐而名章，不争而理得。讓敵者，勝之也；下衆者，上之也。退讓而敵服，謙尊而德光〔一七〕。君子誠能覩争途之名險，獨乘高於玄路〔一八〕，則光暉焕而日新〔一九〕，德聲倫於古人矣。避忿肆之險途〔二〇〕，獨逍遥於上等。遠燕雀於啁啾〔二一〕，疋鳴鳳於玄曠〔二二〕。然後德輝耀於來今〔二三〕，清光侔於往代。

〔一〕 越俗乘高：謂超越凡夫俗子而淩駕於高處。「越俗」，超塵拔俗。後漢書鄭孔荀列傳：「北海天逸，音情頓挫。越俗易驚，孤音少和。直轡安歸，高謀誰佐？」

〔二〕大無功：易恒卦：「象曰：『振恒在上，大無功也。』」孔穎達疏：「大無功者，居上而以振動爲恒，無施而得，故曰大無功也。」

〔三〕推功：將功勞讓於人。抱朴子外篇行品：「每居卑而推功，雖處泰而滋恭者，謙人也。」

〔四〕尚人：在他人之上。「尚」，在上。論語里仁：「好仁者，無以尚之。」邢昺疏：「尚，上也。言性好仁者，爲德之最上。」

〔五〕緩己急人：謂寬以待己，嚴以律人。「急」，嚴厲。顏氏家訓風操：「今人避諱，更急於古。」

〔六〕褊戾：此前未見用例，依單字串講，當是器量狹小而性情暴戾。

〔七〕急己寬人：謂嚴以律己，寬以待人。中論修本：「孔子之制春秋也，詳内而略外，急己而寬人。故於魯也，小惡必書，於衆國也，大惡始筆。」

〔八〕是爲奇變：「爲」，四庫本作「謂」。

〔九〕故人莫能及也：「及」，原作「遠」，今據四庫本改。按，劉昞注：「小人安其下等，何由能及哉？」知當作「及」，不作「遠」。

〔一〇〕孟之反以不伐獲聖人之譽：孟之反即孟之側，春秋魯大夫。論語雍也：「子曰：『孟之反不伐，奔而殿，將入門，策其馬，曰：「非敢後也，馬不進也。」』」邢昺疏：「此章言功以不伐爲善也。『孟之反不伐』者，誇功曰伐，孟之反，魯大夫孟之側也，有軍功而不誇伐也。『奔而殿，將入門，策其馬，曰非敢後也，馬不進也』者，此其不伐之事也。在軍後曰殿，策，捶也。魯與齊戰，魯師敗而奔，孟之反賢而有勇，獨在後爲殿。人迎功之，不欲獨有其名，故將入國門，乃捶其馬，欲先奔者入城也。且曰：我非敢在後爲殿以拒敵，馬不能前進故也。」

〔一一〕管叔以辭賞受嘉重之賜：管叔一般指管叔鮮，周武王弟。武王滅殷，封於管，使監督紂子武庚，治殷遺民。武王死，成王年少，周公攝政。管叔與其弟蔡叔挾武庚作亂，周公伐誅武庚，殺管叔而放蔡叔。事見史記管蔡世家。管叔既以作亂被誅，顯與「受嘉重之賜」事相違，則「管叔」或另有所指。檢覈諸史，「以辭賞，受嘉重之賜」者，或爲春秋管仲。左傳僖公十二年：「王以上卿之禮饗管仲。管仲辭曰：『臣，賤有司也。有天子之二守國、高在，若節春秋，來承王命，何以禮焉？陪臣敢辭。』王曰：『舅氏，余嘉乃勳！應乃懿德，謂督不忘。往踐乃職，無逆朕命！』管仲受下卿之禮而還。」

〔一二〕詭遇：本謂不依禮法御射之舉，此則泛指違反禮法之邪僻行爲。孟子滕文公下：「昔者趙簡子使王良與嬖奚乘，終日而不獲一禽。嬖奚反命曰：『天下之賤工也。』或以告王良。良曰：『請復之。』强而後可，一朝而獲十禽。嬖奚反命曰：『天下之良工也。』簡子曰：『我使掌與女乘。』謂王良。良不可，曰：『吾爲之範我馳驅，終日不獲一；爲之詭遇，一朝而獲十。詩云：「不失其馳，舍矢如破。」我不貫與小人乘，請辭。』御者且羞與射者比，比而得禽獸，雖若丘陵，弗爲也。」趙岐注：「範，法也。王良曰：我爲之法度之御，應禮之射，正殺之禽，不能得一。横而射之曰詭遇，非禮之射則能獲十。言嬖奚小人也，不習於禮也。」

〔一三〕純德：純粹之德行。國語鄭語：「建九紀以立純德，合十數以訓百體。」韋昭注：「純，純一不駁也……紀，所以經紀性命，立純德也。」

〔一四〕詭情：本書卷中八觀：「故聽言信貌，或失其真。詭情御反，或失其賢。」

〔一五〕功一而美二：謂一舉（自損）兩得（行成、名立）。詩大雅崧高：「王命召伯，定申伯之宅。登是南邦，世執其功。」毛傳：「功，事也。」

〔一六〕故伐一而並失：「伐一」，原作「一伐」，按此與「功一而美二」對言，作「伐一」爲優，今據長短經卷三是非引人物志改。

〔一七〕謙尊而德光：易謙卦：「人道惡盈而好謙。謙，尊而光，卑而不可踰，君子之終也。」孔穎達疏：「尊者有謙而更光明盛大，卑謙而不可踰越，是君子之所終也。言君子能終其謙之善事，又獲謙之終福，故云君子之終也。」

〔一八〕玄路：高遠微妙之路。弘明集卷五釋慧遠沙門不敬王者論五：「夫稱沙門者，何耶？謂其發蒙俗之幽昏，啓化表之玄路。」

〔一九〕光暉煥而日新：謂其德行與日俱新。易大畜卦：「象曰：大畜，剛健篤實，輝光日新其德。剛上而尚賢，能止健，大正也。」王弼注：「凡物既厭而退者，弱也；既榮而隕者，薄也。夫能輝光日新其德者，唯剛健篤實也。」孔穎達疏：「輝光日新其德者，以其剛健篤實之故，故能輝耀光榮，日日增新其德。若無剛健則劣弱也，必既厭而退，若無篤實則虛薄也，必既榮而隕，何能久有輝光日新其德乎？」

〔二〇〕忿肆：怨憤，狂悖。三國志魏書三少帝紀：「（評曰）高貴公才慧夙成，好問尚辭，蓋亦文帝之風流也。然輕躁忿肆，自蹈大禍。」

〔二一〕啁啾：猶「啁噍」，小鳥鳴聲。禮記三年問：「有知之屬，莫不知愛其類。今是大鳥獸，則失喪其群匹，越月踰時焉，則必反巡，過其故鄉，翔回焉，鳴號焉，蹢躅焉，踟躕焉，然後乃能去之。小者至於燕雀，猶有啁噍之頃焉。」

〔二二〕疋鳴鳳：「疋」，同「匹」，相當，對等。「鳴鳳」，喻聖賢。詩大雅卷阿：「鳳皇鳴矣，于彼高岡。梧桐生矣，于彼朝陽。」鄭箋：「鳳皇鳴于山脊之上者，居高視下，觀可集止，喻賢者待禮乃行，翔而後集。梧桐生者，猶明君出也。生於朝陽者，被温仁之氣，亦君德也。」

〔二三〕來今：自今以後，今世。漢書杜周傳：「（上書）唯陛下深思往事，以戒來今。」

附録一　書目著録

隋書經籍志三子部名家類唐魏徵、令狐德棻

人物志三卷，劉邵撰。

舊唐書經籍志下子部名家類後晉劉昫等

人物志三卷，劉邵撰。又三卷，劉邵撰，劉炳注。

新唐書藝文志三子部名家類宋歐陽修、宋祁

劉邵人物志三卷。劉炳注人物志三卷。

崇文總目子部名家類宋王堯臣等

人物志三卷。

郡齋讀書志子類名家類（宋晁公武）

人物志三卷。

右魏邯鄲劉劭孔才撰，僞涼燉煌劉昞注。以人之材器志尚不同，當以「九徵」「八觀」，審察而任使之。凡十二篇。劭，郄慮所薦。慮，譖殺孔融者，不知在劭書爲何等，而劭受其知也。

直齋書録解題名家類（宋陳振孫）

人物志三卷。

魏散騎常侍邯鄲劉劭孔才撰，梁儒林祭酒燉煌劉昞注。梁史無劉昞，中興書目云爾，晁氏云僞涼人。

玉海藝文（宋王應麟）

劉劭傳：黄初中，爲尚書郎，受詔集五經群書，以類相從，作皇覽。後與荀悦等定科令，作新律十八篇，著律略論。景初中，受詔作都官考課七十二條，説略一篇。又著樂論十四篇。凡所撰述，法論、人物志之類百餘篇。文選注引人物志。唐志名家：隋志同。劉劭人物志三卷。魏散騎常侍。崇文目：三卷。劉昞注人物志三卷。涼祭酒，字延明。中興書目：二卷。述人性品有上下，材質有邪正，欲考諸行事而約之中庸。十二篇：九證、體別、流業、才理、才能、利害、接識、英雄、八觀、七繆、效難、釋爭。

宋史藝文志四子類名家類元脱脱等

劉邵人物志二卷。

四庫全書總目子部雜家類清永瑢等

人物志三卷。

魏劉卲撰。卲字孔才，邯鄲人。黄初中，官散騎常侍。正始中，賜爵關内侯。事蹟具三國志本傳。別本或作劉劭，或作劉邵，此書末有宋庠跋云：「據今官書，魏志作勉劭之劭，從力，他本或從邑者，晉邑之名。案字書，此二訓外別無他釋，然俱不協「孔才」之義。説文則爲卲，音同上，但召旁從卩耳，訓高也，李舟切韻訓美也，高、美又與「孔才」義符，揚子法言曰『周公之才之卲』是也。」所辨精核，今從之。其注爲劉昞所作，昞字延明，燉煌人。舊本名上結銜題「涼儒林祭酒」，蓋李暠時嘗授是官。然十六國春秋稱，沮渠蒙遜平酒泉，授昞秘書郎，專管注記，魏太武時，又授樂平從事中郎，則昞歷事三主，惟署涼官者誤矣。卲書凡十二篇，首尾完具。晁公武讀書志作十六篇，疑傳寫之誤。其書主於論辨人才，以外見之符，驗内藏之器，分別流品，研析疑似，故隋志以下，皆著録於名家。然所言究悉物情，而精覈近理，視尹文之説兼陳黄老申韓，公孫龍之説惟析堅白同異者，迥乎不同。蓋其學雖近乎名家，其理則弗乖於儒者也。昞注不涉訓詁，惟疏通大意，而文詞簡古，猶有魏晉之遺。漢魏叢書所載，惟每篇之首存其解題十六字，且以卷首阮逸之序，謬題晉人，殊爲疏舛。此本爲萬曆甲申河間劉用霖所刊，蓋用隆慶壬申鄭旻舊版而修之，猶古本云。

鄭堂讀書記子部雜家類 清周中孚

人物志三卷。墨海金壺本。

魏劉卲撰，北魏劉昞注。卲字孔才，邯鄲人。黄初中，官散騎常侍。正始中，賜爵關内侯。昞字延明，燉煌人。涼李暠時，官儒林祭酒。沮渠蒙遜平酒泉，授秘書郎。魏太武時，又授樂平從事中郎。卷首題爲涼人，誤也。

四庫全書著録。隋志名家作三卷，而不言是劉昞注。新、舊唐志名家既載三卷之本，而復載劉昞注三卷。讀書志、書録解題、通志、通考惟載昞注三卷。崇文目、宋志所載俱不言及昞注，大都即有注本也。

其書凡九徵、體别、流業、材理、材能、利害、接識、英雄、八觀、七繆、效難、釋争十二篇。宋阮逸序之，稱：「其述性品之上下，材質之兼偏，研幽摘微，一貫于道，若度之長短，權之輕重，無銖髮蔽也。大抵考諸行事，而約人于中庸之域，誠一家之善志也。」又稱：「是書博而暢，辨而不肆，非衆説之流也。王者得之，爲知人之龜鑑。士君子得之，爲治性修身之檠栝，其效不爲小矣。」此本載阮逸序，闕其名氏。蓋其學雖出于名家，尚不悖于儒家之旨也。

延明著書甚富，存者惟有是注。其注疏通大義，不沾沾于訓詁，詞致簡括，尚有輔嗣注老、子元注莊遺意，且併孔才原序注之，則又得乎經學家法矣。前又有宋公序庠孔才、延明兩記，末有王三省後序、文寬夫跋，三省、寬夫亦皆宋人也。

明隆慶壬申鄭旻所刊，猶屬古本。至萬曆甲申，河間劉用霖取其舊版而修之。文淵閣本即據劉本寫定。此本亦從劉本校梓，冠以提要一篇。漢魏叢書所收，止有阮逸一序，而訛題晉人云。

善本書室藏書志子部雜家類清丁丙

人物志三卷。明刊本。

魏散騎常侍劉邵撰，涼儒林祭酒劉昞注。上卷九徵、體別、流業、材理，中卷材能、利害、接識、英雄、八觀，下卷七繆、效難、釋争，凡十二篇。前有阮逸序，後有王三省、文寬夫題識，廣平宋庠取邵、昞二人本傳，删取其要爲記。萬曆甲申河間劉用霖、隆慶壬申鄭旻舊版重修，不知即此否也。又藏有小字本，卷面有姚若再洲題云：「九徵篇云『簡暢而明砭』，簡是簡，暢是暢，明是明，砭是砭，簡暢謂簡而暢，明砭謂明而砭。涼劉昞注謂『簡而不暢則滯，明而不砭則翳』是也。文寬夫云『明砭』都無義，自東晉諸公草書『啓』字近『砭』，疑謂『簡暢而明啓』。若按：體别篇云『砭清激濁』，不得謂『啓清激濁』；利害篇云『其道廉而且砭』，不得謂『其道廉而且啓』；接識篇云『故能識訶砭之明』，不得謂『故能識訶啓之明』。古書不可妄改，豈虚語哉？」

皕宋樓藏書志子部雜家類清陸心源

人物志三卷。明正德刊本。

魏散騎常侍劉邵撰，涼儒林祭酒劉昞注。

人物志三卷。明嘉靖刊本。

魏散騎常侍劉邵撰，涼儒林祭酒劉昞注。顧廷芳序。嘉靖己丑。

四庫提要辨證子部雜家類 余嘉錫

嘉錫案：隋志只有劉邵書，不載昞注，兩唐志於劉邵人物志之外，又有劉炳注人物志三卷，均不著時代。郡齋讀書志卷十一作僞涼燉煌劉昞注。直齋書録解題卷十云：「梁儒林祭酒燉煌劉昞注。梁史無劉昞，中興書目云爾，晁氏云僞涼人。」夫以涼爲梁，自是中興書目之誤，然其題儒林祭酒，則不誤也。考魏書有劉昞傳，略云：「劉昞字延明，燉煌人也。李暠私署徵爲儒林祭酒、從事中郎，遷撫夷護軍。昞以三史文繁，著略記百三十篇、八十四卷，涼書十卷，燉煌實録二十卷，方言三卷，靖恭堂銘一卷，注周易、老子、人物志、黄石公三略，並行於世。蒙遜平酒泉，拜秘書郎，專管注記。牧犍尊爲國師。世祖平涼州，夙聞其名，拜樂平王從事中郎。在姑臧歲餘，思鄉而返，至涼州西四百里韭谷窟，遇疾而卒。」北史劉延明傳同，不言其名昞者，避唐諱耳。昞之事蹟，載於正史者，彰著如此，提要捨而不引，顧取明人屠喬孫所撰之十六國春秋以爲據，何哉？昞雖歷事三主，然本傳叙昞所著述皆在李暠之世，則今本之題涼官，據其著書時言之，初未嘗誤也。隋志霸史類有涼書十卷，注云：「記張軌事，僞涼大將軍從事中郎劉景撰。」「景」字亦因避唐諱改。是亦題涼官，豈亦誤耶？史通古今正史篇云：「建康太守索暉、從事中郎劉昞又各著涼書。」是亦舉涼官，非北魏之樂平王從事中郎也。

案所謂晁公武作十六篇者，據衢州本讀書志言之耳，若袁州本讀書志卷三上，則固作十二篇也。然修四庫書時，實未見衢州本，此蓋從文獻通考卷二百十二轉引，而未考之本書耳。提要之引晁、陳書，往往如此，其誤已屢見不一見矣。

藏園訂補郘亭知見傳本書目子部雜家類 清莫友芝撰，傅增湘訂補

人物志三卷。

魏劉邵撰，北魏劉昞注。○漢魏本。○明嘉靖己丑上海顧定（英）〔芳〕刊。○隆慶壬申鄭旻刊。○萬曆甲申河間劉用霖刊，似即兩京遺編本。○乾隆十二年彭氏寶璣重校刊。○墨海金壺本。○守山閣本。

〔附〕○明仿宋本。胡維新本。（邵氏）

〔補〕○明正德刊本，八行十六字，白口，四周單闌。鈐「馬玉堂印」。余藏。○明隆慶六年梁夢龍刊本，八行十六字，白口，四周雙闌，版匡視正德本爲大。有歸德知府鄭旻跋，稱梁式持節中州，刻之宋郡以傳云云。余藏。此本已印入四部叢刊初編，誤訂爲正德本。○明萬曆十年原一魁刊兩京遺編本，九行十七字，白口，四周雙闌。○明萬曆二十年程榮刊漢魏叢書本，九行二十字，白口，左右雙闌。余曾據家藏明正德本校。○明寫本，九行二十字，注雙行同，棉紙藍格。有沈廷芳藏印。○清乾隆間彭氏刊本，十行二十字，白口，左右雙闌。前有乾隆十二年彭家屏序，言於同年塗延年處借得宋刻鋟版云云。

藏園群書經眼録子部雜家類 傅增湘

人物志注三卷，西涼劉昞撰。

明正德刊本，八行十六字，白口，四周單闌。鈐有「馬玉堂印」「笏齋藏本」「蔣長泰學山氏收藏記」諸印。按：是書以此本爲最善。近時有一刊本，似即從此本出也。（己巳歲收得。）忠謨謹按：此書有跋，收入藏園群書題記三集卷三。

人物志注三卷，西涼劉昞撰。

明隆慶六年梁夢龍刊本，八行十六字，行格與正德本同，而板匡加大，改爲四周雙闌。後有歸德府知府鄭旻跋，略言中丞真定梁公持節中州，爰覓善本，加訂正，刻之宋郡云云。鈐有「雲間陶氏藏書印」「風涇陶崇質家藏善本」「潯陽奎藻堂書籍記」「風涇奎藻堂陶氏書籍記」「南邨草堂陶氏家藏善本」各印。（余藏。）忠謨謹按：此書有跋，收入藏園群書題記三集卷三。

人物志注三卷，西涼劉昞撰。

清翻宋刊本，十行二十字。前有乾隆九年彭家屏序。卷中有空字。余藏一本爲乾隆□年所印，空字已填補，序亦改易矣。（繆藝風藏書。庚午。）

人物志注三卷，西涼劉昞撰。

明棉紙藍格寫本，九行二十字，注雙行同。鈐有「秀水卜氏書室之記」、「沈廷芳印」白、「椒園」、「仁和徐氏」白、「養愚主人」、「北平劉氏」、「栘盦藏書」白各印。（庚午八月）

中國善本書提要子部雜家類 王重民

人物志三卷。

明刻本（八行十六字）。

原題：「魏散騎常侍劉卲撰，涼儒林祭酒劉昞注。」此本字體古拙，疑即隆慶本所從出。有「古鹽張氏」「積學齋徐乃昌藏書」等印記。

人物志三卷。

明萬曆間刻本（八行十六字）。

原題：「魏散騎常侍劉卲撰，涼儒林祭酒劉昞注。」劉元霖再刻人物志附題云：「志刻於相臺有年，板行既久，木腐字蝕，無當於觀，予從而新之。」按隆慶間鄭旻奉真定梁公命刻是書於歸德，即元霖所謂相臺。此即翻刻隆慶本。隆慶本今已印入四部叢刊中。

附録二　諸家序跋

人物志序　宋阮逸

人性爲之原，而情者性之流也。性發於内，情導於外，而形色隨之。故邪正態度，變露莫狀，溷而莫睹其真也。惟至哲爲能以材觀情索性，尋流照原，而善惡之迹判矣。聖人没，諸子之言性者，各膠一見以倡惑於後，是俾馳辨鬭異者得肆其説，蔓衍天下。故學者莫要其歸，而天理幾乎熄矣。

予好閲古書，於史部中得劉邵人物志十二篇，極數萬言。其述性品之上下，材質之兼偏，研幽摘微，一貫於道，若度之長短，權之輕重，無銖髪蔽也。大抵考諸行事，而約人於中庸之域，誠一家之善志也。

由魏至宋，歷數百載，其用尚晦而鮮有知者。吁，可惜哉！刓蟲篆淺技，無益於教者，猶刊鏤以行於世。是書也，博而暢，辨而不肆，非衆説之流也。王者得之，爲知人之龜鑑。士君子得之，爲治性脩身之檠栝。其效不爲小矣，予安得不序而傳之。媲夫良金美玉，簒櫝一啓，而觀者必知其寶也。（明隆慶六年梁夢龍刻本卷首。）

人物志跋 宋文寬夫

右人物志三卷，十二篇，魏劉邵撰。案隋、唐經籍志，篇第皆與今同，列于名家。十六國時，燉煌劉昞重其書，始作注解。然世所傳本多謬誤，今合官私書校之，去其複重附益之文爲定本。内或疑字無書可證者，今據衆本皆相承傳疑，難輒意改云。邵之叙五行曰：「簡暢而明砭，火之德也。」偏檢書傳，無「明砭」之證。案字書，砭者以石刺病，此外更無他訓。然自魏晉以後，轉相傳寫，豕亥之變，莫能究知。不爾，則邵當别有異聞，今則亡矣。愚謂「明砭」都無意義，自東晉諸公草書「啓」字爲然，疑爲「簡暢而明啓」耳。文寬夫題。（明隆慶六年梁夢龍刻本卷末。）

人物志題記 宋宋庠

劉卲字孔才，廣平邯鄲人也。據今官書，魏志作勉劭之「劭」，從力，他本或從邑者，晉邑之名。案字書，此二訓外，無他釋，然俱不協「孔才」之意。説文則爲「卲」，音同上，但召旁從卩耳，訓高也，李舟切韻訓美也，高、美又與「孔才」義符。揚子法言曰「周公之才之卲」是也，今俗寫法言亦作邑旁「邵」。蓋力、卩文近易訛，讀者又昧偏傍之别，今定從「卲」云。建安中，爲計吏，詣許。太史上言：「正旦當日蝕。」卲時在尚書令荀彧所，坐者數十人，或云當廢朝，或云宜却會。劭曰：「梓慎、裨竈，古之良史，猶占水火，錯失天時。禮記曰諸侯旅見天子，及門不得終禮者四，日蝕在一。然則聖人垂訓，不爲變豫廢朝禮者，或災消異伏，或推衍謬誤也。」彧善其言，敕朝會如舊，日亦不蝕。魏黄初中，爲尚書郎、散騎侍郎。受詔集五更群書，以類相從，作皇覽。後與議郎庾嶷、荀詵等定科令，作新律十八篇，著律略論。遷散騎常侍。嘗作趙都賦，明帝美之，詔劭作許都、洛都賦。時外興軍旅，内營宫室，劭作二賦，皆諷諫焉。景初中，受詔爲都官考課，劭作七十二條及略説一篇，又以謂宜制禮作樂，以移風俗，著洛論十四篇。正始中，執經講學，賜爵關内侯。凡所撰述，法論、人物志之類百餘篇。卒，追贈光禄勳。詔書博求衆賢，散騎侍郎夏侯惠上疏盛稱劭才，史臣陳壽亦曰「劭該覽學籍，文質周洽」云。

劉昞字延明，燉煌人也。年十四，就博士郭瑀。瑀弟子五百餘人，通經業者八十餘人。瑀有女始笄，妙選良偶，有心於昞。遂别設一席，謂弟子曰：「吾有一女，欲覓快女婿，誰坐此席者，吾當婚焉。」昞遂奮坐，神志湛然，曰：「昞其人也。」瑀遂以女妻之。昞後隱居酒泉，不應州郡命，弟子受業者五百餘人。李暠據涼州，徵爲儒林祭酒、從事郎。暠好尚文典，書史穿落者，親自補葺。昞時侍側，請代其事。暠曰：「躬自執者，欲人重此典籍。吾與卿相遇，何異孔明之會玄德。」還撫夷護軍，雖有政務，手不釋卷。暠曰：「卿注記篇籍，以燭繼晝。白日且然，夜可休息。」昞曰：「『朝聞道，夕死可矣』，『不知老之將至』，孔聖稱言。昞何人斯，敢不如此。」昞以三史文繁，著略記百三十篇、八十四卷，燉煌實録二十卷，方言三卷，靖恭堂銘一卷，注周易、韓子、人物志、黄石公三略，行於世。沮渠蒙遜平酒泉，拜秘書郎，專管注記。築陸沈觀於西苑，躬往禮焉。號玄處先生，學徒數百，月致羊酒。牧犍尊爲國師，親自致拜，命官屬以下，皆北面爲業。魏太武平涼州，士庶東遷，夙聞其名，拜樂平王從事中郎。後思歸，道病卒。以上並案卲、昞本傳，删取其要云。廣平宋庠記。（明隆慶六年梁夢龍刻本卷末。）

序人物志後 明王三省

余嘗三復人物志，而竊有感焉。夫人德性資之繼成，初未始有異也。而終之相去懸絶者，醇駁較於材，隆污判諸習。曰三品，曰五儀，胥是焉而賢不肖殊途矣。是以知人之哲，古人難之，言貌而取人者，聖人弗是也，兹劉卲氏之有以志人物也乎？修己者，得之以自觀，用人者，持之以照物，烏可廢諸！然用舍之際，人材之趨向由之，可弗慎乎！精於擇而庸適其能，篤於任而弗貳以私，則真材獲用，大猷允升矣。其或偏聽眩志，而用不以道，動曰才難，吾恐蕭艾弗擇，魚目混珍也。左馮翊王三省識。（明隆慶六年梁夢龍刻本卷末。）

人物志跋 明顧定芳

夫人賦材之理妙，觀采之法難，是故孔孟猶慎之。後世愛惡偏用，毀譽之習興，是非淆雜，依似之僞作，而弊日滋矣。魏劉常侍邵有感而著人物志，凡十二篇，窮思極微，出入情性，推原度量體形品目，隱顯悉舉，萬世人物本真，若妍媸對鑒，毫髮莫遁焉。宋阮逸嘉其書而序傳之，今無善本矣。定芳獲覩抄本于儼山伯氏，請録較鏤，以廣脩身知人之意，如阮氏所冀望云。嘉靖己丑秋九月既望，上海後學顧定芳謹識。（明嘉靖八年顧定芳刻本卷末。）

重刻人物志跋 明鄭旻

劉邵人物志凡十二篇，辨性質而準之中庸，甄材品以程其職任。事核詞章，三代而下，善評人品者，莫或能踰之矣。邵生漢末，乃其著論，體裁纚然，有荀卿、韓非風致，而亹亹自成一家言。即九徵、八（則）〔觀〕之論，質之孔孟觀人之法，唐虞九德之旨，自有發所未發者。後世欲辨官論材，惡可以不知也。顧其書獲見者少，又脱落難讀。

大中丞真定梁公持節鉞撫鎮中州，熊車所莅，吏稱民安，爰覔善本，加訂正，刻之宋郡，用以傳之人人。授簡屬吏旻綴一言于末簡，旻得卒業，反復流業篇國體、器能之説，深有味乎其言之也。

今中丞公厲風俗，正天下，謀廟勝，三材允兼。至其振策群吏，惟器所適，靡不奮力展采，兢兢罔敢怠遑，總達衆材至矣。異日秉鈞當軸，將使官不易方，而太平用成，知人安民之道，拭目身親見之。邵之志，何幸獲酬於公哉！刻成輒忘固陋，僭書識刻之歲月，覽者當知言之非佞云。

隆慶六年壬申仲夏之吉，歸德府知府揭陽鄭旻謹書。（明隆慶六年梁夢龍刻本卷末。）

人物志跋 明李茼

端木方人，宣尼少之，視以察安，獨拳拳焉。聖人之心，何有二哉！顧所用者何如，心乎爲己則觀微惡以勸懲，别臧否以取捨，胥善道也。違是，矜己長，議人短，其爲學者病，可曚言哉。噫！作人物志者，良有隱憂也。余自垂髫業舉子事，先君授是卷，讀之頗厭其詞之深以刻也。茫茫焉，掩卷若不相值矣。宦遊十五年來，困心衡慮，日求寡過，思自得師而未能。每於處人，竊以自照，若印證焉，乃知此卷之趣。假令叩洙泗門，□□□所與。古人云「以人爲鑒」，其斯之謂歟？顧海内乏善本，爰搆一帙，訂而繡諸梓，期與修德者共。以之取友，以之檢身，皆心乎爲己爾。萬曆丁丑春王正月，海岱環洲居士李茼識於思益軒之白雲行窩。（明萬曆五年李茼刻本卷末。）

人物志附題 明劉元霖

夫高談品流，蓋末尚哉，鈎微蒐隱，代之變矣。予讀人物志，而有感於邵之慤心也。懸鑑炤己，提衡軌物，哲人之恒，不炤不軌，漫無臧刺，命曰誖德。知人顧可後己，人情險於山川，形淆於眉睫，良不易程。鳳之性仁，其文五色，昭明似鳳，性至不仁，其文亦五色。木之始培也，謂其利材也，長而爲櫟，則雖其大蔽牛，靡所用之。士有中外異致，始末殊方，率類於此，自非上賢，疇别伍彙。邵之爲志也，九徵以驗情，體别以辨性，流業、材理、材能而精品任，利害、接識、英雄而定能稱，有八觀則志剖，有七繆則非燭，責而侂之效難，平忿而揆之於釋争。總之，準繩在體格，調劑在中和。一依先民之經，不越人情之變。脩己品物，章往詧來。抖賢贗於錙銖，吹純疵於毛髮，筆端巧運，幾奪天真矣，是胡爲者？挈邵之世，度今之年，不翅逖寡。邵當日且如此，今竟何所底之？予故重有感焉。志刻於相臺有年，版行既久，木腐字蝕，無當於觀，予從而新之。既完，聊述所見。旹在萬曆閼逢涒灘太歲，月臨黄鍾，天道行南日也。瀛海用齋劉元霖元澤甫題。（漢魏叢書本卷末。）

人物志序 清彭家屏

人物志三卷，志經籍者列入史部名家類中，余久欲致之而未得也。前於同年涂君延年處借得宋帙，剪燭慺讀，漏盡卒業。惜其鋟版漶滅，十失其二，手自鈔寫，隨筆勘正，本文幸獲無闕。惟延明劉氏注釋多有斷略，復輾轉覓得善本，參校補訂，乃成完璧。可爲修己觀人之考鏡，因亟付剞氏重爲刊梓，以公同嗜。時乾隆十二年丁卯林鍾月，中州後學彭家屏識於南州官舍之石翠山房。（彭家屏刻本卷首。）

明本人物志跋 傅增湘

此書宋刻世無傳本，乾隆時，中州彭家屏寶幾樓曾校刊一本，其自序言於同年塗延年處借得宋帙，而鋟版漶滅，十失其二，手自鈔寫，隨筆勘正云。是其所見宋刻既語焉不詳，重梓之版匡行格，是否悉遵舊式，亦不可知，所云宋刻殊未足據依也。

明代所傳有正德、嘉靖、隆慶、萬曆各本。此本半葉八行，行十六字，白口，四周單闌。惟前後序跋爲肆估撤去，並以蘗染紙，藉充宋刻，以致授梓時代渺無稽考。然審其字體方勁，雕工明整，猶是嘉、萬以前風氣，疑即皕宋樓著録之正德本也。

各卷鈐有「馬玉堂印」「笏齋藏本」「蔣長泰學山氏收藏記」。馬氏海鹽明經，爲浙中藏書家，余藏本中尚有「漢唐齋」「紅葉山房」諸章，皆其藏書印記也。蔣長泰氏則竢別考之。己卯八月十六日，藏園識。（藏園群書題記卷七。）

明隆慶本人物志跋傅增湘

此書余庫中有正德本，已詳考而識之矣。此本行格與正德本同，而板匡加大，四邊改爲雙闌，楷書上版，字大悦目，爲隆慶六年宋郡所刊。後有歸德府知府鄭旻跋，略言中丞真定梁公持節中州，爰覓善本加訂正，刻之宋郡，用以傳之人人云。疑其所謂善本即正德所刊，故行格一仍其舊也。考四庫提要，知文淵閣著録者爲萬曆甲申河間劉用霖本。劉本蓋用隆慶舊版重脩，館臣猶推爲古本，則此爲鄭守原刻，其珍秘固不待言矣。

卷中鈐章有「雲間陶氏藏書印」「風涇陶崇質家藏善本」「潯陽奎藻堂書籍記」「風涇奎藻堂陶氏書籍記」「南郕草堂陶氏家藏善本」諸印記，篆刻咸爲精雅，其人當亦文學世家，竢於郡邑志乘中考尋其仕履焉。己卯中秋翌日記。（藏園群書題記卷七。）

附録三　傳記資料

三國志魏書劉劭傳

劉劭字孔才，廣平邯鄲人也。建安中，爲計吏，詣許。太史上言：「正旦當日蝕。」劭時在尚書令荀彧所，坐者數十人，或云當廢朝，或云宜卻會。劭曰：「梓慎、裨竈，古之良史，猶占水火，錯失天時。禮記曰諸侯旅見天子，及門不得終禮者四，日蝕在一。然則聖人垂制，不爲變異豫廢朝禮者，或災消異伏，或推術謬誤也。」彧善其言。敕朝會如舊，日亦不蝕。

晉永和中，廷尉王彪之與揚州刺史殷浩書曰：「太史上元日合朔，談者或有疑，應卻會與不？昔建元元年，亦元日合朔，庾車騎寫劉孔才所論以示八座。于時朝議有謂孔才所論爲不得禮議，荀令從之，是勝人之一失也。何者？禮云，諸侯旅見天子，入門不得終禮而廢者四：太廟火，日蝕，后之喪，雨霑服失容。尋此四事之指，自謂諸侯雖已入門而卒暴有之，則不得終禮。非爲先存其事，而徼倖史官推術錯謬，故不豫廢朝禮也。夫三辰有災，莫大日蝕，史官告譴，而無懼容，不脩豫防之禮，而廢消救之術，方大饗華夷，君臣相慶，豈是將處天災罪己之謂？且檢之事實，合朔之儀，至尊静躬殿堂，不聽政事，冕服御坐門闥之制，與元會禮異。自不得兼行，則當權其事宜。合朔之禮，不輕於元會。元會有可卻之準，合朔無可廢之義。謂應依建元故事，卻元會。」浩從之，竟卻會。

御史大夫郗慮辟劭，會慮免，拜太子舍人，遷秘書郎。黄初中，爲尚書郎、散騎侍郎。受詔集五經群書，以類相從，作皇覽。明帝即位，出爲陳留太守，敦崇教化，百姓稱之。徵拜騎都尉，與議郎庾嶷、荀詵等定科令，作新律十八篇，著律略論。遷散騎常侍。時聞公孫淵受孫權燕王之號，議者欲留淵計吏，遣兵討之。劭以爲：「昔袁尚兄弟歸淵父康，康斬送其首，是淵先世之效忠也。又所聞虚實，未可審知。古者要荒未服，脩德而不征，重勞民也。宜加寬貸，使有以自新。」後淵果斬送權使張彌等首。劭嘗作趙都賦，明帝美之，詔劭作許都、洛都賦。時外興軍旅，内營宫室，劭作二賦，皆諷諫焉。

青龍中，吴圍合肥，時東方吏士皆分休，征東將軍滿寵表請中軍兵，并召休將士，須集擊之。劭議以爲：「賊衆新至，心專氣鋭。寵以少人自戰其地，若便進擊，不必能制。寵求待兵，未有所失也。以爲可先遣步兵五千，精騎三千，軍前發，揚聲進道，震曜形勢。騎到合肥，疏其行隊，多其旌鼓，曜兵城下，引出賊後，擬其歸路，要其糧道。賊聞大軍來，騎斷其後，必震怖遁走，不戰自破賊矣。」帝從之。兵比至合肥，賊果退還。

時詔書博求衆賢，散騎侍郎夏侯惠薦劭曰：「伏見常侍劉劭，深忠篤思，體周於數，凡所錯綜，源流弘遠，是以群才大小，咸取所同而斟酌焉。故性實之士服其平和良正，清静之人慕其玄虚退讓，文學之士嘉其推步詳密，法理之士明其分數精比，意思之士知其沈深篤固，文章之士愛其著論屬辭，制度之士貴其化略較要，策謀之士贊其明思通微，凡此諸論，皆取適己所長而舉其支流者也。臣數聽其清談，覽其篤論，漸漬歷年，服膺彌久，實爲朝廷奇其器量。以爲若此人者，宜輔翼機事，納謀幃幄，當與國道俱隆，非世俗所常有也。惟陛下垂優游之聽，使劭承清閒之歡，得自盡於前，則德音上通，煇燿日新矣。」

臣松之以爲凡相稱薦，率多溢美之辭，能不違中者或寡矣。惠之稱劭云「玄虚退讓」及「明思通微」，近於過也。

景初中，受詔作都官考課。劭上疏曰：「百官考課，王政之大較，然而歷代弗務，是以治典闕而未補，能否混而相蒙。陛下以上聖之宏略，愍王綱之弛頹，神慮内鑒，明詔外發。臣奉恩曠然，得以啓矇，輒作都官考課七十二條，又作説略一篇。臣學寡識淺，誠不足以宣暢聖旨，著定典制。」又以爲宜制禮作樂，以移風俗，著樂論十四篇，事成未上。會明帝崩，不施行。正始中，執經講學，賜爵關内侯。凡所撰述，法論、人物志之類百餘篇。卒，追贈光禄勳。子琳嗣。

評曰：昔文帝、陳王以公子之尊，博好文采，同聲相應，才士並出，惟粲等六人最見名目。而粲特處常伯之官，興一代之制，然其沖虚德宇，未若徐幹之粹也。衛覬亦以多識典故，相時王之式。劉劭該覽學籍，文質周洽。劉廙以清鑒著，傅嘏用才達顯云。

魏書劉昞傳

劉昞字延明，敦煌人也。父寶，字子玉，以儒學稱。昞年十四，就博士郭瑀學。時瑀弟子五百餘人，通經業者八十餘人。瑀有女始笄，妙選良偶，有心於昞。遂别設一席於坐前，謂諸弟子曰：「吾有一女，年向成長，欲覓一快女壻，誰坐此席者，吾當婚焉。」昞遂奮衣來坐，神志肅然，曰：「向聞先生欲求快女壻，昞其人也。」瑀遂以女妻之。

昞後隱居酒泉，不應州郡之命，弟子受業者五百餘人。李暠私署，徵爲儒林祭酒、從事中郎。暠好尚文典，書史穿落者，親自補治，昞時侍側，前請代暠。暠曰：「躬自執者，欲人重此典籍。吾與卿相值，何異孔明之會玄德。」遷撫夷護軍，雖有政務，手不釋卷。暠曰：「卿注記篇籍，以燭繼晝。白日且然，夜可休息。」昞曰：「『朝聞道，夕死可矣』，『不知老之將至』，孔聖稱焉。昞何人斯，敢不如此。」昞以三史文繁，著略記百三十篇、八十四卷，涼書十卷，敦煌實録二十卷，方言三卷，靖恭堂銘一卷，注周易、韓子、人物志、黄石公三略，並行於世。

蒙遜平酒泉，拜秘書郎，專管注記。築陸沉觀於西苑，躬往禮焉，號玄處先生，學徒數百，月致羊酒。牧犍尊爲國師，親自致拜，命官屬以下，皆北面受業焉。時同郡索敞、陰興爲助教，並以文學見舉，每巾衣而入。

世祖平涼州，士民東遷，夙聞其名，拜樂平王從事中郎。世祖詔諸年七十以上聽留本鄉，一子扶養。昞時老矣，在姑臧，歲餘，思鄉而返，至涼州西四百里韭谷窟，遇疾而卒。昞六子。長子僧衍，早亡。次仲禮，留鄉里。次字仲，次貳歸，少歸仁，並遷代京。後分屬諸州，爲城民。歸仁有二子，長買奴，次顯宗。

太和十四年，尚書李沖奏：「昞河右碩儒，今子孫沉屈，未有禄潤，賢者子孫，宜蒙顯異。」於是除其一子爲郢州雲陽令。正光三年，太保崔光奏曰：「臣聞太上立德，其次立功、立言。死而不朽，前哲所尚；思人愛樹，自古稱美。故樂平王從事中郎敦煌劉昞，著業涼城，遺文茲在，篇籍之美，頗足可觀。如或愆釁，當蒙數世之宥，況乃維祖逮孫，相去未遠，而令久淪皂隸，不獲收異，儒學之士，所爲竊歎。臣忝職史教，冒以聞奏，乞敕尚書，推檢所屬，甄免碎役，用廣聖朝旌善繼絶。敦化厲俗，於是乎在。」四年六月詔曰：「晒德冠前世，蔚爲儒宗，太保啓陳，深合勸善。其孫等三家，特可聽免。」河西人以爲榮。

北史劉延明傳

劉延明，燉煌人也。父寶，字子玉，以儒學稱。延明年十四，就博士郭瑀。瑀弟子五百餘人，通經業者八十餘人。瑀有女始笄，妙選良偶，有心於延明。遂别設一席，謂弟子曰：「吾有一女，欲覓一快女婿，誰坐此席者，吾當婚焉。」延明遂奮衣坐，神志湛然曰：「延明其人也。」瑀遂以女妻之。延明後隱居酒泉，不應州郡命，弟子受業者五百餘人。涼武昭王徵爲儒林祭酒、從事中郎。昭王好尚文典，書史穿落者，親自補葺。延明時侍側，請代其事。王曰：「躬自執者，欲人重此典籍。吾與卿相遇，何異孔明之會玄德。」遷撫夷護軍，雖有政務，手不釋卷。昭王曰：「卿注記篇籍，以燭繼晝。白日且然，夜可休息。」延明曰：「『朝聞道，夕死可矣』，『不知老之將至』，孔聖稱焉。延明何人斯，敢不如此。」延明以三史文繁，著略記百三十篇、八十四卷，燉煌實録二十卷，方言三卷，靖恭堂銘一卷，注周易、韓子、人物志、黄石公三略行於世。

蒙遜平酒泉，拜秘書郎，專管注記。築陸沈觀於西苑，躬往禮焉，號玄處先生。學徒數百，月致羊酒。牧犍尊爲國師，親自致拜，命官屬以下，皆北面受業。時同郡索敞、陰興爲助教，並以文學見稱，每巾衣而入。

太武平涼州，士庶東遷，夙聞其名，拜樂平王從事中郎。太武詔諸年七十已上，聽留本鄉，一子扶養。延明時老矣，在姑臧歲餘，思鄉而返，至涼州西四百里韮谷窟，疾卒。

太和十四年，尚書李沖奏：「延明河右碩儒，今子孫沈屈，未有祿潤，賢者子孫，宜蒙顯異。」於是除其一子爲郢州雲陽令。正光三年，太保崔光奏曰：「故樂平王從事中郎燉煌劉延明，著業涼城，遺文在茲。如或愆釁，當蒙數世之宥，況乃維祖逮孫，相去未遠，而令久淪皂隸，不獲收異，儒學之士，所爲竊歎。乞敕尚書，推檢所屬，甄免碎役，敦化厲俗，於是乎在。」詔曰：「太保啓陳，深合勸善。其孫等三家，特可聽免。」河西人以爲榮。

附録四　歷代評論

史通卷一〇自叙第三十六 唐劉知幾

蓋仲尼既殁，微言不行；史公著書，是非多謬。由是百家諸子，詭説異辭。務爲小辨，破彼大道，故揚雄法言生焉。儒者之書，博而寡要，得其糟粕，失其菁華。而流俗鄙夫，貴遠賤近，傳兹牴牾，自相欺惑，故王充論衡生焉。民者，冥也，冥然罔知，率彼愚蒙，牆面而視。或訛音鄙句，莫究本源，或守株膠柱，動多拘忌，故應劭風俗通生焉。五常異禀，百行殊執，能有兼偏，知有長短。苟隨才而任使，則片善不遺，必求備而後用，則舉世莫可，故劉劭人物志生焉。夫開國承家，立身立事，一文一武，或出或處，雖賢愚壤隔，善惡區分，苟時無品藻，則理難銓綜，故陸景典語生焉。詞人屬文，其體非一，譬甘辛殊味，丹素異彩，後來祖述，識昧圓通，家有詆訶，人相掎摭，故劉勰文心生焉。

通典卷一五選舉三考績唐杜佑

魏明帝時，以士人毁稱是非，混雜難辨，遂令散騎常侍劉劭作都官考課之法七十二條，考覈百官。其略欲使州郡考士，必由四科，皆有效，然後察舉，或辟公府爲親人長吏，轉以功次補郡守者，或就秩而加賜爵焉。至於公卿及内職大臣，亦率考之。事下三府。是時大議考課之制，散騎黄門侍郎杜君務伯名恕以爲，用不盡其人，雖文具無益。上疏曰：「書稱『明試以功，三考黜陟』，帝王之盛制。然歷六代而考績之法不著，關七聖而課試之要未立。臣誠以爲其法可粗依，其詳難備舉故也。語曰：『世有亂人而無亂法。』若使法可專任，則唐虞可不須稷契之佐，殷周無貴伊吕之輔矣。今奏考功者，陳周、漢之云爲，掇京房之本旨，可謂明考課之要。至於崇揖讓之風，興濟濟之理，臣以爲未盡善也。古之三公，坐而論道，内職大臣，納言補闕，無善不紀，無過不舉。且天下至大，萬機至衆，誠非一明所能偏照。故君爲元首，臣爲股肱，明一體相資而成也。」後考課竟不行。

會昌一品集外集卷三人物志論唐李德裕

余嘗覽人物志，觀其索隱精微，研幾玄妙，實天下奇才。然品其人物，往往不倫。以管仲、商鞅俱爲法家，是不究其成敗之術也。以子産、西門豹俱爲器能，是不辨其精粗之迹也。子産多識博聞，叔向且猶不及，故仲尼敬事之，西門豹非其匹也。其甚者曰：「辯不入道，而應對資給，是謂口辯，樂毅、曹丘生是也。」樂毅，中代之賢人，潔去就之分，明君臣之義，自得卷舒之道，深識存亡之機。曹丘生招權傾金，毀譽在口，季布以爲非長者，焉可以比君子哉？又曰：「一人之身，兼有英、雄，高祖、項羽是也。」其下雖曰項羽英分少，有范增不能用，陳平去之，然稱「明能合變」，斯言謬矣。項羽坑秦卒以結怨關中，棄咸陽而眷懷舊土，所謂倒持太阿，授人以柄，豈得謂之合變乎！又願與漢王挑戰，漢王笑曰：「吾寧鬬智，不能鬬力。」及將敗也，自爲歌曰：「力拔山兮氣蓋世。」其所恃者氣力而已矣。可爲雄於韓信，氣又過之，所以能爲漢王敵，聰明睿智，不足稱也。

道院集要卷三化識歸真宋晁迥

劉劭人物志剖析人情物理，曲盡其妙。以禪觀明之，則是意識也。凡人一切分別，謂之識。聖人一切混融，謂之智。分別起一切塵勞，混融復不一真性。

資治通鑑卷七三魏紀五明帝景初元年宋司馬光

帝深疾浮華之士，詔吏部尚書盧毓曰：「選舉莫取有名，名如畫地作餅，不可啖也。」毓對曰：「名不足以致異人，而可以得常士，常士畏教慕善，然後有名，非所當疾也。愚臣既不足以識異人，又主者正以循名按常爲職，但當有以驗其後耳。古者敷奏以言，明試以功。今考績之法廢，而以毀譽相進退，故真僞渾雜，虛實相蒙。」帝納其言。詔散騎常侍劉卲作考課法。卲作都官考課法七十二條，又作説略一篇，詔下百官議。

司隸校尉崔林曰：「按周官考課，其文備矣。自康王以下，遂以陵夷，此即考課之法存乎其人也。及漢之季，其失豈在乎佐吏之職不密哉！方今軍旅或猥或卒，增減無常，固難一矣。且萬目不張，舉其綱，衆毛不整，振其領，皋陶仕虞，伊尹臣殷，不仁者遠。若大臣能任其職，式是百辟，則孰敢不肅，烏在考課哉？」

黄門侍郎杜恕曰：「明試以功，三載考績，誠帝王之盛制也。然歷六代而考績之法不著，關七聖而課試之文不垂，臣誠以爲其法可粗依，其詳難備舉故也。語曰：『世有亂人而無亂法。』若使法可專任，則唐、虞可不須稷、契之佐，殷、周無貴伊、吕之輔矣。今奏考功者，陳周、漢之云爲，綴京房之本旨，可謂明考課之要矣。於以崇揖讓之風，興濟濟之治，臣以爲未盡善也。其欲使州郡考士，必由四科，皆有事效，然後察舉，試辟公府，爲親民長吏，轉以功次補郡守者，或就增秩賜爵，此最考課之急務也。臣以爲便當顯其身，用其言，使具爲課州郡之法，法具施行，立必信之賞，施必行之罰。至於公卿及内職大臣，亦當俱以其職考課之。古之三公，坐而論道，内職大臣，納言補闕，無善不紀，無過不舉。且天下至大，萬機至衆，誠非一明所能徧照。故君爲元首，臣作股肱，明其一體相須而成也。是以古人稱廊廟之材，非一木之支，帝王之業，非一士之略。由是言之，焉有大臣守職辦課可以致雍熙者哉！誠使容身保位，無放退之辜，而盡節在公，抱見疑之勢，公義不脩而私議成俗，雖仲尼爲課，猶不能盡一才，又況於世俗之人乎！」

司空掾北地傅嘏曰：「夫建官均職，清理民物，所以立本也。循名責實，糾勵成規，所以治末也。本綱未舉而造制末程，國略不崇而考課是先，懼不足以料賢愚之分，精幽明之理也。」議久之不決，事竟不行。

臣光曰：爲治之要，莫先於用人，而知人之道，聖賢所難也。是故求之於毁譽，則愛憎競進而善惡渾殽；考之於功狀，則巧詐横生而真僞相冒。要之，其本在於至公至明而已矣。爲人上者至公至明，則群下之能否焯然形於目中，無所復逃矣。苟爲不公不明，則考課之法，適足爲曲私欺罔之資也。

何以言之？公明者，心也。公狀者，迹也。己之心不能治，而以考人之迹，不亦難乎！爲人上者，誠能不以親疏貴賤異其心，喜怒好惡亂其志，欲知治經之士，則視其記覽博洽，講論精通，斯爲善治經矣；欲知治獄之士，則視其曲盡情僞，無所冤抑，斯爲善治獄矣；欲知治財之士，則視其倉庫盈實，百姓富給，斯爲善治財矣；欲知治兵之士，則視其戰勝攻取，敵人畏服，斯爲善治兵矣。至於百官，莫不皆然。雖詢謀於人，而決之在己，雖考求於迹，而察之在心，研覈其實而斟酌其宜，至精至微，不可以口述，不可以書傳也，安得豫爲之法而悉委有司哉！

或者親貴雖不能而任職，疏賤雖賢才而見遺，所喜所好者敗官而不去，所怒所惡者有功而不録，詢謀於人則毁譽相半而不能決，考求其迹則文具實亡而不能察。雖復爲之善法，繁其條目，謹其簿書，安能得其真哉！

或曰：人君之治，大者天下，小者一國，内外之官，以千萬數，考察黜陟，安得不委有司而獨任其事哉？曰：非謂其然也。凡爲人上者，不特人君而已。太守居一郡之上，刺史居一州之上，九卿居屬官之上，三公居百執事之上，皆用此道以考察黜陟在下之人，爲人君者亦用此道以考察黜陟公卿、太守，奚煩勞之有哉！

或曰：考績之法，唐、虞所爲，京房、劉卲述而修之耳，烏可廢哉？曰：唐、虞之官，其居位也久，其受任也專，其立法也寬，其責成也遠。是故鯀之治水，九載績用弗成，然後治其罪。禹之治水，九州攸同，四隩既宅，然後賞其功。非若京房、劉邵之法，校其米鹽之課，責其旦夕之效也。事固有名同而實異者，不可不察也。考績非可行於唐、虞而不可行於漢、魏，由京房、劉邵不得其本而奔趨其末故也。

子略卷三管子 宋高似孫

蓋三代之法，其壞而掃地久矣。壞三代之法，其一出於管仲乎？劉邵之志人物也，曰管仲，曰商鞅，皆以隸之法家。李德裕以邵之索隱精微，研幾玄妙，實天下奇才。至以管仲與商鞅俱，人物之品往往不倫，德裕顧未嘗熟讀其書耳。邵所謂皆出於法者，其至論歟！孔子曰：「齊一變至於魯，魯一變至於道。」使齊盡變其功利之習，僅庶幾於魯耳，然則安得而變哉？聖人非有志於變齊也，古之不可復也，爲可嘆耳。

雨航雜録卷上 明馮時可

劉邵人物志云：「觀人察質，必先察其平淡，而後求其聰明。聰明者，陰陽之精。陰陽清和，則中叡外明。聖人淳耀，能兼二美，知微知章。自非聖人，莫能兩遂。故明白之士，達動之機，而暗於玄慮。玄慮之人，識静之原，而困於速捷。猶火日外照，不能内見；金水内映，不能外光。」斯數語，發前人所未發。曰：何以能平淡？曰：抑躁則平，寡欲則淡。

越縵堂讀書記歷史類人物志 清李慈銘

閲魏劉邵此字从卩，不从阝从力，从阝者邑名，从力者勉也，从卩者高也。劉字孔才，故知當作卩。應仲遠之名亦當作劭，今傳寫皆誤作劭。人物志，是書共十二篇，雖各爲標目，而實一意相承。其恉主於别材器使，爲名家之學。而推重術家之流，如范蠡、張良者，奇謀通變，能用能臧。又以道之平淡元遠爲極致，蓋申韓而參以黄老。其中名言雋理，可味者多，文筆亦峻厲廉悍，在並時申鑒、中論之間，較爲簡古。武進臧玉林氏嘗以此與文心雕龍及史通並稱，謂三劉之書最堪玩味，是也。惟向無善本，所見叢書諸刻，類多譌奪。其中頗有僻澀之字，而又輾轉烏焉，幾不可解。是刻有明人文寬夫跋，謂其叙五行曰「簡暢而明砭，火之德也」，「明砭」字無義，當作「簡暢而明啓」，其不知妄改。宋、明人之陋而可笑，往往如是。同治庚午二月十六日。

國故論衡卷中論式章太炎

晚周之論，内發膏肓，外見文采，其語不可增損。漢世之論，自賈誼已繁穰，其次漸與辭賦同流，千言之論，略其意不過百名……後漢諸子漸興，訖魏初幾百種，然其深達理要者，辨事不過論衡，議政不過昌言，方人不過人物志，此三家差可以攀晚周，其餘雖嫻雅，悉腐談也。自新語、法言，申鑒、中論，爲辭不同，皆以庸言爲故，豈夫可與酬酢，可與右神者乎！

主要引用書目

三經注疏本

周易正義　魏王弼、晉韓康伯注　唐孔穎達疏　中華書局一九八〇年影印清阮元校刻十三經注疏本
尚書正義　漢孔安國傳　唐孔穎達疏　同上
毛詩正義　漢毛亨傳　漢鄭玄箋　唐孔穎達疏　同上
周禮注疏　漢鄭玄注　唐賈公彦疏　同上
儀禮注疏　漢鄭玄注　唐賈公彦疏　同上
禮記正義　漢鄭玄注　唐孔穎達疏　同上
春秋左傳正義　晉杜預集解　唐孔穎達疏　同上
春秋公羊傳注疏　漢何休解詁　唐徐彦疏　同上
春秋穀梁傳注疏　晉范甯集解　唐楊士勛疏　同上
春秋左傳注　楊伯峻編著　中華書局一九八一年版
論語注疏　魏何晏集解　宋邢昺疏　中華書局一九八〇年影印清阮元校刻十三經注疏本

孝經注疏　唐玄宗注　宋邢昺疏　同上
爾雅注疏　晉郭璞注　宋邢昺疏　同上
孟子注疏　漢趙岐注　宋孫奭疏　同上
韓詩外傳集釋　漢韓嬰撰　許維遹校釋　中華書局一九八〇年版
大戴禮記解詁　清王聘珍撰　王文錦點校　中華書局一九八三年版
方言箋疏　清錢繹撰集　李發舜、黄建中點校　中華書局一九九一年版
釋名疏證補　清王先謙撰集　上海古籍出版社一九八四年版
廣雅疏證　清王念孫撰　江蘇古籍出版社一九八四年版
説文解字注　漢許慎撰　清段玉裁注　上海古籍出版社一九八一年版
廣韻校本　周祖謨著　中華書局二〇〇四年版
史記　漢司馬遷撰　南朝宋裴駰集解　唐司馬貞索隱　唐張守節正義　中華書局一九八二年點校本
漢書　漢班固著　唐顔師古注　中華書局一九六二年點校本
後漢書　南朝宋范曄撰　唐李賢等注　續漢書志　晉司馬彪撰　南朝梁劉昭注補　中華書局一九六五年點校本

三國志　晉陳壽撰　南朝宋裴松之注　中華書局一九八二年點校本
晉書　唐房玄齡等撰　中華書局一九七四年點校本
宋書　南朝梁沈約撰　中華書局一九七四年點校本
南齊書　南朝梁蕭子顯撰　中華書局一九七二年點校本
陳書　唐姚思廉撰　中華書局一九七二年點校本
魏書　北齊魏收撰　中華書局一九七四年點校本
北齊書　唐李百藥撰　中華書局一九七二年點校本
周書　唐令狐德棻等撰　中華書局一九七一年點校本
隋書　唐魏徵等撰　中華書局一九七三年點校本
南史　唐李延壽撰　中華書局一九七五年點校本
北史　唐李延壽撰　中華書局一九七四年點校本
舊唐書　後晉劉昫等撰　中華書局一九七五年點校本
新唐書　宋歐陽修、宋祁撰　中華書局一九七五年點校本
宋史　元脱脱等撰　中華書局一九八五年點校本
資治通鑑　宋司馬光編著　元胡三省音注　中華書局一九五六年版

逸周書彙校集注　黄懷信等撰　上海古籍出版社一九九五年版
國語　三國吴韋昭注　上海古籍出版社一九七八年版
戰國策箋證　漢劉向集録　范祥雍箋證　范邦瑾協校　上海古籍出版社二〇〇六年版
通典　唐杜佑撰　王文錦、王永興等點校　中華書局一九八八年版
郡齋讀書志校證　宋晁公武撰　孫猛校證　上海古籍出版社一九九〇年版
直齋書録解題　宋陳振孫撰　徐小蠻、顧美華點校　上海古籍出版社一九八七年版
玉海藝文校證　宋王應麟撰　武秀成、趙庶洋校證　鳳凰出版社二〇一三年版
四庫全書總目　清永瑢等撰　中華書局一九六五年版
四庫提要辨證　余嘉錫著　中華書局一九八〇年版
鄭堂讀書記　清周中孚撰　中華書局一九九三年版
藏園群書經眼録　傅增湘撰　中華書局二〇〇九年版
藏園訂補郘亭知見傳本書目　清莫友芝撰　傅增湘訂補　傅熹年整理　中華書局二〇〇九年版
藏園群書題記　傅增湘撰　上海古籍出版社一九八九年版
荀子集解　清王先謙撰　中華書局一九五四年諸子集成本

老子注　三國魏王弼注　中華書局一九五四年諸子集成本
莊子集釋　清郭慶藩撰　王孝魚點校　中華書局二〇〇四年版
列子集釋　楊伯峻撰　中華書局一九七九年版
管子校正　清戴望撰　中華書局一九五四年諸子集成本
韓非子集解　清王先慎撰　鍾哲點校　中華書局一九九八年版
墨子校注　吴毓江撰　孫啓治點校　中華書局一九九三年版
吕氏春秋注疏　漢高誘注　王利器疏　巴蜀書社二〇〇二年版
淮南子　漢高誘注　中華書局一九五四年諸子集成本
淮南鴻烈集解　劉文典撰　馮逸、喬華點校　中華書局一九八九年版
説苑校證　漢劉向撰　向宗魯校證　中華書局一九八七年版
論衡　漢王充撰　中華書局一九五四年諸子集成本
白虎通疏證　清陳立撰　吴則虞點校　中華書局一九九四年版
潛夫論箋校正　漢王符著　清汪繼培箋　彭鐸校正　中華書局一九八五年版
中論　漢徐幹著　俞紹初輯校　中華書局一九八九年建安七子集本
孔子家語　三國魏王肅撰　廖名春、鄒新明校點　遼寧教育出版社一九九七年版

抱朴子内篇校釋　王明撰　中華書局一九八五年版
抱朴子外篇校箋　楊明照撰　中華書局一九九一年版
世説新語箋疏　余嘉錫撰　周祖謨、余淑宜整理　中華書局一九八三年版
顔氏家訓集解　王利器撰　中華書局一九九三年版
長短經　唐趙蕤撰　梁運華整理　中華書局二〇一七年版
藝文類聚　唐歐陽詢撰　汪紹楹校　上海古籍出版社一九八二年版
初學記　唐徐堅等著　中華書局二〇〇四年版
太平御覽　宋李昉等撰　中華書局一九六〇年版
越縵堂讀書記　清李慈銘撰　由雲龍輯　中華書局二〇〇六年版
楚辭補注　漢王逸注　宋洪興祖補注　白化文等點校　中華書局一九八三年版
文選　南朝梁蕭統編　唐李善注　中華書局一九七四年影印宋淳熙八年尤袤刻本
六臣注文選　南朝梁蕭統編　唐李善、吕延濟、劉良、張銑、吕向、李周翰注　中華書局一九八七年影印四部叢刊本
湯用彤學術論文集　湯用彤著　中華書局二〇一六年版
中國學術思想史論叢(三)　錢穆著　臺北東大圖書有限公司一九八一年版

陳寅恪集讀書札記二集　陳寅恪著　生活·讀書·新知三聯書店二〇〇九年版
管錐編　錢鍾書著　中華書局一九八六年版
郭象與魏晋玄學　湯一介著　中國人民大學出版社二〇一六年版